高等职业教育“十二五”规划教材

浙江省高校重点教材

实用沟通与写作

第2版

主　编　杜　蓉

副主编　陈　锦

参　编　俞亦峰　来　斓

机 械 工 业 出 版 社

本书是针对高职高专学生编写的实用沟通技能训练教程。编者打破了惯常的编写模式，设计了一系列生活和职场中必须面对的口头与书面沟通的情境，按照“任务要求”、“情境设定”、“任务实施”、“知识链接”、“探讨分享”、“实训拓展”的体例，引导学生完成各项任务目标，逐步解除紧张心理，尝试有效人际沟通，掌握演讲和辩论、推销的一般技法；并能选择恰当的方式，完成如会议办理、市场调研、活动策划、信息通报等任务中的应用文书写作，切实培养和提高沟通水平。

本书内容通俗易懂、循序渐进，既可以作为大专、高职院校口才与写作类课程的通用教材，也可以作为普通读者自我学习和训练的参考用书。

为方便教学，本书配备电子课件等教学资源。凡选用本书作为教材的教师均可登录机械工业出版社教育服务网 www.cmpedu.com 免费下载。如有问题请致信 cmpgaozhi@sina.com 或致电 010-88379375 咨询。

图书在版编目（CIP）数据

实用沟通与写作/杜蓉主编. —2 版. —北京：机械工业出版社，2012.11（2017.7 重印）
高等职业教育“十二五”规划教材
浙江省高校重点教材
ISBN 978-7-111-40208-4

Ⅰ. ①实… Ⅱ. ①杜… Ⅲ. ①口才学—高等职业教育—教材 ②汉语—写作—高等职业教育—教材 Ⅳ. ①H019 ②H15

中国版本图书馆 CIP 数据核字（2012）第 255351 号

机械工业出版社（北京市百万庄大街 22 号 邮政编码 100037）
策划编辑：王玉鑫 责任编辑：张 芳
责任校对：张 力 封面设计：张 静
责任印制：乔 宇

三河市国英印务有限公司印刷

2017 年 7 月第 2 版第 4 次印刷
184mm×260mm · 14.25 印张 · 370 千字
11401—13300 册
标准书号：ISBN 978-7-111-40208-4
定价：34.80 元

凡购本书，如有缺页、倒页、脱页，由本社发行部调换

电话服务
服务咨询热线：010-88379833
读者购书热线：010-88379649

网络服务
机 工 官 网：www.cmpbook.com
机 工 官 博：weibo.com/cmp1952
教育服务网：www.cmpedu.com
金书网：www.golden-book.com

封面无防伪标均为盗版

第2版前言

随着社会的发展和进步，人们的沟通需求日益凸显。诸多高校纷纷开设口头沟通或者应用写作课程，相关书籍出版繁荣。劳动与社会保障部职业技能鉴定中心也编写了《与人交流能力》训练手册，作为职业核心能力培训认证的专用教材。如何满足学生需求，如何适应教学实践，如何既有实用价值又有新意，成为了本书编者所关注的重点。

本书是浙江省“十一五”重点教材建设项目。根据高职院校的培养目标和生源特点，针对当前高职毕业生生活、工作的实际，结合编者多年的教学实践，尝试突破传统的教材体例、融口头沟通与写作为一体，突出高职“实用、够用”的原则。本书具有以下特点：

（1）**主动性** 本书的编写坚持以学生为本，采用了现代行为导向的教学方法，选择有代表性的沟通任务，按照“任务要求”、“情境设定”、“任务实施”、“知识链接”、“探讨分享”、“实训拓展”的体例安排各部分内容，以调动学生学习的主动性。

（2）**创造性** 沟通不仅是一种技艺与素养，更是以思维统领逻辑与表达等的一种综合体现。本书不仅仅关注表达技巧的培养，也注重相应的思维与执行力的锻炼。各任务的实施都有沟通目标的分析与实践要求，以真正提升学生的沟通水平。

（3）**通俗性** 教学的目的在于学生学有所得。本书编写过程中力图打破教材相对枯燥的旧面目，使用通俗的语言，结合大量案例，所选用的范例多兼有人文和时代内涵，易于学生接受。

本书由浙江机电职业技术学院杜蓉担任主编。编写人员及分工如下：杜蓉负责编写上篇和中篇任务一、任务三、任务五、任务七；陈锦负责编写下篇任务一、任务二、任务三、任务四；来斓负责编写中篇任务二、任务四，下篇任务六和任务七；俞亦峰负责编写中篇任务六、下篇任务五。全书由杜蓉负责体例制定、提纲编写并统筹；陈锦负责文字审定；俞亦峰负责管理联络。

在本书编写过程中，参考了大量图书资料和网络资料，在书后用参考文献的方式列出，在此对这些资料的作者表示衷心的感谢！

由于编写时间仓促、作者水平有限，书中必有错漏之处，请读者批评指正。

编　者

第 1 版前言

随着社会的发展和进步，人们的沟通需求日渐迫切。无论是大学生的毕业求职，还是单位领导的公开报告；无论是企业的管理运作，还是生活中的与人相处；无论是完成工作目标，还是提升个人魅力……每个人都必须面对这样一个事实：你，只有成为一个沟通能力突出的人，才能获得更大的生存发展的空间。因此，培养和提高大学生的沟通技能，已成为高校教育必须承担的工作之一。

本书根据高职院校的培养目标和生源特点，针对当前高职毕业生生活、工作的实际，结合编者多年的教学实践，尝试突破口才与应用写作之间的界限、传统的教学模块的分解与组合的体例，突出高职“实用、够用”的原则。本书具有以下特点：

（1）**主动性** 沟通是一个主动和创造的过程，学习“沟通”也应该体现这一特点。本书采用了现代行为导向的教学方法，选择有代表性的沟通任务，按照“任务要求”、“情境设定”、“任务实施”、“知识链接”、“探讨分享”、“实训拓展”的体例，以调动学生学习的主动性，切实提高沟通水平。

（2）**通俗性** 教学的目的在于学生学有所得，本书在编写过程中力图打破教材枯燥乏味的旧面目，使用通俗的语言，结合大量案例，图文并茂，易于学生接受。

（3）**人文性** 沟通不是一种独立的能力，而是融技艺与素养为一体，集思维、逻辑、表达各项能力的综合体现。本书所讲的“沟通”，突出有效和良性互动的要求，所选用的范例都兼有人文和时代内涵，可以产生潜移默化的影响。

本书由浙江机电职业技术学院杜蓉担任主编，编写人员分工如下：杜蓉负责编写上篇和中篇任务一、任务三、任务五、任务七；陈锦负责编写下篇任务一～任务四；来斓负责编写中篇任务四、下篇任务六；俞亦峰负责编写中篇任务六、下篇任务五；倪旭前负责编写中篇任务二、下篇任务七。全书由杜蓉负责体例制定、提纲编写并统稿；陈锦负责文字审定；俞亦峰负责管理联络。

在本书编写过程中，参考了大量图书资料和网络资料，在书后用参考文献的方式列出，在此对这些资料的作者表示衷心的感谢！

由于编写时间匆促、编者水平有限，书中必有错漏之处，请读者批评指正。

编　者

目　录

上篇

了解沟通

任务

怎样沟通

任务要求

1）能选用不同的沟通方式达到目的。

2）明确影响沟通的因素。

3）能根据对象、目的的不同，选择沟通内容和形式。

情境一　什么是沟通

一、情境设定

你是一个公司的项目经理，目前正在负责一个项目工程。在工作过程中，你发现项目组中的成员小张由于粗心犯了一个错误，这个错误对你所负责的项目会产生严重后果，你希望可以尽早纠正这个错误。

你应该怎么办？

二、任务实施

纠正他人所犯的错误有很多种方法，但无论哪种方法首要的都是进行沟通。常见的有书面和口头两种沟通形式。如何达成有效的沟通呢？在正式沟通之前，首先需要明确以下事项。

1．谁需要了解这件事

要解决问题，首先需要明确谁需要了解这件事情。你需要告诉小张，让他马上纠正错误，并且以后不可再犯；需要提醒所有成员不能出现类似的差错；需要向上级汇报这个错误将影响项目进程；也许回到家中还会和家人谈及此事……

这其中，和小张本人、项目组成员和上级之间的沟通是工作上的沟通，是作为一个项目经理必须要做的工作，而和家人的沟通则属于生活中的交流。和小张的交流是两个人之间的交流，和项目组成员的交流是一个团队（群体）的交流，和上级的交流其实是项目组和企业之间的交流。

沟通的对象不同，沟通的形式就会有差异。和家人聊天最为轻松，你可以把自己的情绪真实地表达出来，得到他们的理解和支持；和小张沟通，你作为上级需要严肃而又关切；和项目

组成员、公司的沟通显然不能用嬉笑、无所谓的方式来进行。

2．用说还是用写

关于小张的错误，你作为项目经理与所有对象的沟通打算一律采用口头沟通的方式吗？或者为了证明自己确实进行过沟通，应该“有字为证”，一律采用书面形式？

口头和书面的沟通方式各有优点和缺点，需要区分清楚。

（1）书面沟通的优点与障碍　书面沟通有许多优点，主要有：能够从容地表达自己的意思；语言可以仔细推敲、不断修改，直到满意为止；传达信息的保真度高；书面文本可以复制，同时发送给许多人，传达相同的信息；遵从于约定俗成的写作规则，常被作为准确而可信的证据。

书面沟通因为与沟通对象的间接性联系，也造成了一些特殊障碍：信息及含义会随着信息内容所描述的情况以及发文和收文关系而有所变更；作者的语气、强调的重点、表达的特色以及发文的目的，会因为受文者理解的差异而产生偏差；作者选择的格式或时机不当，也会直接影响表达的效果。

因此，进行书面沟通的时候，需要妥善考虑：要把文本写成什么文种？不同的文种不仅格式不同，要求不同，用途也不同。

（2）口头沟通的优点与障碍　口头沟通的优点有：口头沟通一般是面对面地交流，所以能直接观察接收者的反应，即刻得到反馈；沟通过程中有机会补充阐述及举例说明；可以用声音和姿势来加强表达，有助于增强表达效果；被广泛地应用于人际交流中。

口头沟通的缺陷也比较明显：口头沟通遗忘度高，效率较低；不能与太多人双向沟通；如果说话者不善于表达，或者难以控制情绪，会造成负面影响；如果是正式沟通，往往缺乏凭据（录音、录像除外）。

如果选择了口头沟通，需要综合考虑自己的情况、沟通的场合以及对方的具体情形，以保证较好的沟通效果。

3．沟通的目的是什么

并不是所有的沟通都会有成效，但是所有的沟通都应该有目的。这个目的可能是沟通对象态度和行为的改变；可能是信息资料的获得、见闻的扩大；可能是感情的沟通、精神的愉悦；也有可能是是非的辨明、事实的澄清等。在沟通之前，需要首先明确自己的沟通目的。

和小张的沟通，需要让他认识到自己的错误，进而纠正他的行为；和公司的沟通，是要汇报工作的进程，证明管理的严肃性和有效性，接受上级的领导和监督。不同的沟通目的，沟通的表达方式会有明显的差异。

4．沟通的内容是什么

明确了沟通的目的、对象和形式，还需要知道自己写什么或说什么。当然和家人的闲聊一般情况下可以不打腹稿，可以随时进行或者终止。有人认为，能滔滔不绝地说话就是有口才，能下笔千言的人就是有文才，事实确实如此吗？

（1）信息的质与量　据估计，全世界的信息量每5年翻一番，而随着社会的发展，这个时间段还在缩短，再过10年，有可能就是20个月翻一番。随着网络的普及，人们简直生活在信息的海洋里。但有一句话需要我们记住：“淹死在信息里，饿死在知识外。”也就是说信息量大不一定对特定对象有效。把这句话用在沟通中，就是指并非话语越多越好。所以沟通的内容是什么，要根据沟通的对象、目的和情境进行分析和筛选，简洁有力的信息才是最有价值的。成功的交流往往依靠几个最适合、最有说服力的论点，避免抹杀自己的关键信息。

（2）编排的前和后　所有的沟通内容都和编排的顺序有关系。虽然你很希望小张认错并且改正错误，但是交谈一开始你就说："小张！你犯了很严重的错误！"小张也许会脖子一梗说："有什么了不起。"沟通就此进入僵局。因此，无论是书面沟通还是口头沟通，都需要明确内容的起承转合，以更好地达到沟通的目的。

5．需要凭据吗

在和形形色色的对象沟通中，是不是只要证明你自己确信这件事情就可以了呢？生活中的闲聊不需要证据，但是正式的沟通就必须要有证据。

（1）确凿的事实　要用准确的数据和事例来说明小张的错误在哪里，这样的错误引发的后果不是凭感觉就能推断出来的，而需要在对项目了解的基础上进行科学的、合乎逻辑的推导。

（2）权威的凭证　要证明项目怎么进行更好，可以援引图表、数据或者有关机构和部门出具的证明。我们需要有真实的、细致的表述，也需要有权威的、有说服力的凭证。如果需要对小张进行处分，也需要有规章作为凭证。

6．话说得能让人明白吗

（1）用对方能理解的话　沟通是双方参与的过程。如果只有一方参与，那是没有成效的。同样，如果对一方的语言另外一方不能理解和接受沟通也就失去了意义。所以，沟通的时候需要了解对方的接受能力，用对方能理解的方式进行交流。例如：

一个北方客户来到杭州，公司招待他吃饭，经理指着桌上的菜说："来来来，多吃点儿，听说你很会吃的。"北方客户一听，忙说："哪里，我不会吃的！"

经理听了马上招手让服务员进来："你们这里还有什么特色菜，适合北方人的口味？"北方客户忙说："不用不用，菜已经很多了！"

经理说："不是这些菜不合你的胃口吗？你刚刚说你'不会吃'这些菜啊。"

北方客户听后，恍然大悟："我说的是我不'会'吃，不是不'能'吃啊。我就是胃口好，饭量大，不挑食！"

（2）用准确的语言　使用沟通对象能理解的语言是沟通的基本要求，而准确恰当的语言才是关键。事实描述客观、数据引用准确、意思表达清晰，都是很重要的。无论是写计划书、写规章，还是写论文，都需要使用严谨的语言。向顾客推销商品时的介绍用语也需要准确。

（3）用有节奏的话　不只说话要有节奏，写文章也要有节奏的。顺口、顺耳的话也就是顺心的话，这和朗朗上口的歌可以流传是同样的道理。写作结构和语言都要有节奏，那些在段落和文章中有提示性的话就更需要清晰的节奏感。

7．仅有语言就足够了吗

在沟通中，语言是最重要的素材，但仅仅有语言就足够了吗？

某天上课前两分钟，一个学生气喘吁吁地冲进教室，对老师说："我请假！"老师问他："假条呢？"他说："我现在写！可是我没带纸。"他飞快扫视了一下，一把抓起讲台上的备课本："老师，你的纸用不完吧，给我半张。"没等老师回答，他就撕了半张纸，抓起一支笔，写了几个字，放在讲台上，跑了。

那张纸上写着："老师，我不来上课了。"

你认为老师会不会乐意准他的假呢？

沟通中的形式很重要，它表现出了每个人的自重和对他人的尊重。沟通中的形式包括配合口头沟通的肢体、音调，书面沟通中的纸张、格式，还包括书面和口头沟通中都涉及的语气等。可以说，沟通的形式总是先于内容传达到沟通对象的心里，这个印象构成了沟通的感情基调。

此外，突出的人格魅力也是沟通中重要的筹码。我们需要首先培养自己的人格，塑造自己的品性，只有这样才能做个沟通高手。

三、知识链接

1. 什么是沟通

沟通是指人类借助符号和媒介交流信息以期发生相应变化的活动。沟通是一个双向互动的过程，发送者（信源）、接收者（信宿）、所传递的内容（信息）、传递信息的渠道（信道）和受众对信息的反馈构成了沟通的五个基本要素，其中信息是沟通的核心，如图1所示。

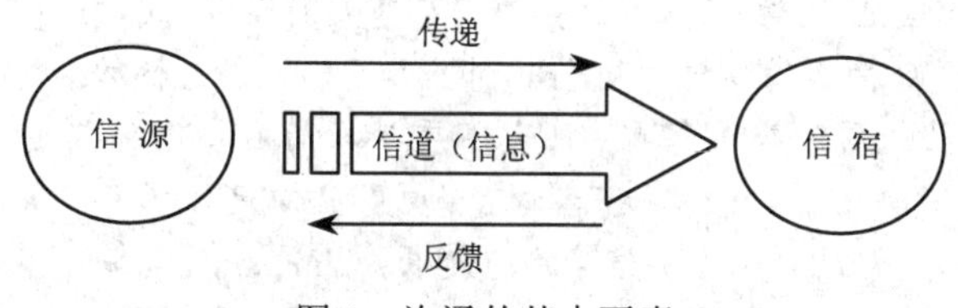

图1　沟通的基本要素

2. 沟通的过程

（1）发送　发送者形成思想信息并发出信息，是希望接收者了解某些事情，因此发送者自己首先应明确需要进行沟通的信息内容。

（2）编码　即将信息内容表达为某些特定的符号，如语言、文字、手势等。信息只有经过编码才能传递。

（3）信道　通过某种渠道把信息传递给对方，如交谈、打电话、开会、写信、发文等。重要或复杂的信息通常需要运用多种渠道进行传递。

（4）接收　包括接收、解码、理解等步骤。接收者只有对收到的信息进行解码后，才能够了解和研究所收到信息的含义。解码过程关系到接收者是否能正确理解发送者所传递的信息，如果解码错误，信息就会被误解。

（5）反馈　接收者把所收到的或所理解的信息再返送到发送者那里，供发送者核查并在必要时作出订正。通常，发送者和接收者对信息的理解和接收程度受到专业水平、工作经验及环境等多种因素的影响，对同一个信息，不同的人会有不同的看法。

（6）噪声　噪声是影响沟通的一切消极、负面因素。通常可以把沟通噪声定义为妨碍信息沟通的任何因素。它存在于沟通过程的各个环节，并有可能造成信息损耗或失真。例如，发送者逻辑混乱、词不达意；沟通渠道不通畅，难以完整传送信息；接收者受教育程度差异造成理解错误；双方对传送符号不能达成一致。此外，文化差异或者信息量过大，都会形成沟通的噪声。

3. 沟通的特点

（1）社会性　沟通是人与人之间进行的一种社会活动，也是一种普遍存在的社会现象。

（2）目的性　沟通不是受本能驱使的简单活动，而是在一定意识的支配下，表现为一种有目的、有计划、有对象的活动。沟通活动发生、运行、终止的全过程，都带有或明或暗的目的性。

（3）协同性　信息沟通的过程，是信源与信宿之间符号汇聚和信息共享的过程，也是两者之间相互影响、相互作用、相互尊重、协同操作、共同完成的过程。

四、探讨分享

案例

李・艾柯卡拯救克莱斯勒

李・艾柯卡是20世纪80年代美国的英雄，在克莱斯勒汽车公司前景非常黯淡的时候担任了总裁。在他到任前，底特律的《自由报刊》刊登了这样一个大标题："克莱斯勒亏损空前"。

在艾柯卡眼里，人的因素举足轻重。他非常重视人与人之间的沟通，原则便是直言不讳、实话实说。加入克莱斯勒之后，他更是践行这一原则。他走访了克莱斯勒所有的工厂，与工人进行面对面的沟通，而且从不含糊其辞、似是而非。他经常告诫下属："不论你多有才华，但是在业绩表上，我最不乐意见到的一句话就是：'他不能与同事和睦相处。'"

1978年，刚刚受雇于克莱斯勒的艾柯卡不得不去华盛顿说服那些持怀疑态度的国会议员，让他们相信联邦政府贷款挽救克莱斯勒是有价值的事情。

作为克莱斯勒公司董事会主席，艾柯卡的计划是，如果经核算确定20亿美元能够挽救克莱斯勒，就说服政府借贷给他们15亿美元。

"1979年，当艾柯卡跟这些议员辩论的时候，他们大多都被说得哑口无言。"位于密歇根州奥克帕克的克莱斯勒吉普车北部地区工厂的老资格经销商麦克内纳对《汽车商业评论》这样说。法律制定者们都被艾柯卡的睿智、敏捷思维和源源不断的好主意给折服了。

艾柯卡理解美国前白宫发言人奥尼尔所说的"所有的政治都是本地化的"的精髓。他让全国50个区的龙头经销商分别说服该区选出来的国会议员。

威斯康星州基诺沙市的克莱斯勒－普利茅斯经销商的合伙人罗杰・帕尔曼参与了华盛顿的那次说服大战。他现在还记得当时去说服的是威斯康星州的民主议员森・威廉姆。

帕尔曼回忆道："当我们走进他的办公室时，他对我们说了很多废话，意思是对这项计划毫无兴趣。我告诉他，他是被基诺沙人民选出来的代表，这里拥有美国汽车公司；他是被简斯维尔市人民选出来的代表，这里拥有通用汽车公司；他是被密尔沃基市选出来的代表，这里拥有Tower汽车公司和其他的零部件供应商。"

帕尔曼说："我告诉他，如果克莱斯勒被允许破产的话，整个美国的经济都会衰落。"后来森・威廉姆就不再反对这项贷款了。

通过努力，最终艾柯卡赢得了美国总统、国会和公众的支持，拯救了克莱斯勒汽车公司。

讨论

1）你对李・艾柯卡"沟通至上"的观点有什么看法？

2）李・艾柯卡说服美国国会议员的过程中，有哪些值得我们学习和借鉴的经验？你有不同于他的观点吗，为什么？

3）李・艾柯卡从小就意识到"人"对"事"的重要性，所以不断学习、不断训练，并最终有所成就。你认为自己有哪些提高沟通能力的途径？

情境二　做一次演示

一、情境设定

公司通知你半个月之后参加一次年中会议，以项目经理的身份向公司做一次工程的中期汇报，要求准备 PPT，进行 15 分钟的演示。

作为年轻的项目经理，同时又是第一次经历这样的场面，你怎样才能做好这次的演示准备呢？

二、任务实施

视图演示是当前普遍使用的一种展示方式，广泛用于单位内外的各种汇报（报告）场合或者商务推广活动中，很多企业尤其是外企甚至把视图演示水平和职场前景直接关联在一起。

做好一次视图沟通，前期的准备工作必须下足工夫。

1．确立演示目标

多数商业演示都可以认为是借助观众的洞察力、他们在组织机构中的地位、在所讨论问题领域内的资历等，对你的工作产生支持作用。为让观众能够耐心地看你作演示，首先要满足他们的需求，因此需要设立可行的演示目标。

例如，让观众现场做出投资数百万的决定是不太切合实际的目标，通常这样的说服工作需要进行比较长的时间。说服观众去作一个你认为非常好的决定的时候，也需要问问自己，如果这个决定如此之好，为什么之前没有人想到？既然这个决定很好，为什么还是有人会说不？就好像说服一个烟民戒烟，可以有以下多种方法：

同事从财务角度的劝说：算出一天一包烟的开销，一年的总支出可以换到他梦寐以求的物品。

卫生部门通过展示一个吸烟者的肺部造影，让人形象直观地看到吸入的焦油如何侵蚀肺部组织。

医生警戒性的训示：如果继续抽烟，患肺癌死亡的几率将大大增加。

家人充满人情味地恳请：我们不愿失去你，求你戒烟吧！

然而最终谁都没有成功劝服烟民戒烟，这是为什么？如何才能让他停止抽烟呢？只有烟民吸收了各类劝说，再加上社会规范的约束，等到心理上做好了戒烟准备，戒烟才有成功的可能。

可见，预测观众的心理需求有助于确立可行的沟通目标，确立有效的沟通策略。演示也是如此。

有了符合实际的目标之后，还要把演示内容限定为简单的一句话，确保演示发挥应有的作用。

2．构建演示框架

有一个男人打算开车去买一份杂志，经过客厅时对妻子说：“我想出去买一份杂志，你有什么要我带的吗？”

“太好了，看到电视上那么多葡萄广告，我现在特别想吃葡萄。”

妻子在他走向衣柜拿外衣时说：“也许你还可以再买点牛奶。”

他从衣柜中拿出外衣，妻子则走进了厨房。

“我看看冰箱里的鸡蛋够不够。对了，我想起来了，我们已经没有酱油了。我看看，对，我们是该买一些鸡蛋了。”

他穿上外衣向门口走去。

“再买些胡萝卜，也可以买些橘子。”

他打开房门。

“还有黄酒。”

他开始下楼梯。

“苹果。”

他坐进汽车。

“再买点酸奶。”

“还有没有？”

“没有了，谢谢。”

如果不重新读一遍上面的文字，你还能记住这位妻子让她丈夫买的9样东西吗？

从上面的例子可以发现，有效的沟通不单纯在于内容的多寡和花费时间的长短。有效地构建演示框架是演示中重要的一环。

（1）演示的时间分配　控制演示时间，使得演示既符合观众的预期，又满足沟通目标的达成，是很重要的。这就意味着演示前必须设计好演示结构、突出演示重点、保证互动时间。多数的商业演示要有近1/3的结束前互动时间，以达成演示目标。

（2）演示的金字塔结构　演示的内容通常被人称为5个W、1个或者2个H，但是这6个或者7个要素其实可以构建一个演示的金字塔，它们之间的关系如图2所示。

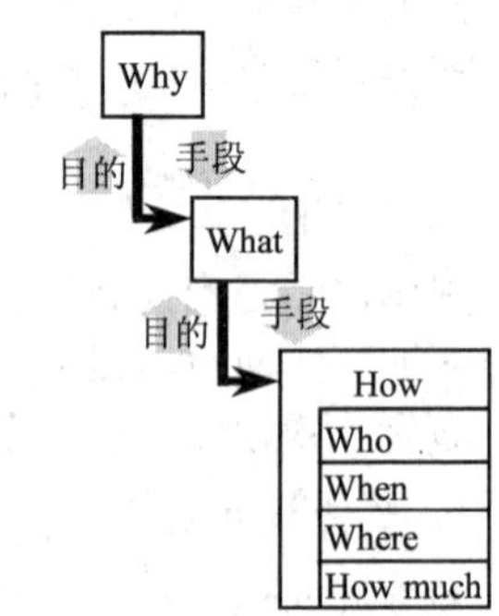

图2　沟通的金字塔结构

如果演示过程中有不止一个What，那就有不止一套匹配的How。但是过多的要点或者层次会让观众难以梳理结构，因此要点和层次要尽可能简单，尽力删除不必要的内容、梳理合并具有相关性的内容。

要点和层次的编排也要符合观众的理解能力，通常演示中重要的内容要先展示。

演示导入要求遵循PIP公式，即要能展示演示目的（Purpose）、突出演示的重要性（Importance）、给出演示结构预览（Preview）。演示结尾要让人印象深刻，可以重申观点、推出行动计划、要求观众的承诺等。

（3）要点的TOPS原则　在口头表达中，很容易让人遗漏要点，其中很重要的原因是听众难以区别哪些是要点。如果要点紊乱，那么演示的结构也会紊乱。所谓要点的TOPS原则，就是指Targeted to our audience（瞄准观众）、Over-arching（周延完整）、Powerful（掷地有声）、Supportable（言之有据）。

3．确保PPT的辅助效果

演示中，口头表达应该是主要形式，PPT等只是口头表达的辅助形式，因此必须让PPT等视图展示工具发挥良好的辅助效果，确保演示的过程不是单纯地念PPT的过程。

（1）文字编辑简单易读　PPT中的文字要经过仔细编辑，不能占据屏幕的大片区域，需要区别出必需的内容，删除冗余的内容，简化句子和词语。

（2）插入图表与视频　PPT展示要充分利用多媒体技术，充分调动声音、图像等的优势，避免纯文字的展示。可以通过梳理文字或者数据信息的逻辑关系将其转换成图表，也可以插入音、视频以增加生动性。

三、知识链接

除PPT外，沟通过程中的视觉辅助手段常见的还有白板、卷展式直观教具等。

1．白板

白板是黑板的替代品，一般用白板笔书写。它的优点是价格低廉、面积较大，可以快速、

自由地书写，可以反复使用，还可以与磁板等结合使用，并能满足环保要求。

白板一般适合于讨论环节，尽量用在不需要书写过多内容的环节。例如讨论，以不超过15人为宜。

2．卷展式工具

卷展式工具主要有挂纸、翻纸板、展示板等。这类工具也可以连续使用，没有对电源的要求，比较简单易用。卷展式工具适合于10人以内的演示规模。

3．实物

在商务活动介绍新产品的时候往往会采用样品展示的方式。

实物要尽量避免事先被观众看到。为了起到更好的展示效果，应该带着样品走到观众之中现场操作演示。

4．模型

当展示的对象比较抽象、复杂或者不常见的时候，模型具有非常强的说服力。它可以根据需要确定大小、色彩等。

四、探讨分享

演示设计一

目　　标：决定在L公司的发展过程中是否应该努力争取在美国投资的机会。
话 题 1：美国在全球经济中的地位。
论　　据：1）在世界国民经济中的地位。
　　　　　2）巨额的对外贸易。
　　　　　3）预期增长的国外投资。
话 题 2：美国产业回报率高。
论　　据：1）成本控制严格。
　　　　　2）竞争地位稳固。
　　　　　3）其他。
话 题 3：进入美国市场的障碍。
论　　据：1）市场不集中。
　　　　　2）消费者精明。
结论概要：1．美国的经济处在全球领先地位。
　　　　　2．美国产业的回报吸引力较强。
　　　　　3．障碍是可以克服的。
建　　议：可行。

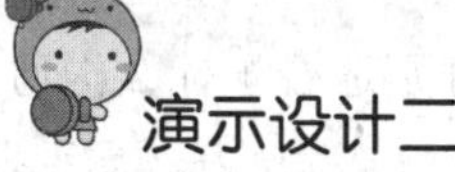

演示设计二

目　　标：L公司应该努力争取在美国投资的机会。

预览结论：1. 美国的经济处在全球领先地位。
2. 美国产业的回报较有吸引力。
3. 市场的障碍是可以克服的。
结 论 1：美国的经济处于全球领先地位。
论 据：1）在世界国民生产总值中所占的比例大。
2）巨额的对外贸易。
3）预期增长的国外投资。
结 论 2：美国产业的回报较有吸引力。
论 据：1）成本控制严格。
2）竞争地位稳固。
3）其他。
结 论 3：进入美国市场的障碍是可以克服的。
论 据：1）市场不集中。
2）消费者精明。
建 议：可行。

讨论

比较以上两次演示设计在结构上的差异。

实训拓展

一、日常关注

1. 注意观察学习、工作和生活中的沟通实例，看看这些沟通是否属于有成效的沟通，为什么？

2. 试比较本学期任课老师制作的 PPT，结合听课情况分析这些 PPT 演示各有哪些值得吸取的经验与教训。

二、分步拓展

1. 回顾“情境二”的“构建演示框架”中所举的帮妻子带东西的案例，思考如何有效地让丈夫把妻子所需要的 9 种商品记住并带回家。

2. 围绕当前热门的一则新闻事件收集资料，制作一份适合于 10 分钟演示的 PPT。

三、综合实训

1. 分析“情境一”的“情境设定”中项目经理面临的沟通要求，看分别适合于什么沟通方式，每次具体的沟通都需要注意哪些问题？

2. 分小组任选一个课题制作 PPT，进行一次演示，相互比较与分享。

中篇

口头沟通

任务一

让我们来“秀一秀”

任务要求

1）能在公众面前大胆地开口说话。

2）明确“恐惧”的原因，知道化解恐惧的方法。

3）能在说话过程中控制自己的肢体，加强语言的表现力。

情境一 紧张又何妨

一、情境设定

一个普通的星期一上午，你的领导对你说：“小王（小张、小李……），在下周进行的公司新产品展示会上，你的身份是展示柜前的工作人员，负责向大家解说产品。这次展示会对我们公司很重要，你要好好表现啊。”

你的第一反应会是什么？

在你的人生旅途中，曾经遇见或者还将遇见许许多多次可能对你的公众形象、名誉、职业前景等产生巨大影响的机会。这些机会，多数是需要我们借助口头沟通来把握的，我们没有理由白白地放弃这些机会。有什么办法能让你把握这些机会呢？

二、任务实施

心理学表明：在一些公开场合发言，谁都会怯场。美国权威杂志《读者文摘》曾在全国范围内做了一次调查，结果大多数人最害怕的是“当众说话”，而“怕死”反而排在了后面。

古罗马的雄辩家西塞罗在一次演讲结束后说：“演讲一开始，我就感到自己的面色苍白，四肢和整个心灵都在颤抖。”此外，运动员在比赛开始前、演员在登台表演前都会感到紧张而怯场。紧张、演说恐惧症、台惧是每一个人都会有的。

因此，必须学习控制自己的紧张不安，能从容地在公众面前说话。如何才能让自己下决心张口说话，而且把话说得明确又得体呢？

我们首先需要的是不紧张。心里不紧张，表现得也不紧张。

富兰克林·罗斯福曾说过：“我们唯一不得不恐惧的就是恐惧本身——一种莫名其妙、丧失理智的、毫无根据的恐惧，它把人转退为进所需的种种努力化为泡影。”

1．消除借口

人们在躲避公开发言时通常有哪些可能的借口？

1）我没什么可说的。

这话是真的吗？我们做一个小小的实验。

从某个清晨开始，每过一小时就记录下在刚过去的这一个小时里，你曾经和哪些人说过话（包括电话、短信、邮件、QQ 等），顺便记下说话的内容。你会发现你一天的记录是满满的。

你不得不每天和很多人谈很多事情，哪怕你尽量少开口。而每天，你脑海里汹涌而来的想法却在嘴边徘徊。很多生活中讷讷无言的人会变成网络上的“话痨”，因为每个人都确实有很多话要说。

2）我不想在众人面前出丑。

这是一个诚实的借口——谁也不愿意伤害自己。

确实，沟通并不总是有价值的。它可以被用来表现重要的想法，分享感受，团结更多的人；也能歪曲事实，压抑情感，破坏关系。我们需要的是分清哪些情境下可以说话、怎么说话、说什么话，而不是拒绝任何时间、任何地点的说话。

如果你永远拒绝出丑，就永远不知道自己是否真的会出丑，更排斥了自己风光的机会。或者人们不会觉得你可笑，而是会尊重你：你有勇气在公众面前说话，并且努力表现出最好的一面。

3）我没有准备好讲稿。

这是一个糟糕的借口，或者是一个糟糕的事实。

准备一篇完备的讲稿是重要的。如果你提前知道有这样的机会，那就应该花时间去准备，这样的准备一定是值得的。

如果你是因为根本不想上台，所以才没有准备讲稿，那你就是浪费机会的人，而机会只会“眷顾那些有准备的人”。

4）我的模样实在上不了台。

我们得承认，每个人的外形多少会影响到听众对信息的接收效果。但好的听众一定是来听你说话，而不是来评价你的仪表的。只要你的说话够精彩，其他一切都会成为你的特点。

此外，我们也需要学习一些仪表的知识和技巧。

5）我今天感冒了，喉咙痛。

喉咙痛或者牙痛，对说话的影响确实很大。不过事实告诉我们，人们总是容易在承受压力的时候生病，更准确的原因是压力让人睡眠和饮食失调。但是越重要的发言，越难以改变时间安排，或替换成他人，如报告会、颁奖仪式、竞选等。解决的途径是：病倒了要找医生，能坚持住就得说话。

首先，把注意力放在要做的准备工作上，忽略自己的身体，身体反而不会垮掉。

其次，保持合理的休息和饮食，也不要持续排练演讲，嗓子的休息和身体的休息都很重要。

最后，诚实面对听众。如果你真的不舒服，大家会表示理解，而你可以压缩自己的讲话内容，并且尝试使用话筒。

6）我紧张死了，会忘词的。

谁都会紧张，放松点儿，学习一些应对紧张的方法，适度的恐惧就会为你所用。

如果害怕忘词，那就准备一个讲稿，哪怕是把提纲带上。

7）我的讲稿给弄丢了。

讲稿常常会被遗忘在包里、抽屉中、车上，也会不小心被扔进废纸篓、混杂在文件中，甚至会被猫狗抓破、被小孩子吃掉。解决问题的关键是我们要做有心人。

做个简单的计划或者备忘录，出门前检查一下所带的物品，不要把讲稿遗忘。另外，如果你不是个太细心的人，就需要利用当前的技术条件，做个备份。要保证自己手里有讲稿。

除了以上七个借口，你还可能找出其他的说法。但只要仔细想想，很多问题是不存在或者能解决的。给自己一点儿信心，多学习和练习，问题就会迎刃而解。抓住所有的机会多做公众发言，你会发现，练习越多，你就越感到轻松自如，当然也做得更好。

2. **储备条件**

当代社会，表达想法的能力和创造想法的能力一样重要。在学习过程中，你可以做一做下面这个测试，看看自己在演讲方面有什么长处和短处。

演说家的条件

1）你认为成功的演说家应该具备什么品质？请一一列举。

2）上面所列举的这些品质，你已具备的有哪些？

3）如果你进行演讲，你的优势有哪些？

4）如果你进行演讲，你的弱势有哪些？

5）什么时候你会需要当众演讲（包括发表自己的意见）？

6）你认为演讲中最大的困难是什么？

演讲，或者说当众发言，到底需要什么条件呢？

（1）正直　亚里士多德在《修辞学》中这样论述：演讲者需要的不仅是丰富的词汇和良好的品位以选择适当的词语用于适当的场合，他们需要的也不仅是智慧、自制和平衡……最重要的是优秀的演说家同时也应当是一个好人。

他的话意味着演讲者首先要博得听众的尊重和信任。因为听众不仅在聆听话语，同时也关注话语背后的意义以及说话的人。

（2）自信　对你所说的内容和自己的说话水平要表现出信心，不要给听众怀疑你的机会，只要坚持表现得有信心，你就会真的增强自信。不要开场就说“这个内容我没怎么准备”，或者“我还不适应这样的说话方式”，这样的开头令听众泄气。我们要克服胆怯，培养信心，并且展现出信心。

说话要有热忱。沉闷的内容、沉闷的话语和沉闷的表情都令人昏然欲睡。引人瞩目的内容配合口头语言和肢体语言，会产生超过你想象的感召力。

引用资料必须经过核实，确保真实性。

（3）信息　你的听众形形色色，你说话的场合也各不相同。他们可能是你的亲友、你的同学、你的对手、你的上司。他们对你的态度和你的话题的认识也各不相同。说话前要先确认，你是想安抚情绪、让人愉悦、提供新知识还是促成行动，你的话语希望能让听众振奋、舒适还是思考。

广泛的涉猎、精心的准备，总是能让更多的人满意。

（4）互动　喋喋不休的人容易招来听众的不满。说话前，应该确认说话时自己的地位和作用，以此为基准筛选信息，形成自我形象。

学会聆听，即要随时关注听众的反应，努力满足他们的需求。要引发听众的兴趣，带动他们的热情。说话要生动，要学会提问，尽一切可能把听众纳入自己的说话过程中。

三、知识链接

造成紧张感的生理原因是肾上腺激素突然大量涌进神经系统，使人们出现勇敢和胆怯并存的现象。

肾上腺激素作用于中枢神经系统，可以提高其兴奋性，使机体处于警觉状态，反应灵敏；呼吸加快，肺通气量增加；心跳加快，心缩力增强，血液输出量增加；血压升高，内脏血管收缩，骨骼肌血管舒张同时血流量增多。在这个过程中，全身血液重新分配，以利于应急时重要

器官得到更多的血液供应；肝糖原分解增加，血糖升高，脂肪分解加强，血中游离脂肪酸增多，葡萄糖与脂肪酸氧化过程增强，以适应在应急情况下对能量的需要。

这种物质能使人对外界环境的刺激产生抵抗性，如抵抗寒冷刺激的时候，肾上腺皮质就会分泌肾上腺激素，以使身体作出相应的反应抵抗“冷”的感觉。又或是遇到惊吓，如躲避急速冲过来的汽车，会由肾上腺激素刺激大脑，让人们作出反应，更好地保护自己。

由此得到结论，肾上腺激素的分泌，是身体自我保护的反应。

从生理上说，紧张可能是一种积极的能量，让我们保持灵敏的反应；也是健康的表现，让我们有红润光泽的脸色。当然，适当的保护是必需的，但过分的反应则是糟糕的。

四、探讨分享

案例一

狮子的抉择

罗马皇帝尼禄是著名的暴君。有一次，他去竞技场观看狮子表演怎样把基督徒当做午餐。狮子像往常一样兴奋地冲向基督徒，准备大快朵颐。不料有一个基督徒向狮子说了几句话，那头狮子听了他的话后，就夹着尾巴跑了。面对后面的狮子，这个人如法炮制。刚才还异常凶猛的狮子，全都十分温顺地迈着步子逃了。

尼禄忍不住好奇，让人把那个基督徒带上来。看着这个面带微笑站在他宝座前的人，尼禄说道：“如果你告诉我你对狮子说了些什么，我就给你自由。”

基督徒回答道：“我告诉这些狮子，表现最好的狮子必须站起来向观众们说几句话。”

讨论

1）比照《狮子的抉择》中的狮子，询问你周围的人，有没有面对公众觉得紧张的时候。可以详细地描述当时的状况。

2）面对嗜血的尼禄和狮子，故事中的基督徒得以保全性命的原因是什么？对我们有什么启示？

案例二

爱德华·威格恩成功的习惯

著名的演说家和心理学家爱德华·威格恩先生曾经非常害怕当众说话和演说，在他读中学时，一想到要起立做五分钟的讲演，就惊悸莫名。当讲演的日子靠近了，他就真病了。只要一想到那可怕的事情，血就直往脑门冲，两颊烧得难受，不得不到学校后边去，把脸贴在冷凉的砖墙上，设法减少汹涌而来的潮红。

读大学时也是这样。有一回，爱德华小心地背诵了一篇演讲词的开头：“亚当斯与杰弗逊已经过世”，当他面对听众时，脑袋轰轰然，几乎不知置身何处。爱德华勉强挤出开场白“亚当斯与杰弗逊已经过世”，就再也说不出别的词句，因此便鞠躬，在如雷的掌声中凝重地走回座位。校长站起来说：“爱德华，我们听到这则悲伤的消息真是震惊，不过在目前的情况下我们会尽量节哀的。”接着，就爆发出了震耳欲聋的笑声。当时爱德华真想一死以求解脱，后来就病了好几天。回忆这段时光，他曾诚恳地说：“活在这个世界上，我最不敢期望做到的，便是当个大众演说家。”

在离开大学一年后，爱德华·威格恩先生一直住在丹佛。

在一场“自由银币铸造”的争论中，他读到了一本小册子，建议实行“自由银币铸造”。爱德华·威格恩先生非常不同意这种观点，并感到十分愤怒，因此他当了手表做盘缠，回到家乡印第安纳州，自告奋勇，就健全的币制发表演说。在他的听众席上，有不少听众都是他的昔日同学。当他开始演讲时，大学里关于亚当斯和杰弗逊的演讲那一幕又掠过他的脑海。他开始窒息、结巴，眼看就要全军覆没了。不过，听众和爱德华都勉强地撑了过来。小小的成功使他勇气倍增，他继续往下说了自以为大约 15 分钟的时间，而其实他已经说了一个半钟头。结果，以后数年里，爱德华·威格恩成了令全世界最感吃惊的人，竟然会把当众演说当成自己吃饭的行业。

讨论

爱德华·威格恩在回忆往事的时候曾说：“我体会到了威廉·詹姆斯所说的‘成功的习惯’是什么意思。”你能体会他话中的含义吗？

情境二　找到我的信心

一、情境设定

回忆你曾经参加的一次会议，请评论一下，你认为谁在会议中表现得比较紧张，理由是什么？你认为谁在会议中表现得比较从容，理由又是什么？

回忆你最近一次公开发言，想一想：你什么时候决定要发言，什么时候开始有些紧张，什么时候紧张慢慢消除。

二、任务实施

紧张，起于发言之前，渐止于发言过程中。紧张，是自己能够感觉的，也是别人可以发现的。所以，在发言时需要调整自己的感觉，也要消除被别人发现的机会。

1．疏解紧张

检视自己和周围的人，大家的紧张度有多少？事实是，每个在公众面前说话的人，无论他/她多么有经验，都会受到紧张的影响。2007 年 6 月 7 日，从哈佛大学辍学 30 余年的比尔·盖茨应邀在母校的毕业典礼上发表了 25 分钟的演讲，演讲非常成功。你也许不知道，即便像比

尔·盖茨这样经历过大场面，已经做过无数次演讲的人物，面对这次演讲，还是花了6个月左右的时间来精心准备。

紧张是难免的，适度的紧张有助于更好地表达，但是过分的紧张一定会阻碍表达。我们需要把紧张程度控制在适当的范围内。有很多事先调剂的方法，可以选择实施。

（1）自信暗示法　发言前，过多考虑失败的因素，如“我忘词了会怎么样”、“别人会嘲笑我的”、“别紧张别害怕”，结果呢？负面的自我暗示常常会导致失败。反之，要把自己看成是自信多、担心少的人，想象自己的发言非常完美、掌声响起，甚至欢声雷动的情形。只有对自己的发言效果充满信心，才能鼓励自己去竞争，获得成功。

心理学的研究表明，潜意识通常接受的是肯定的信息，“不要害怕”、“不要紧张”的自我告诫反而会刺激自己变得“害怕”和“紧张”，所以要多给自己肯定的信息。

（2）体育锻炼法　体育活动是一种简单而有效的消除紧张的方法。

如果早几天知道要公开发言，就可以进行一些体育活动，来消除紧张情绪。发言前半小时左右，可以找个地方做几次跳跃或者小跑一圈，消耗掉造成紧张的那部分能量。在发言前几分钟，还可以寻找到身体感到最紧张的部位，如手、腿、膝盖、肚子等，慢慢地把这部分的肌肉紧张起来，保持两秒钟，然后放松。做几次，就会感觉紧张度被释放了。如果坐在座位上，在不影响周围人的情况下，可以把腿收紧，或把腿伸出去，使下肢肌肉形成紧张状态。如果把脚稍向前伸，脚底正好接触地面，双腿之间也稍有距离，这样取得的是一种自然放松的状态，肌肉的紧张感就会消失。另外，做做深呼吸，也可以收到良好的效果。

（3）预讲练习法　演练，可以是真实的，也可以是假想的。

在镜子或者朋友面前，来一次真实的演练。注意看着“观众”，从镜子里观察自己的表现，从真实的听众的反馈中思考自己的优点和缺点。也可以闭上眼睛，设想自己进行了一次成功的发言。在脑海里把所有的过程闪现一遍，想象所有你能想到的细节。

需注意演练要完整，如果发现了错误也要继续，不要重新再来一次，因为真实的情形通常不允许重来，只能继续。当然，最好的练习是实际的发言，次数越多，水平越高，紧张度越低。

（4）愉快联想法　养成联想愉快事物的习惯，使自己心灵充满快意，精神安定，还能解除干扰记忆的压力。

心情平静地坐下来，闭上双眼，心中浮现那些存在于记忆中的最愉快的事情。例如，曾经游览过的秀丽山湖；和心爱的朋友一叶小舟荡漾在碧波上；也可以想象外面下着鹅毛大雪，自己却悠闲自得地坐在暖炉前似睡非睡的情景；到了海滨，海风轻轻地吹，海鸥在天空翱翔……

2．释放激情

发言时候的激情是点燃自己、照亮别人的蜡烛。发自内心的兴奋会使你的发言有鼓动性和感召力。即使你不止一次说过同样的话题，也要把每一次当做第一次来讲，你的激情一定会换来自己与听众的成功互动。激情来自内心的发言欲望，也来自外在的语言表达，必然会带来最终的良好的发言结果。卡耐基在他的讲学生涯中曾经有一次类似经历，可以说明激情的重要性。

在纽约一家极具知名度的销售公司里，有位一流的销售员提出违反常理的论点，说他能够使“兰草”在没有种子、没有根的条件下生长。根据他的论点，他将山胡桃树烧成灰，撒在新犁过的土地上，然后就能长出绿油油的兰草。

评论他的演讲时，卡耐基温和地给他指出，如果他这种非凡的发现是真的，将使他一夜之间成为巨富，会使他成为人类史上一位杰出的科学家。但是，没有一个人曾经完成或有能力完成他所声称的奇迹：即还不曾有人从无生命的物质中培植出生命。

班上的学员也都认识到了这个销售员论述中的谬误。但是这个销售员对自己的立论非常热烈，他马上起立说自己没有错，他也并未引经据典，只是陈述一个自己的经验而已。他继续往下说，扩大了原先的论述，并提出更多的资料，举出更多的证据，他的声音里充满着真诚。

卡耐基再度告诉他：他是正确、或近乎正确、或距离真理 1 000 里的可能性都非常渺茫。马上，他又站了起来，提议跟卡耐基打五块钱的赌，让美国农业部来解决这件事。事情的结果是班上好几个学生开始转而支持那个销售员。卡耐基问他们，是什么动摇了他们原先的论点？他们都说是讲演者的热诚和信念使他们自己怀疑起常识的观点来。

3．表现放松

在发言的过程中控制自己的紧张也很重要。请记住：发言过程中的紧张，有你自己感觉到的，更有别人感觉到的。我们的目标是让自己感觉不那么紧张，让别人也觉得你不紧张。可以采用以下方法：

（1）提纲记忆法　有很多人在发言前会写一篇完整的讲稿，尤其是演讲前。而正式的发言，就成了背诵。但是背诵是机械记忆，单调的、机械的节奏也会使发言失去激情。最糟糕的可能是，背诵的时候你把注意力都花在字句不出错上，一旦现场情况有变，如观众的反应、设备故障等，都会打断原有的记忆链，让你脑子一片空白。

所以，最好的选择是：准备充分，反复熟悉自己发言的内容，但是只写一个提纲。没有了背诵的底稿，自然也就没有了忘词的可能。

（2）紧张转移法　转移听众对人的注意力，加强对发言内容的注意力，是缓解紧张的好办法。

首先你要专注于自己的发言，而不要把注意力放在听众的评价上。忘了自己，面向听众，专注所说。因为无暇顾及其他，也就可以转移紧张情绪。

可以借助其他设备，如实物展示、投影等，把大家的视线吸引到你周围的事物上去，而只听你的声音。如果没有其他设备，就要注意不要吸引人去关注你紧张的部位。例如，不要手里拿着笔转圈，不要拿着水平面动荡的杯子，不要拿着抖动的讲稿等。

（3）身体控制法　许多人发言时会紧张，尤其是站着发言的时候。我们需要控制自己的身体，不要让大家发现你的紧张。

有的人紧张时发抖。如果你的腿发抖，可以把重心轮流落在其中一条腿上。如果不考虑雅观，也可以身体略前倾，双手扣住讲桌。如果是坐着的，可以握紧双手放在膝盖上，这样可以同时防止手和脚的发抖。

有的人紧张时僵硬，全身肌肉绷紧。可以换个姿势，让自己放松。或者把双手握拳，紧张到不能再紧张的时候放松，这样做几次，就可以松弛下来。

还有的人紧张时不敢看人，有的则是手脚小动作琐碎……练习控制自己的身体，让你的肢体语言显得自信从容。

（4）语言表达法　有些人的紧张，是自己告诉听众的，例如说："不好意思，我很紧张。"或者说："不好意思，我忘词了。"还有人说："时间紧张，我都没来得及准备。"你认为听众的反应会怎么样？可以回忆一下你听到类似的话时自己的想法。

其实，听众更愿意自己来对你的发言作出判断，而关于"紧张"，他们的判断和实际情况也许有很大的差别。不要自己告诉他们，尤其不要一开场就告诉他们你很紧张。你应该在语言上表现得自信，告诉大家：我一定表现得很好，我的话值得你们认真听！

4．仪表加分

一般而言，一个人发言的时候，听众不仅仅只是听，他们也在看。所以，仪表也很重要。

（1）准备工作　听众在看见你的第一眼时，就已经对你形成了一个印象，所以有好的外表形象很重要。不妨根据下面的提示来好好准备。

1）牙刷了吗，头发梳了吗，衣服合适吗？

2）穿了一双合脚又合时的鞋子吗？

3）看上去有精神、胸有成竹吗？

4）发言合适的位置是哪里？

5）你在别人的注目下会自信地端坐、行走、站立吗？

6）你能把准备的笔记放下说话吗？

7）你可以在说话前先环视一下听众，并且全程看着你的听众说话吗？

（2）善用眼神　从讲话开始一直到最后，都要让每个观众感到你在对他（她）说话，而眼神最能建立说话者与听众的联系。

发言的开头和结尾，必须要看着听众。你的眼神和表情，要传递这样的信息：你正在努力和每个人交流。让你的目光表示你希望他们能明白你的内容和主题。而每个看你的听众，都应该得到回视，让他们知道你很重视、尊重他们。如果有人对你皱眉或者绷脸，也不要让不快影响你。

眼神不能太久停留在一个人身上，也不能过快地扫视。通常目光停留在每个人身上的时间以说完一个整句为宜。眼睛要让人觉得你在注视他（她）的双眼，但不要真的看人的眼睛，看着他们的鼻梁就可以让他（她）感觉到你“用温和的眼神看着我”。

（3）肢体表现　在公众面前的发言都有一定的表演性，体态能帮助说话者加强表现力、控制局面。有效的身体语言不仅能表现和强调内容，还能抓住观众的注意力。

要运用你的头、手以及身体的其他部位，帮助你进行表现。无论坐着、站着还是移动，都要充满信心。成功的身体语言表达的意图要清晰、恰当而又自然。

（4）善始善终　发言结束不能匆匆收场。要收拾好所带的笔记等，如果需要走回自己的座位，记得要注意自己的步幅，显得专注而自信。坐在座位上不要马上和身边的人说话，因为有很多人还看着你。

三、知识链接

1．标准站姿

站立姿势应给人一种挺、直、高的感觉。挺胸抬头，下颌微收，双目平视，肩膀下沉外展，双腿直立，重心落于脚掌。

男士应体现刚毅：两脚平行分开，大体等于肩宽。手有三种姿势：两手交叉，垂放于前部；或自然下垂，放在两侧裤缝；或背手放在后边。

女士应体现优雅：双脚跟并拢，脚尖分开呈小八字形，双手交叉放于腹部上位。也可以双脚呈丁字步，身体略侧；手也可垂于两侧。

谈话时要面对对方，保持一定距离。身体歪斜、两腿分开很大距离、依墙靠桌、手扶椅背、双腿交叉、手臂抱紧等都是不雅和失礼的仪态。

2．常用手势

手势是态势语言的一个重要组成部分，它包括从肩膀到手指的活动，还有肘、腕、指、掌各部分的协同动作。

（1）手势的种类　按手势的运用方式、表达的意思，大致可以分为以下几种：

1）情意手势。这种手势主要是表达喜、怒、哀、乐的强烈情感，其表现方式丰富，感染力强。例如，讲到胜利时拍手称快；讲到气愤时双手握拳；讲到着急时双手互搓。情意手势既能渲染气氛，又有助于情感的传达，在演讲中使用的频率最高。

2）指示手势。这种手势主要用于指示具体人物、事物或数量，给听众一种真实感。它的特点是动作简单，表达专一，一般不带感情色彩。例如，讲到“你”、“我”或“这边”、“那边”时，都可以用手指一下，给听众更清楚的印象。

3）形象手势。这种手势的主要作用是模拟人或事物的形状、高度、体积、动作等，以引起对方的联想，给人一种具体明确的印象。例如，讲到“他的个子只到我的胸口”的同时，用手势配合一下，既具体又形象。

4）象征手势。这种手势可以表示抽象的意念，用得恰当能引起听众的联想，如表示胜利的“V”形，停止的“T”形，赞许的“O”形。

（2）手势的活动区域　由于演讲的内容和情感不同，手势的活动区域也不尽相同，每个活动都有它特定的内容。

1）上区。手势在肩部以上活动，一般表示理想、希望、喜悦、祝贺等。手势向内、向上，手心也向上，其动作幅度较大。例如，表示对某人的殷切希望，对某项工程完工的喜悦，对朋友亲人幸福的祝愿等心情激动的内容，都可适当使用上区的手势。

2）中区。手势在肩到腹部区活动，一般表示记叙事物和说明事理，演讲者这时的心情比较平静。其动作要领是单手或双手自然地向前或两侧平伸，手心可以向上、向下，也可以与地面垂直，动作幅度适中。例如，表达“大家应该彼此照应，体现团队意识”、“按班组分配任务，班组长负责”等内容，手势在中区活动比较合适。

3）下区。腰部以下的手势，一般表示憎恶、鄙视、反对、批判、失望等。其基本动作是手心向下，手势向前或向两侧往下压，动作幅度较小。例如，“这些人不敢光明正大做事，这种行为是可耻的”。

了解了手势的基本含义，但手势的具体使用仍然不可一概而论。可以从会场的大小、听众的多少、内容的需要、表意的强弱等方面进行选择。

手势在演讲中的作用是多方面的，但它毕竟是辅助手段，不可喧宾夺主，也不应当代替有声语言。

四、探讨分享

案例

凡斯·布须内的遭遇

凡斯·布须内是世界最大的保险公司之一的衡平人寿保险公司的副总裁。当年，他曾被

安排在来自全美各地2 000多名公司代表的会议上发表演说。当时，他进入人寿保险行业才两年，可是做得相当成功，所以公司安排让他做20分钟的讲演。

凡斯高兴坏了，认为这是提高声望的好机会。于是，他写出讲稿，逐字背诵，又在镜子前演练了40回：每个单词、每个手势、每个面部表情都恰到好处。真是天衣无缝，完美无瑕，他想。

但是，当他走上讲台，一阵莫名其妙的恐慌忽然袭上心头。他只说了："我在本部门里的职务是……"就再也想不起下句了。慌乱之下，他后退两步，想重新开始。可是脑中还是茫然一片。他只好再退两步，想再重来。这番表演，他共重复了三次。讲台和后面的墙之间有五尺宽的夹缝，讲台后面也没有栏杆。所以，他第四次向后退时，便摔下讲台，消失到夹缝里了。听众哄堂大笑，有个人甚至笑得跌出椅子，滚到过道上。

自从公司创办以来，还不曾发生过这样丢脸的事。所以，凡斯觉得羞辱难当，于是提出辞呈。凡斯的上司极力挽留，并帮他恢复了自信心。而凡斯在这次经历以后，成了公司里数一数二的说话好手。不过，他再也不背诵讲稿了。

讨论

1）你有过当众发言的经验吗？是否准备了完整的讲稿？你觉得准备完整的讲稿的作用是什么？

2）凡斯之所以遭遇哄堂大笑，除了"忘词"还有什么原因？

实训拓展

一、日常关注

参加一次学校组织的活动，观察组织者、主持人的表现，尝试与他们交流，学习成功经验。

二、分步拓展

1．肢体练习：所有练习要力求规范，戒除不良习惯。

（1）站姿训练　靠墙挺直站立，保持后脑勺、肩胛骨、后脚跟靠墙。

（2）走姿训练　头顶一本书，身体挺直行走，并且保持行走过程中书不掉下来。

（3）微笑训练　站或者坐在镜子前，调整呼吸，开始微笑：双唇轻闭，注意眼神配合。时间长度随意，反复训练，寻找自己最佳的微笑形式。

（4）手势训练　可以在镜子前，也可以同学们两两进行，分别训练不同手势的运用。

2．重点练习自己的一两个手势，如开场打招呼、语气强调等。在班级中公开展示，互相评价。

3．到公开场合，克服胆怯，尝试和他人进行交流与沟通，哪怕仅仅是问路或者闲聊。

三、综合实训

在班级里进行一轮“自我介绍”，可以分组进行。要求：

1）除了自己的姓名之外，每个人都必须介绍一个自己的优点或者特点。

2）每人的自我介绍时间不超过 2 分钟。

3）注意从位置上站起到介绍完落座全程控制好自己，尽量表现出自己最优秀的一面。

4）其余的同学要注意观察、评价介绍的同学的临场发挥，并自我检查，以求提高。

任务二

一起来说普通话

任务要求

1）知道普通话语流音变的一般规律。

2）能说比较标准的普通话。

3）能运用常见的重音、停顿、语调等技巧。

情境一　说流利的普通话

一、情境设定

公司的新产品展示会即将举行，你的身份是展示柜前的工作人员。但是你打算在展示会期间只负责分发资料、传送信息，而解说产品的任务由同一部门的小王负责，因为他伶牙俐齿，能说一口流利的普通话。相比之下，自己的普通话只能算家乡话的“官话版”，表现的机会就让给他人吧。

但是，是不是以后只要有发言的机会，就一律让给他人，对自己只能安慰地说：“我是一个内秀的人”？不，我们需要马上行动，改变现状，把握机会。

二、任务实施

每个人都应该学会标准的普通话，不仅语音标准，语调也要标准。

学说普通话，首先需要掌握标准的字音。这一点很容易练习。

但是，学会了标准的字音，不等于会说标准的普通话，因为人们在说话时，不是孤立地发出一个个音节（字），而是把音节组成一连串自然的“语流”。由于相邻音节的相互影响或表情达意的需要，有些音节的读音要发生一定的变化，就会有语流音变。学习者要逐个来攻克这些难题。

1．变调

变调是指在语流中，由于相邻音节的相互影响，使某个音节本来的声调发生变化。例如，杭州有一个景点叫“虎跑”，应怎么读？

（1）上声变调　上声在四个声调前都会产生变调，只有在读单音节字或处在词语末尾或句末时才有可能读原调。

1）上声+非上声：变半上——211（详见“知识链接”）。例如：

上阴：语音　火车　警钟　感激

上阳：语言　总结　旅行　导游

上去：语义　讨论　土地　美丽

上轻：可以　斧子　打点　伙计

2）上上相连：变成阳平调——35。例如：

鱼水——雨水　埋马——买马　涂改——土改　白米——百米

语法　总理　美好　远景　小组　海岛

3）三上相连：

当词语结构是“AB+C”时，前两个音节变阳平。例如：

展览馆　选举法　洗脸水　打靶场　总统府　手写体

当词语结构是“A+BC”时：第一个音节读半上——211，中间音节变阳平——35。例如：

党小组　冷处理　小两口　孔乙己　纸老虎　小拇指

讨论

若出现一串上声音节，应怎么读？例如：

早早晚晚

我很了解你。

请你给我买几把小雨伞。

（2）“一”的变调　“一”单念或作序数词时读原调（阴平调）。例如：

1月1日　同一律　说一不二　一是一二是二　一不怕苦二不怕死

专一　同一　统一　十一斤　整齐划一　统一认识

1）“一”+去声：变阳平调——35。例如：

一个　一定　一律　一对　一次　一步登天

2）“一”+非去声：变去声——51。例如：

一边　一头直　一起　一丝不苟　一来二去　一鼓作气

3）在动叠词中间：读轻声。例如：

听一听　学一学　写一写　试一试

（3）“不”的变调　“不”只有在去声音节前变阳平调——35。例如：

不必　不要　不但　不用　不论　不是

在其他声调音节前读原调——51。例如：

不禁　不屈　不才　不如　不法　不朽

（4）重叠形容词的变调

1）AA式。不儿化的AA式形容词在口语中一般读原调，儿化的在口语中必须变调，方法是第二个音节与“儿”合成儿化韵读阴平——55。例如：

慢慢儿地　小小儿的　圆圆儿的　好好儿的　饱饱儿的　狠狠儿的

2）ABB式、AABB式形容词在口语中的变调比较复杂，但是现在渐渐趋向不变。例如：

黄澄澄　文绉绉　沉甸甸　金灿灿　干干净净　整整齐齐

2．轻声

轻声是一种特殊的音变现象。原则上说，每个词的每个音节都有固定的声调，但是有部分单音节虚词只能在语流中出现，并且总是读成又轻又短的调子；部分双音节词的后一音节会被读得较轻较短。这就是轻声。

（1）轻声的作用

1）区别词性和词义。例如，“大意”的“意”若读轻声，为形容词，意思是“粗心”；如果不读轻声，则为名词，意思是“大概意思”。

2）区别词和短语。例如，“东西”的“西”若读轻声，则“东西”为词，指物品；如果不读轻声，则“东西”为短语，表示方位上的东边和西边。

（2）轻声的调值　轻声不是一个独立的调类，也没有固定的调值，只是失去了原有声调的调值，又重新构成自身特有的音高形式，听感上显得短而模糊。它的调值总是随着前一个音节的调值而定。轻声的调值形式主要有两种：

1）当前一个音节的声调为阴平、阳平、去声时，轻声音节的调值形式为短促的低降调——31。例如：

结实　杯子　柴火　核桃　见识　记号

2）当前一个音节是上声时，轻声音节的调值形式为短促的高平调——44。例如：

饺子　比方　打算　本事　姐姐　口袋

（3）轻声的分布规律

1）构词后缀。例如：

“子、儿、头、么、们、悠”：桌子　我们　晃悠　下巴　什么

2）名词后面的方位词或语素。例如：

“里、上、下、边”：屋里　地下　北边　里头

3）叠音名词及动词的后一音节。例如：

妈妈　姥姥　玩玩　尝尝　练练

4）结构助词、时态助词。例如：

“的、地、得、着、了、过”：我的　慢慢地　走了　看着　说过

5）语气助词。例如：

“啊、呀、吗、呢、啦、吧、哇”：唱啊　是吗　对吧　谁呢

6）趋向动词。例如：

“来、去、起来、下去”等作补语：回来　出去　站起来　说下去

7）口语中历史悠久的双音节词语。例如：

萝卜　时候　告诉　行李　凉快　规矩

窗户　朋友　阔气　粮食　头发　先生

3．儿化

在北京发音里，处于词语末尾的“儿”本是一个独立的音节，由于口语中处于轻读的地位，常常与前面的音节流利连读中产生音变。音变后的“儿”失去了独立性，化到了前一个音节上，只保持了一个卷舌动作，使两个音节融合成一个音节，前面的音节也或多或少发生了变化。普通话吸取了北京方言的儿化音变现象。被儿化的韵母称为“儿化韵”。

（1）儿化的作用

1）区别词性。例如：

盖（动词）——盖儿（名词）　　破烂（形容词）——破烂儿（名词）

2）区别词义。例如：

头（脑袋）——头儿（领导、首领、一端）

白面（面粉）——白面儿（白色粉末或毒品）

眼（眼睛）——眼儿（窟窿眼儿、小孔）

信（书信）——信儿（消息）

3）表示小、可爱、亲切或蔑视、鄙视等多种感情色彩或语气。例如：

小孩儿　宝贝儿　心尖儿　小草儿　小丑儿　门缝儿

（2）儿化的音变规律

1）直接卷舌。在没有韵尾-i、-n、-ng，并且韵母最后音素为a、o、e、ê、u的情况下，直接卷舌。例如：

a、ia、ua→ar、iar、uar　刀把儿　找茬儿　笑话儿

o、uo→or、uor　耳膜儿　细末儿

e→er　山歌儿　大个儿

ie、üe→ier、üer　台阶儿　木橛儿

u、ou、iou、ao、iao→ur、our、iour、aor、iaor

白兔儿　猴儿　蜗牛儿　草稿儿　鸟儿

2）变化后卷舌。

① 丢韵尾卷舌。当韵尾为-i、-n时，丢弃韵尾，在韵腹的基础上卷舌。例如：

ai、uai→ar、uar　鞋带儿　一块儿

ei、uei→er、uer　墨水儿　一会儿

an、ian、uan、üan→ar、iar、uar、üar　竹竿儿　聊天儿　拐弯儿　后院儿

en、uen→er、uer　后门儿　打滚儿

如果韵腹为i、ü，先丢弃韵尾-n，然后加“e”进行儿化。例如：

in、ün→ier、üer　手印儿　花裙儿

② 合韵尾卷舌。当韵尾为-ng时，需将韵尾与韵腹合成鼻化元音，然后卷舌。例如：

ang、iang、uang→ãr、iãr、uãr　帮忙儿　相框儿　蛋黄儿

eng、ong→ẽr、õr　八成儿　打孔儿

如果韵腹为i、ü时，先添加韵腹“e”并鼻化，然后卷舌。例如：

ing、iong[yŋ]→iẽr、[yɚr]　电影儿　小熊儿

③ 添韵腹卷舌。在元音i、ü的基础上儿化，需要添加韵腹“e”，然后卷舌。例如：

i、ü→ier、üer　底气儿　有趣儿

④ 变韵腹卷舌。当韵腹为-i时，需要变成“e”再卷舌。例如：

铁丝儿　瓜子儿　没事儿

4．“啊”的音变

“啊”作为叹词独立性很强，一般不会产生语流音变。而语气助词“啊”则不能独立使用，总是处在语句末尾，由于受到前一音节末尾音素的影响，常常会发生音变。

① 当前面的音素是a、o（ao、iao除外）、e、ê、i、ü时，读ya，可以写成“呀”。例如：

好大呀　快说呀　天鹅呀　是你呀　这个小孩儿真可爱呀！

② 当前面的音素是u（包括ao iao）时，读wa，可以写成“哇”。例如：

您在哪住哇　真可笑哇　这棵树真高哇

③ 当前面的音素是-n（前鼻音的韵尾）时，读na，可以写成“哪”。例如：

天哪　好大的烟哪　什么人哪　这事情办得真晕哪

④ 当前面的音素是-ng（后鼻音的韵尾）时，读nga，仍写成“啊”。例如：

这有什么用啊　真漂亮啊　这木头真硬啊

⑤ 当前面的音素是-i（后）和 er 时，读 ra，仍写成“啊”。例如：

这是一首多好听的诗啊　　多绿的树枝啊　　好漂亮的金鱼儿啊

⑥ 当前面的音素是-i（前）时，读 za，仍写成“啊”。例如：

你来投资啊　　你说上次啊　　这就是寒山寺啊

三、知识链接

1. 普通话的声调

普通话的读音，一般由音高、音强和音长决定。很多时候声调具有辨义功能。著名语言学家赵元任编写了一段《施氏食狮史》，很能说明汉语的声调特点和辨义功能。

石室诗士施氏，嗜狮，誓食十狮。

shí shì shī shì shī shì, shì shī, shì shí shí shī.

施氏时时适市视狮。

shī shì shí shí shì shì shì shī.

十时，适十狮适市。

shí shí, shì shí shī shì shì.

是时，适施氏适市。

shì shí, shì shī shì shì shì.

氏视是十狮，恃矢势，使是十狮逝世。

shì shì shì shí shī, shì shì shì, shī shì shí shī shì shì.

氏拾是十狮尸，适石室。

shì shí shì shí shī shī, shì shí shì.

石室湿，氏使侍拭石室。

shí shì shī, shì shǐ shì shì shí shì.

石室拭，氏始试食是十狮。

shí shì shì, shì shí shì shí shì shí shī.

食时，始识是十狮，实十石狮尸。

shí shí, shǐ shì shì shí shī, shí shí shī shī.

试释是事。

shì shì shì shì.

2. 调值和调类

调值是声调的具体读法，源于音节音高的高低、升降、平曲、长短的具体变化。通常用五度制标调法体现声调，如图 3 所示。竖向的比较线上的 1、2、3、4、5 表示声调从低到高的变化，比较线的左边用或横或斜或曲的线表示声调的变化。

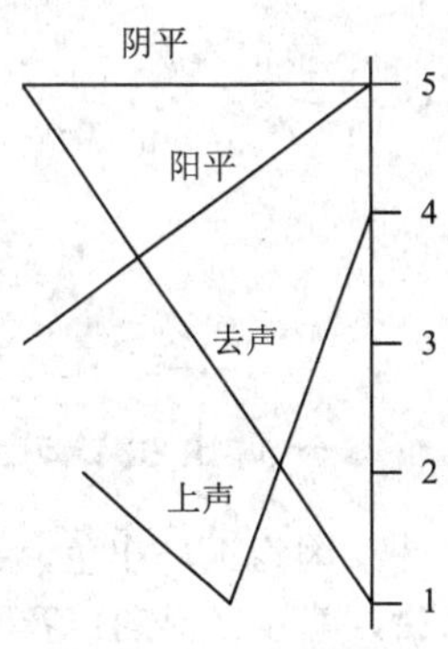

图 3　五度制标调法

普通话有四种基本调值，可以归并为四个调类。根据古今调类演变的对应关系，定名为阴平、阳平、上声和去声。

（1）阴平　高而平，叫做高平调。发音时由 5 度到 5 度，简称 55。

（2）阳平　由中音升到高音，叫做中升调。由 3 度到 5 度，简称 35。

（3）上声　由半低音降到低音再升到半高音，叫做降升调。由 2 度降到 1 度，再升到 4 度，简称 214。

（4）去声　由高音降到低音，叫做全降调。由 5 度到 1 度，简称 51。

四、探讨分享

案例

朗读《父亲的爱》，看看你能注意到多少语流音变的问题

爸不懂怎样表达爱，使我们一家人融洽相处的是我妈。他只是每天上班下班，而妈则把我们做过的错事开列清单，然后由他来责骂我们。

有一次我偷了一块糖果，他要我把它送回去，告诉卖糖的说是我偷来的，说我愿意替他拆箱卸货作为赔偿。但妈妈却明白我只是个孩子。

我在运动场打秋千跌断了腿，在前往医院的途中一直抱着我的，是我妈。爸把汽车停在急诊室门口，他们叫他驶开，说那空位是留给紧急车辆停放的。爸听了便叫嚷道："你以为这是什么车？旅游车？"

在我生日会上，爸总是显得有些不大相称。他只是忙于吹气球，布置餐桌，做杂务。把插着蜡烛的蛋糕推过来让我吹的，是我妈。

我翻阅照相册时，人们总是问："你爸爸是什么样子的？"天晓得！他老是忙着替别人拍照。妈和我笑容可掬地一起拍的照片，多得不可胜数。

我记得妈有一次叫他教我骑自行车。我叫他别放手，但他却说是应该放手的时候了。我摔倒之后，妈跑过来扶我，爸却挥手要她走开。我当时生气极了，决心要给他点颜色看。于是我马上爬上自行车，而且自己骑给他看。他只是微笑。

我念大学时，所有的家信都是妈写的。他除了寄支票外，还寄过一封短柬给我，说因为我没有在草坪上踢足球了，所以他的草坪长得很美。

每次我打电话回家，他似乎都想跟我说话，但结果总是说："我叫你妈来接。"

我结婚时，掉眼泪的是我妈。他只是大声擤了一下鼻子，便走出房间。

我从小到大都听他说："你到哪里去？什么时候回家？汽车有没有汽油？不，不准去。"爸完全不知道怎样表达爱。除非……

会不会是他已经表达了而我却未能察觉？

（[美] 艾尔玛·邦贝克《父亲的爱》，《读者文摘》1987 年第 12 期）

情境二　说抑扬顿挫的话

一、情境设定

因为工作出色，领导要求你在专门会议上介绍经验。坐在台上，你对着麦克风才说了一句话，就被自己的声音吓了一跳：这是我的声音吗？我觉得我的嗓音更深沉、更清晰……现场的声音实在有些令人沮丧，你说话的声音不免低了一点。波澜不惊地讲完后，你才发现没有多少

人在听。反省自己：好像发言的内容还不错呀，为什么别人会走神呢？

想一想，可能是你的“声音”出了问题，是没有起伏变化呢，还是不会使用话筒呢？

要学习调度自己的声音，让自己的说话更出彩。

二、任务实施

每个人的声音对他（她）的表达效果起着首要的影响。在日常的交流中，如果沟通对象了解你，有限的音量和语调变化他们是能接受的。如果超过了熟悉的对象范围，平铺直叙的说话节奏就意味着单调乏味，缺少吸引力，非常容易令人走神。因此，在说话过程中，声音要符合以下要求：能够听见；保证听清；有抑扬顿挫。

1. 音量

让人理解你的话语的首要因素是音量。每个人的说话声音，自己听到的通常比听众听到的要响，而背景噪音等也会影响听众听清楚你的发言。

（1）注意距离和场合　听众多，你的声音就应该高；听众少，你的声音就应该低。听众离得远，你的声音就应该高；听众离得近，你的声音就应该轻。在相对空旷的环境，你的声音就应该高；在相对封闭的环境，你的声音就应该轻。

（2）学习使用麦克风　麦克风或者扩音系统使发言者和一群人沟通变得容易。但是还需要注意：

1）麦克风的音量有一定的范围。如果你的音量变化太大，会令听众头晕。

2）大多数麦克风不是高保真的，所以说话要比平常慢而清楚，别人才能听明白你在说什么。

3）尽量在听众到场前熟悉麦克风。确定你的嘴和麦克风的最佳距离，保证你说话时候的最佳音量。如果不是无线麦克风，注意不要扯到电线，或者扯脱了电池。

4）麦克风会放大所有的声音，不仅是你的正式发言，也包括你的自言自语、咳嗽抓挠、翻看讲稿。

（3）学习练声　普通人的肺大约每分钟呼吸 18 次，提供所需的气息。气息是发声的基础，说话要学会用气。

呼吸：吸气要深，胸部打开、小腹收缩。呼气要慢而长。

声带：放松声带，从轻缓的震动开始，发一些轻慢的声音。避免一开始就大喊大叫。

此外，口腔和鼻腔是说话时最重要的共鸣器，需要多练习，增加灵活性。说话的时候也要注意避免托腮帮、摸鼻子等影响发声的动作。

2. 重音

在朗读中，为了准确地表达语意和感情，会强调突出某些词或短语，被强调的这部分就被称为重音，或重读。平时说话也应借鉴朗读的方式进行轻重音的区分。重音是体现句子目的的重要手段。一个独立完整的句子，只有一个主要重音，而重音在语句中的位置，需要根据表达目的来确定。

（1）重音的确定

1）语法重音。在不表示特殊的思想和感情的情况下，根据语法结构的特点把句子中的某些部分重读的，称为语法重音。语法重音的强度不十分强，它的主要规律有：

① 一般短句中的谓语部分重读。例如：

天亮了。

山朗润起来了，水涨起来了，太阳的脸红起来了

② 句子的修饰、补充成分重读。例如：

白杨树是不平凡的树。

月亮慢慢地升起来了。

房子收拾干净了。

③ 部分代词也要重读。例如：

我什么也没有说。

今天谁值日？

这是一本书。

④ 表示并列、选择、递进、转折、因果、条件、假设、目的等的词语，以及有比喻、夸张、对偶、排比、重复、设问、反复、双关、反语等的词语，也读重音。

2）强调重音。为了表示特殊的思想和情感而把句子里某些地方读得特别重的现象，叫做强调重音。它的强度大于语法重音。强调重音的位置受说话的环境、说话人的特殊要求和感情所支配。同样一句话，说话的目的不同，强调重音也不一样。例如：

我没让他买汉堡。——是别人让他买的。

我没让他买汉堡。——这事不是我干的。

我没让他买汉堡。——我让其他人买的。

我没让他买汉堡。——我是让他去拿。

我没让他买汉堡。——我让他买其他东西。

（2）重音的处理

1）重音重读。加强音量和气势，使字音高亢、响亮、饱满、有力。常用于表达饱满、高涨的情绪。例如：

让暴风雨来得更猛烈些吧！

2）重音轻读。控制声带，运用较强的呼吸，使气大于声，将重音低沉地轻轻吐出。一般用于表达复杂或细腻的感情。例如：

风一吹，芦花般的苇絮就飘飘悠悠地飞了起来。

3）重音长读。适当延长音节的音长，使字音富于感染力。一般用于表达深沉、婉转的感情。例如：

周——总——理，你——在——哪——里？

我想那缥缈的空中，定然有美丽的街市。

3．停连

停连是指语流中声音的停顿和延续。说话过程中的气息调节需要停顿，气息调好后又要继续，就需要连接。而停顿和连接又会影响内容的表达，所以对停连的位置和时间要作出恰当的安排。

（1）停连的确定

1）语法停连。语法停连是反映句子中语法关系的停顿，基本以标点符号作为依据。停连时间的长短一般是：层次>段落>句号（问号、叹号）>分号、冒号>逗号>顿号。例如：

正是因为说话跟吃饭、/走路一样的平常，/人们才不去想它究竟是怎么回事儿。

在没有标点的地方常常也有表示语法关系的停顿，如较长的主语和谓语之间、动词和较长的宾语之间、较长的附加成分和中心语之间、较长的联合成分之间。例如：

这就是/我越来越深刻地感觉到/谁是我们最可爱的人。

原子是由带正电的原子核/和核外带负电的电子/组成的物质化学变化中的最小微粒。

在说话过程中一定要考虑到句子成分语法结构的完整性，不能将一个关系密切的结构单位拆解开来，或将关系不很密切的结构单位捏合在一起。例如：

叶徒相似，其/实味不同。

这就是被誉为/“世界民居奇葩”、/世上独一无二的/神话般的山区建筑模式的/客家人/民居。

2）强调停连。强调停连是为了强调某一事物，突出某个语意或感情，或是为了加强语气，在不是语法停连的地方作适当停连，或在语法停连上变动停顿时间。这种停顿是由说话人的意图和感情所决定，没有确定的规律。它可以和语法停顿一致，也可以在语法停顿的基础上改变停顿的长短，还可以跟语法停顿不一致。例如：

谁是我们/最可爱的人呢？

语言，也就是说话，好像是/极其稀松平常的事儿。

更妙的是，这只鹅从盘子里跳下来，背上插着刀和叉，摇摇摆摆地在地板上走着，一直向这个穷苦的小女孩走来。/这时候，火柴又灭了，/她面前只有一堵又厚又冷的墙。

（2）节拍　停顿把一句话分成几个段落，这样的段落叫做节拍、节拍群、音步或停顿。节拍的划分既要考虑词和词组关系的疏密，又要照顾到整节节拍的匀称。节拍在诗歌，尤其是古诗中表现尤其明显。古诗的节拍（停顿）要依据诗体和韵律来切分，主要规律是：

1）四言诗的节拍为2-2式。例如：

关关/雎鸠，在河/之洲。窈窕/淑女，君子/好逑。

从上面几句诗中可以发现，古诗的节拍单位和意义单位有时候并不一致。如“在河之洲”，意义单位应该是“在/河之洲”。

2）五言诗的节拍为2-3或3-2式，3又可细分为1-2或者2-1。例如：

床前/明月/光，疑是/地上/霜。

举头/望/明月，低头/思/故乡。

3）七言诗的节拍为4-3，4可细分为2-2，3可细分为1-2或者2-1。例如：

两个/黄鹂/鸣/翠柳，一行/白鹭/上/青天。

窗含/西岭/千秋/雪，门泊/东吴/万里/船。

现代诗的节拍不如古诗那么规律明显，但是仍然应该有诗歌的韵律，朗读的时候要注意体会。

（3）停顿的处理

1）徐停。声断气不断，意念情绪连绵。例如：

道一声/珍重，道一声/珍重，那一声/珍重里，有甜蜜的/忧愁。

2）急停。迅速收声敛气。例如：

举起你的双手吧，新中国/是我们的！

3）强停。屏住呼吸，中断气流，一字一顿。例如：

昨天，/日本政府/已经发动了/对马来西亚的进攻。

4）长停。停顿前一个字由高到低缓缓收敛，直至声气全无。例如：

北国/风光，千里/冰封，万里/雪飘。望/长城/内外……

4．句调

句调是指句子声音的高低升降变化。句子的升降是贯穿整个句子的，但是在句末表现得尤其突出。通常句调可分为平直调、高升调、降抑调和曲折调四种。

1）平直调。整句语势平直舒缓，没有显著变化。主要用于不带特殊感情的陈述和说明，也可以表示庄严、悲痛、冷淡等感情。例如：

我家的后面有一个很大的花园，相传叫百草园。→

攀登科学高峰是没有捷径可走的。→

2）高升调。前低后高，语势上扬。一般句中暂停的地方用升调，也表示号召、鼓动、反问、设问、申诉等感情。例如：

怎么妈妈的妈妈也喜欢吃鱼头？↑

我没有干坏事！↑

3）降抑调。前高后低，语势渐降。一般用于陈述句、感叹句和祈使句，表示坚决、自信、赞扬、祝愿、心情沉重等感情。例如：

我们有并不失掉自信力的中国人在。↓

可爱的小鸟和善良的水手结成了朋友。↓

4）曲折调。句子的高低有曲折的变化。有时先升后降，有时先降后升。一般在心情比较特殊的时候使用，表示惊讶、怀疑、讽刺等感情。例如：

当三个女子从容地辗转于文明人所发明的枪弹的攒射中的时候，这是怎样的一个惊心动魄的伟大呵！～

啊呀呀～，你放了道台了，还说不阔～？现在有三房姨太太，出门便是八抬的大轿，还说不阔～？吓，什么都瞒不过我～。

5．语速和节奏

在说话过程中，由一定的思想感情的起伏所形成的，在有声语言的表达上显示出来的快慢、抑扬、轻重、虚实等各种循环交替的声音形式，就是节奏。节奏是对整篇文章而言的，语速是构成节奏的主要内容。

一般来说，凡是在急促、紧张的地方，或者是在兴奋、激动、愤怒、惊慌的情绪下，语速要快一些；而在庄重、严肃、一般陈述的地方，或者是在平静、悲哀、思念的情绪下，语速要慢一些。例如：

等他们走后，我惊慌失措地发现，再也找不到要回家的那条孤寂的小道了。像只无头的苍蝇，我到处乱钻，衣裤上挂满了芒刺。太阳已经落山，而此时此刻，家里一定开始吃晚餐了，双亲正盼着我回家……想着想着，我不由得背靠着一棵树，伤心地呜呜大哭起来……

诞生于 20 世纪 30 年代的塑料袋，其家族包括聚苯乙烯快餐饭盒、塑料包装、塑料餐具杯盘以及电器充填发泡填塞物、塑料饮料瓶、酸奶杯、雪糕杯等。这些废弃物形成的垃圾数量多、体积大、重量轻、不降解，给治理工作带来很多技术难题和社会问题。

语音的虚实、粗细也对表达有很重要的影响。通常实音饱满、洪亮，虚音压抑、柔弱。说话或者朗读的时候要根据不同的场合、不同的内容，学习综合使用各种因素。例如：

忽然教堂的钟敲了 12 下。祈祷的钟声也响了。窗外又传来普鲁士兵的号声——他们已经收操了。韩麦尔先生站起来，脸色惨白，我觉得他从来没有这么高大。

“我的朋友们啊，”他说，“我——我——”（渐弱，虚声）

但是他哽住了，他说不下去了。

他转身朝着黑板，拿起一支粉笔，使出全身的力量，写了两个大字：

“法兰西万岁！”（注：在法语中“法兰西”是一个词，“万岁”是一个词。）

然后他呆在那儿，头靠着墙壁，话也不说，只向我们做了一个手势：“放学了，——你们走吧！”（由实到虚，缓）

三、知识链接

说话要学习运用自己的发声器官，人体的发声器官如图 4 所示。

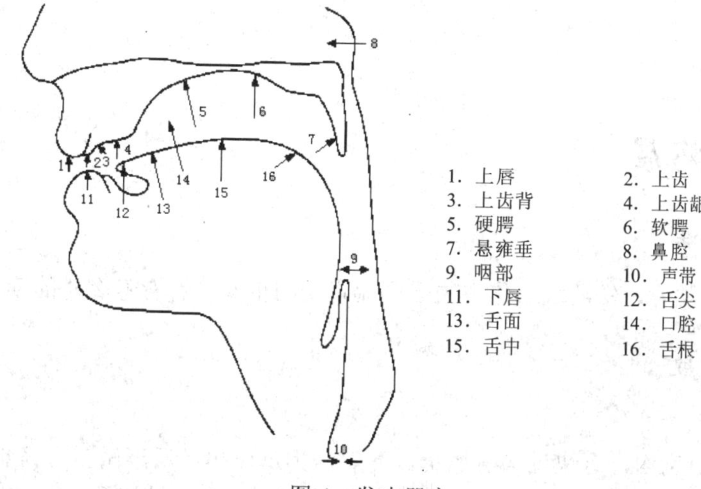

图 4　发声器官

在发声过程中有四大器官参与工作，分别是动力器官、振动器官、共鸣器官和吐字器官。

动力器官也称为呼吸器官，包括胸腔、肺、气管和横隔膜。主要为发声提供动力。

振动器官即喉，通过喉内的声带振动而发出声音。声带从平面看是由两条带状的肌肉构成，一端和会厌骨相连，另一端和杓状软骨相连。由于喉头的软骨和肌肉的相互作用，吸气时使两声带分离，发声时使两声带相互靠拢。在气息密切的配合下调整声带的长、短、厚、薄和张力，使声音产生高、低、强、弱的变化。

人体发音的共鸣器官有咽腔、口腔、鼻腔、胸腔和头腔，口腔是最主要的共鸣器官。口腔在发声过程中是一个形状和体积都可控制的共鸣腔，在舌的动作、口的开合、唇形的变化、软腭后部的升降等因素共同作用下，能产生各种各样的声音，语言所利用的声音仅是其中的一部分。共鸣腔不仅能使声音因共鸣而增强，而且还控制声音的音色和频率的高低。

吐字器官由口腔、舌头、软腭、嘴唇、下腭等组成，可使言语清晰。

四、探讨分享

案例

角色扮演《雷雨》第二幕中周朴园和鲁侍萍的对话

讨论

1）周朴园和鲁侍萍的心理变化脉络是怎样的？

2）这个场景，人物对话主要以什么方式表现比较恰当，为什么？

3）评论角色扮演的成败。

实训拓展

一、日常关注

分别寻找一个学习、生活或工作中关于语流音变的事例，看看怎么样的读音才是正确的。

二、分步拓展

1. 绕口令。

1）哥挎瓜筐过宽沟，赶快过沟看怪狗。光看怪狗瓜筐扣，瓜滚筐空哥怪狗。

2）东西胡同南北走，遇到一个人咬狗。伸手拾狗砸石头，又被石头咬一口。从来不说颠倒话，布袋驮着驴子走。

3）天上七颗星，树上七只鹰，梁上七个钉，台上七盏灯。拿扇扇了灯，用手拔了钉，举枪打了鹰，乌云盖了星。

4）山前有个颜远眼，山后有个袁眼圆，俩人上山来比眼。也不知颜远眼比袁眼圆的眼看得远，还是袁眼圆的眼比颜远眼的眼长得圆。颜远眼看看袁眼圆，袁眼圆瞪着颜远眼。

2. 每天选择一篇新闻稿进行诵读，有条件的可以比对广播、电视播音员对该内容的播报，体味学习。

三、综合实训

进行一次诵读会。

（1）场地　在礼堂或者多媒体教室，配置麦克风。

（2）内容　选择几组具有不同的情感色彩与内容的诗文，让学生预先准备。

（3）要求　能综合运用不同的技巧，提高声音的表现力，并注意分享与学习。

任务三

我要去演讲

任务要求

1）能进行听众分析、确定主题。

2）知道演讲的类别与程序。

3）能运用基本的技巧进行演讲。

4）知道演讲语言的特点并运用。

情境一　谁来听我的演讲

一、情境设定

为了配合新一轮的价值观讨论，公司要进行一次主题演讲。你所在的部门把你推选为参赛选手。为了获奖，你需要好好准备比赛。不过，你是根据什么来准备的呢？是不是想办法去打听其他选手有谁，评委是谁？或者也打听了在哪里比赛，有多少观众？

有没有想过，其实观众不仅仅是被动地听你演讲的对象？演讲主题不仅是主办方确定的，也需要根据观众适当调整？

二、任务实施

复杂的受众分析在广告中是常事。例如，沃尔沃（VOLVO）的汽车广告在美国强调经济耐用，在法国宣传休闲和地位，在德国突出性能，在瑞士把安全放在首位。演讲也需要做完备的受众分析。听众是一次演讲的必然组成部分，演讲的成败取决于听众的听讲效果。

好的演讲都是以听众为中心的，演讲人希望从听众中得到他们所希望的反馈。任何一次演讲之前，都需要问自己几个问题："我要对谁演讲？我希望他们听完之后了解、相信或是做什么？完成演讲任务的最有效的方法是什么？"对听众的分析可以让我们更好地确定演讲的目标、落实演讲的内容、实施演讲的方式。

虽然以听众为中心很大程度上是满足听众的需求，但是演讲人不能一味迎合听众，不能以牺牲自己的思想为代价博取听众的好感。演讲者还是需要有自己的观点、自己的个性特点。

1．分析听众

对听众的了解和分析，主要是依据听众的基本特征进行统计分析，然后评价这些特征对本次演讲的影响力。在对听众进行统计分析时，通常需要了解的情况包括以下几个部分：

（1）基本情况

1）年龄。很多研究者认为，没有任何东西比年龄更能影响一个人的世界观。每代人都或多或少有共同的成长背景，有相似的经验和价值观。如果听众的年龄层次一致，你需要面对的问题就比较集中；如果听众的年龄层次多样，那么你就得处理相对复杂的问题。

2）性别。确认听众中的男女性别比例，不仅是选择演讲话题和演讲内容时的参考，也是你调整自己的表达方式的依据之一。例如，演讲过程中听众点头说“是”，女性听众多数表示“我懂了”，而男性通常意味着“我同意”。

3）文化背景。不同文化背景的人对某方面的话题的了解程度会有差异，并且对话题的取向也会有不同。因此演讲之前，需要了解听众的文化背景，尤其注意有无不同民族、种族、宗教的差异，了解他们对你的演讲可能产生的影响，及时调整自己的信息，以便更恰当、更清晰、更有说服力。

（2）环境信息　环境信息首先是指物质环境，如是在什么时间进行演讲。上午 10 点和下午 4 点，听众对演讲的态度是有差异的。在座椅舒适、空气良好的环境听讲，与在设施破旧、照明黯淡的环境听讲，两者的愉悦性有明显的差异。你所能做的就是尽量让听众精神集中地听一场演讲。

环境信息也包括听众规模。不同的规模直接影响到你对场面的控制和调度。通常，规模越大，演讲的方式就越正规。不同的演讲规模需要演讲者适当调整自己的语言和可视辅助物等。

（3）选题态度　理想的演讲是选择一个适合自己、也适合听众的话题。对听众的选题态度进行分析首先就是要评估他们对选题的兴趣水平，如果你的话题不能引起听众的兴趣，就要想法提高演讲的参与度。而对一个话题的兴趣往往和听众对这个话题的了解程度有关。如果听众对你的内容完全不了解，无论他们有没有兴趣，你都需要从最基本的内容开始介绍；反过来说，如果你对基础水平很高的听众从最简单的内容开始介绍，无论他们对话题的兴趣有多大，都是令人反感的。

听众对选题的态度非常重要。如果在演讲前能了解听众对人、事、政策等的评价，就能够调节自己的诉求方式，以满足听众需求。不要激怒听众，不要在一开场就冒险把自己和听众放在对立的位置上，而是要学会寻求共同点。

（4）主客关系　演讲之前，每个演讲者还需要问问自己：“为什么是我对他们来进行演讲？”也就是弄清楚自己演讲的原因，找到自己演讲的价值、对听众的意义。看看自己和听众之间是什么关系，如果你和听众是同事或者同学，就容易和他们融为一体。

你的发言在议程安排上的位置也影响到你讲话的基调和内容。如果你是重要的发言人，就有机会为这次活动确定一个基调，影响听众对整个活动的看法；如果你是最后一个发言者，就要注意制造激动的氛围；如果你在活动当中发言，就要注意和前后发言人内容的承接和表达的差异。

2．信息收集

对听众信息的收集是很有必要的，但是如何做好信息收集工作呢？大体上可以采用这几种方式：

（1）询问主办方　任何演讲，都可以通过询问主办方，了解听众的大致情况。如果是面对某一团体进行演讲，就可以获得比较完整的第二手资料，了解这个团队的历史、现状以及他们对演讲选题的了解情况和态度。如果是专业的演讲，如竞选某个高级职位，你也可以借助专业的调查机构和人员来获得有效的资料。

（2）与听众面谈　如果可能，可以找机会与听众进行面谈，更多地了解他们对某个演讲选题的兴趣和意见，获得大量的第一手资料。面谈可以找一个典型的听众，也可以组织小规模座谈。这是听众分析中比较有效的方式，但是相对来说时间和精力成本比较高。

（3）问卷调查　利用问卷进行听众分析是比较科学的方式，这一方式可以了解相对多的听众，所收集的信息也比较全面。问卷调查可以采用开放性的问题，也可以采用半封闭和封闭性的问题进行。但是需要注意的是：首先要使调查问卷的内容集中有效，不可太分散；其次要确保问题清晰，不可模糊或有歧义；问卷也要尽量简洁。

3．适应需求

完成了听众分析，就应该对听众有一个相对完整的认识，可以确定他们的总体特征，他们对演讲选题的兴趣与了解程度，他们对演讲者的态度以及他们对演讲的预期。听众分析的目的在于：在演讲前和演讲中如何利用这些信息满足听众需求，为自己服务。

在演讲的准备阶段，演讲者心里就应该装着听众，预测听众的反馈：他们对你的演讲内容和结论会有什么反应？他们会觉得你举的例子表达清晰并且有说服力吗？你的语言和讲述方式对他们会有吸引力吗？你有没有使用视觉辅助，视觉辅助能否有助于他们了解你的思想？能够并且有创意地解决以上问题，你的演讲准备就比较完善了。

当然，再好的准备也不能保证演讲能一切按计划进行，在正式演讲中还需要注意听众的反馈，据此作出临场调整。

三、知识链接

听众的信息接受有什么特点呢？

如果你去听一场演讲，你可能会认真听，也可能会“开小差”。你可以逼迫别人去参加一次演讲会，但是没办法逼迫他们认真听讲。所以，吸引听众的注意力很重要。注意力就是演讲吸引受众关注的程度，它类似于一个信息过滤器——一个能控制任何受众接受信息数量和性质的筛选工具。

（1）获取信息的方法　通常情况下，人们获取信息有三种方法：主动搜索、正常获取和被动注意。正常获取就是通过正常的渠道，对自己感兴趣的信息进行选择性的储存和保留。被动获取就是信息源通过不断的提示和“强制性灌输”，竭力引起人们对信息的注意和接受。这三种方式中，被动获取的信息数量和质量损失最严重。

（2）信息的类型

1）价值性信息。人们在生活中无时无刻不在面临各种决策，决策的过程就是信息判断的过程。这其中，对人们的决策效用较大的信息就属于价值型的信息，这类信息最受人欢迎。有效的演讲必须满足人们的需求，不做空泛的信息堆积。

2）接触性信息。人们愿意接触支持其观点的信息，而回避“差异”信息。认知上的不一致、相互冲突的认知元素的存在，会造成某种不愉快，但人们在行为和认知过程中会努力减少这种不愉快。因此，演讲过程中要尽量向听众传达支持性信息，以强化其自愿接受；回避非支持性信息，以减少其不自愿接受。

3）多样性信息。人们会有接触刺激信息的渴望。人们总在追求新鲜性、不可预见性、变化和复杂性，这是由于在它们中包含有某种令人满足的东西。所以，演讲也需要创造出新颖而不落俗套的内容和形式。

4）有趣性信息。人们被诱导去寻找他们觉得有兴趣的刺激信息。一个人渴望看到自我反映，渴望关注自我投入的事情。所以，演讲过程中要努力使内容设置和相关沟通技巧与受众心理达成更高的融合。

四、探讨分享

案例一

芭芭拉·布什的《选择与变革》

演讲背景：

1990年6月1日是美国卫斯理女子大学举行毕业典礼的日子，《紫色》的作者爱丽丝·沃克应邀为四年级毕业生做演讲，但是她因故不能到场，大学方面就改而邀请当时的总统夫人芭芭拉·布什。但是有1/4的毕业班学生提出抗议，150名同学签署请愿书，认为布什夫人并不是一所女子大学中准备投身职业的学生的良好楷模。之所以请她来，仅仅因为她所嫁的人，而不是因为她自己有什么成就。

这次请愿活动引起极大争议。在布什夫人演讲前的一个多月里，教育家、报纸专栏作家和其他一些人就请愿书展开辩论，也就妇女在美国社会中的作用问题展开讨论。在毕业典礼的头一天，前苏联总统戈尔巴乔夫到美国参加高峰会议，其夫人莱莎·戈尔巴乔夫陪同前往美国，并受到布什夫人邀请，同去卫斯理大学发表演说。

演讲的结果是，布什夫人赢得了人们的称赞。NBC新闻播报员汤姆·布罗柯称她的演讲是“我听过的最好的毕业典礼演讲之一”，而《纽约时报》也说这次演讲是一次巨大的成功。卫斯理大学的许多学生一开始对布什夫人的出现表示怀疑，但她们也说，她们对她的演讲感到十分意外。

演讲稿（根据卫斯理大学的录音整理）：

非常非常感谢基海因校长、戈尔巴乔夫夫人，各位校董、教师，各位父母。我必须说，还要感谢朱莉娅·波特，毕业班级学生会主席，当然还有我最好的新朋友克里斯汀娜·比克纳尔，还有1990届的所有同学。今天能够到这里来真是莫大的欣慰，令我十分激动，我知道大家一定也是一样的感受，因为戈尔巴乔夫夫人也到场了。这是激动人心的时刻—— 在华盛顿我就感受到了这样的激动，我也一直在盼望能够来到卫斯理大学。我觉得这会是很好的一趟旅行；我倒是没有想到事情会这么叫人开心。因此，谢谢各位。

十多年前，我曾来这里讲过话，是谈我们在中华人民共和国的经历。当时，我为贵校校园的天然之美而惊讶，也因为这个地方充满活力而高兴。可是，大家知道，卫斯理不仅仅只是一个地方，她是一个思想，是一场杰出实验，在这里，多样性不仅仅广为包容，而且大受欢迎。

这份活力的本质，被去年一次关于宽容精神的演讲捕捉到了，那是邻校一个学生组织的主席做的演讲。她谈到了罗伯特·富尔甘的一个故事，是说有位年轻的牧师发现自己在照看一群精力充沛的孩子，结果发现了一个称为“巨人、蜥蜴和矮人”的游戏。“你们现在必须决定，”那位牧师告诉孩子们说：“你属于哪一种人，是巨人，是蜥蜴还是矮人。”听到这话以后，一个小姑娘扯着他的裤脚问：“但是，美人鱼放在哪里？”牧师告诉她说，没有美人鱼。她就说：“啊，有的，我就是美人鱼。”

那个小姑娘知道自己是谁，她既不打算放弃自己的身份，也不打算放弃那场游戏。她的意思是要占有自己的位置，看看美人鱼到底适合安插在游戏的哪个地方。美人鱼放在哪里？

因为美人鱼是不一样的东西，它们无法装进盒子，也不能安插到鸽子棚里。“回答了这个问题，”富尔甘写道，“那你就可以建造一所学校，缔造一个国家，或者创造整个世界。”

那位聪明的年轻女人说：“多样化，就跟任何值得拥有的东西一样，都需要人们付出努力。”我们需要努力才能理解差异，才能对别人抱有同情心，才能珍惜我们自己的个性，才能无条件地接受别人的个性。你们大家一定非常自豪，因为这就是卫斯理大学的精神。

我当然知道你们今天的首选是爱丽丝·沃克，你们猜猜我是怎么知道的？因为她是通过《紫色》知名的。结果你们找来了我，而我仅仅因为我的头发的颜色而出名！爱丽丝·沃克的著作在这里引起特别的共鸣。在卫斯理，每一个班级都因为其特别的颜色而闻名。在四年时间里，90届的学生都赢得了自己的紫色。今天，你们在告别草坪上集会，要对所有这些说再见，要开始自己的新旅程，要去寻找你们自己真正的颜色。

在等待你们去探索的那个世界里，在走出瓦班湖的另外一个世界里，没有人能够说自己真正的颜色是什么。但是，我知道一点是确实的：你们在一流的学校接受过一流的教育。因此，你们不必，也许不能够过上“照着数字填色”的生活。决策并不是不可撤回的。选择也会再次来临。当你们离开卫斯理大学的时候，我希望你们当中有很多人会考虑作出三个特别的选择。

第一个选择是，要相信有比自己更伟大的东西存在，要参与我们这个时代更伟大的一些思想。我选择了读书识字，是因为我真诚相信，如果有更多的人会读书写字，能够理解很多事情，那我们在解决影响我们这个国家和社会的诸多问题的时候会容易得多。

我早先还作出了另外一个选择，也是我希望你们也能够作出的选择。不管你们谈到的是教育、职业还是服务，你们其实都在谈生活，而生活真的必须有欢乐。生活本应该是充满快乐的！

我作出了自己一生最重要的一个决定，这就是嫁给了乔治·布什，原因之一是因为他让我发笑。这是真的，有时候，我们会笑得眼泪汪汪的，但是，这共同的大笑就是我们最坚固的纽带。应该在生活当中找到欢乐，因为正如弗里斯·布艾勒在他决定休息的那一天所说的一样：“生活跑得极快。如果没有不时停下来四处看看，那你就会错过它！”（你们为弗里斯的话鼓掌，超过了为乔治的话鼓掌，但我不会告诉乔治的！）

不能错过的第三个选择是珍惜人与人的关系：是你们与家人和朋友之间的关系。多年以来，人们把职业奉献和艰苦工作的重要性刻上了你们心头，而且这也是正确的。你们当医生、当律师、当商界领袖的责任很重要，但是，你们首先是一个人，而所有这些人际联系，就是与自己的配偶、与孩子、与朋友之间的联系，却是你们能够作出的最为重要的投入。

到你们生命的末尾，你们永远也不会遗憾少通过了一次考试，少赢得一场官司，少达成了一笔交易。你们会遗憾自己的时间没有花在丈夫身上、孩子身上、朋友身上，或者父母身上。

我们正处在一个转折时期，是一个激动人心和让人兴奋的时期，我们学会了根据社会变革和我们作为男人和女人面对的种种选择而调整自己。我想起一个例子，我记得一位朋友说过，说她听到丈夫在跟他的兄弟发牢骚，他在抱怨自己必须得看孩子。我的朋友很快纠正了他的想法，她告诉他说，如果是带你自己的孩子，那就不叫带孩子！

现在，我们也许必须做快的调整。也许我们应该做稍慢的调整。但是，不管是什么时代，不管是什么年代，有一件事情是永远也不会变的：父亲和母亲，如果你们有孩子，孩子必须放在第一位。你们必须为孩子念故事，你们必须拥抱孩子，你们必须爱自己的孩子。你们作为一个家庭的成功，我们作为一个社会的成功，并不取决于白宫都发生了些什么事，而是取决于你们自己家里都在发生什么样的事情。

在五十多年时间里，据说卫斯理大学的年度铁环赛的得奖者将会是第一个结婚的人。现在，人们说，那个得奖者将会是第一个成为 CEO 的人。这些都是过时的概念，说明对那些想知道美人鱼放在哪里的人没有宽容心。因此，我想在此提供一个新的传说：铁环赛的得奖

者会成为第一个实现梦想的人，不是社会的梦想，而是她个人的梦想。谁知道呢？就在你们这群听众当中，有朝一日或许有人会踏着我的脚印，也去作为一位总统的配偶入主白宫。我祝愿她一切顺利！

嗯，争议就到这里结束吧。但是，我们的谈话才刚刚开始，而且是非常有价值的一次谈话。那么，当你们今天离开卫斯理大学的时候，带上你们对于你们同戈尔巴乔夫夫人与我曾共同分享的礼遇和荣誉的深深谢意吧。谢谢你们。上帝保佑你们。但愿你们的未来美好如梦。

讨论

1）芭芭拉·布什本次演讲的听众有什么特点？她在演讲中采用了什么方式应对？

2）你认为芭芭拉·布什在卫斯理大学的演讲获得成功的秘诀是什么？

案例二

雪莉·阿莫托和防范家庭暴力演讲

雪莉·阿莫托从公共卫生专业毕业后在当地一家医院找到工作。她的最新工作就是培训该医院的每一位医生，帮助他们辨认病人身上表现出来的家庭暴力的早期迹象，并采取措施。对病人进行的一项调查显示，挨打后到急诊室的妇女，没有一位谈到自己受到虐待，医生也没有问及这方面的问题。

雪莉利用最新的调查结果，准备了一份培训资料，包含了有关的录像剪辑，还有她制作的PPT。经过多次练习后，她向几位医生征求意见。“你显然很了解这个话题。”其中一位医生说：“但是，我们实话实说吧。因为是经营性医疗机构，哪怕哪位医生很了解家庭暴力的内容，他们也没有时间跟病人谈这方面的问题。对这样复杂的问题，我们应该在什么时候跟他们谈呢？”

雪莉吃了一惊，然后回复：“你说得很好。有没有什么简单而实用的事情是想关心病人的医生可以做的？”在接下来的讨论当中，医生给了很多建议。

第二天，雪莉重新整理了报告，并取了一个新的名字——《防范家庭暴力：给忙碌医生的几点提示》。在接下来的培训里，她用了这样的开头：“对本院病人进行的一项调查显示，来本院急诊室就诊的大部分受虐待妇女从来不跟医生谈起家庭暴力方面的事情。一个原因是，今天的医生都太忙碌。今天，我想跟各位医生一起分享几方面的提示，看看如何发现家庭暴力的迹象，哪怕在工作很紧张的时候。”几分钟之内，雪莉就成功地吸引了大家的注意力。

讨论

1）雪莉采用了什么方式进行听众分析？获得了什么成效？

2）在雪莉的工作和医生的实际之间，她采用了什么方式进行平衡？

情境二 控制演讲的进程

一、情境设定

公司关于价值观的主题演讲赛即将开始，作为参赛选手，你大体了解了比赛的规则以及参加比赛的评委、观众、选手的构成之后，就开始准备演讲稿了。一次主题演讲赛，有近 20 个选手讨论同样的话题，怎样才能让自己脱颖而出呢？

二、任务实施

演讲本身不仅仅是语言表达，它也和效率紧密相关。演讲有明确的时间、地点、场所和听众，也有明确的主题和目标。所以，需要对演讲全过程进行良好的控制，才可能获得成功。

1．明确选题

演讲中首先面对的问题就是选择一个话题。你会发现，在日常闲聊中，你可以对任何一个话题发表一通意见，但是演讲的时候，选择一个话题却很困难。

（1）确定话题　除了命题演讲外，通常有两类题目可供选择：

1）熟悉的话题。对于多数人来说，谈得最好的都是自己熟悉的话题。因为这类话题可以保证自己有经验或者相关知识，可以作为演讲的资料。

2）有兴趣的话题。如果把演讲的过程当做学习的过程，选择一个自己有所了解、但是不继续研究就无法表现得更好的话题是一个好办法，有时甚至可以是自己一无所知的话题。

任何人都会有自己关心的事情，这些事情可能是国际性的问题，如环保、反恐等，也可能是生活性的问题，如减肥、食品保鲜等。而演讲的目的可以是劝说大家一起行动，也可以是为了闲暇时逗人一乐。

（2）筛选话题　虽然可供选择的话题很多，但是确定一个有吸引力的话题仍然需要进行认真的筛选。

1）个人盘点。快速盘点自己的经历、爱好、技能、信仰等，把它们记录下来，就会找到一个具体的话题。

2）资料查阅。到图书馆或者借助网络资源，可以查阅大量资料，从中能发现新话题。也可以对别人的观点说“是”、“否”或者“综合一下”，这些都是演讲的好话题。

3）联想推演。如果实在是没什么好说的，可以准备一张纸一支笔，按照人物、事物、事件、地点、问题、政策的类别，把最近能想到的内容列出来，从中也可以找到自己的话题。也许你会从动漫联系到网络，从网络联系到游戏，从游戏联系到赌博，从赌博联系到戒赌难。于是你的演讲题目是《你为什么赌不过机会》。

2．明确目标

在构思演讲稿的过程中，我们难免会问自己：“我想让我的听众在我的演讲中得到什么？”这就是主题，也是你的演讲目标。这个主题不仅可以吸引听众的注意力，并且也能发挥你的长处。

（1）总体目标　这个目标总的来说，不外乎三种：如果你是要解释、报告或者演示什么，那就是告知；如果你是要销售、倡导或者辩护什么，那就是说服；如果你是要模仿、消遣或者

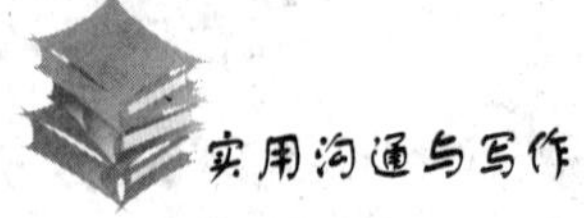

逗笑，那就是娱乐。通常公开演讲很少涉及娱乐。

（2）具体目标　明确了总体目标之后，可以细化这个目标，把它确定在一个具体的层次上，用一句话正面表达：把关于……的情形告知听众，说服听众去……

在确定具体目标的过程中，需要考虑：这个目标是否符合听众的需求；这个目标在有限的演讲时间内是否能够达成；这个目标和话题之间是否有必然联系。例如：

话　　题：瑜伽

总体目标：告知

具体目标：瑜伽可以降低我们的压力，改进我们的健康水平，甚至能帮助我们取得好成绩。

（3）展示主题　对于大多数演讲者来说，他们会困惑于要讲的东西太多而时间太少。而从听众聆听的角度看，却往往是听的很多而记住的很少。同样的用时，主题在演讲过程中表现得越集中明确，越便于听众理解和记忆。根据总体目标设立的演讲主题，在演讲过程中要遵循以下原则：

1）首尾原则。演讲的起始和结尾，听众的认真程度都比较高，所以演讲主题要在演讲首尾得到呈现。

2）频度原则。听比之于看，更容易走神，更容易遗忘。所以在演讲过程中要反复提到主题，便于听众的理解和记忆。有位受人尊敬的老牧师，介绍他几十年布道的经验时说，每次布道他都是准备三个部分："首先，我会告诉人们我想说些什么。接着我就开始说我想说的。再接着，我会把我说过的再说一遍。"当然，如果主题的呈现反复几次用的都是同一个表达，会感觉单调。所以，要注意适当地变化，如换一种表达方式，用和主题直接相关的内容进行展示。

3）情感原则。听众记住的往往是触及他们心灵的内容。你不仅需要把自己的情感倾注到演讲中，也要练习把握听众的情绪。

3．安排结构

演讲词的组织很重要。听众需要演讲内容有连贯性，他们不能像看书一样，不明白的时候就翻回去再看一遍。所以，必须确保听众能从头到尾跟上演讲的节奏。这就要求演讲者能战略性地组织材料。如同任何的故事都有一个序幕、经过和结果一样，演讲也有一个开场、主体和结束。

（1）设计开场白　迈出有效的第一步，对演讲者建立演讲的信心很重要，对听众建立听讲的兴趣也很重要。演讲的开场白要完成以下任务：

1）与听众建立起信任关系。听众难免成为一个评判者：评价你是否有资格站在台上对他们发表演讲。如果你是某个领域的行家，就会有人把你推荐给他们。如果不是，就需要自己在开场的时候作出努力。

可信度并不一定需要你必须具备第一手经验或知识，而是要让自己表现得有知识和能力，并让听众明白。例如，"我对心理学产生兴趣已经有好几年了，我看了大量这方面的书籍和文章，向心理医生进行了多次的讨教。"可信度很多时候也表现为演讲者的声威。例如，芭芭拉·布什在卫斯理女子大学的演讲，在演讲开始就必须消除听众的敌意。

所以，演讲开始不要贬低自己，过分的谦虚会消除听众的热忱。也不要开始就向听众道歉，说自己得到演讲的消息太晚以至于没有好好准备，那听众就会打算随便听听。

2）吸引听众的注意力。吸引听众的注意力开始于走上讲台的那一刻，你需要聚集所有人的眼光，使他们停下彼此间的闲聊。开始演讲之后，要注意内容的吸引力。

人们对直接影响到自己的事情比较有兴趣，应该努力把演讲的主题和听众联系起来。使用身边的例子，让大家展开联想都是好办法。例如，你的演讲主题是纪念抗日战争胜利，如果你打算从回顾历史开始，听众会认为又开始上干巴巴的历史课。但是你的祖父母、你所站立的地方，也许在那段历史中保存下很多的故事。这样的开场白一定会吸引大家的注意力。

演讲的开头也可以戏剧性地设置悬念，或者提示主题的重要性，让听众对演讲产生兴趣。

3）为演讲主题设置路标。演讲的开场吸引听众的注意力的同时，必须说明自己演讲的主题。但是不要用这样的陈词滥调："我今天演讲的题目是……"你可以讲故事或者新闻，利用名言或者数据来引导出主题。

只用一句话告知主题是不够的，开场还需要有路标的功能。路标就是指示听众注意主题，了解整个演讲的基本思路，使大家明白在接下来的时间里注意听什么内容。

（2）安排主体节奏　演讲的组织最困难的是主体部分的内容安排，而主体部分的内容很大程度上依靠要点来体现。要点是主体部分的关键。要点可以从具体目标的陈述中分解出来。一般演讲的时间如果不超过 15 分钟，甚至只有三五分钟，要点如果太多，结果就是听众难以理解和记忆，所以大部分演讲不要超过 4 个要点。如果你要陈述的内容很多，就需要进行梳理、归类。

常用的要点安排顺序有时间顺序、空间顺序、逻辑顺序等。演讲中的逻辑顺序最常见的是"问题—求解"顺序或者主次顺序。

需要强调的是：要点要保持相对的独立性；要点的措辞要前后一致；要点分配的时间要均衡。这样才能便于演讲者和听众共同的理解和记忆。例如：

低效率的要点：

1）有规则地锻炼身体会增强耐力

2）睡眠会因为锻炼而改善

3）锻炼是减肥的好办法

4）锻炼身体需要有恒心

高效率的要点：

1）身体锻炼要持之以恒

2）身体锻炼能增强耐力

3）身体锻炼能改善睡眠

4）身体锻炼能控制体重

演讲中吸引听众的参与是很有必要的。所谓的参与并不一定是做游戏，提问的方式更适合演讲。提问的功能在于，无论听众接受的是疑问、设问还是反问；是真的需要听众回答，还是演讲者自问自答，都可以利用听众固有的思维习惯使之考虑演讲者的问题，这样演讲者就可以把听众纳入到演讲中。

（3）清晰地结束　许多人的演讲开头和主体都不错，结果却毁于一个又臭又长的结尾。通常结尾和开场一样，篇幅不能超过演讲的 10%。演讲的结尾是让你深入听众心灵的最后机会，必须善加把握。

结尾首先要让听众明白你的演讲即将结束，不能突然结尾，让听众茫然失措。结尾常用这些话来表示："最后，让我重申"，"总而言之，我们的目标是"，"结束的时候，我要说"。为了让演讲产生首尾统一的效果，结尾需要回应开场白。

结尾还要强化听众对主题的理解。和开场一样，你也可以用引语或故事结尾，也可以小结要点。结尾的语势可以渐强，也可以渐弱。例如，道格拉斯·麦克阿瑟将军在美陆军学院所做的告别演讲：

在梦中，我一再听到大炮的轰隆声，听到步枪的喀喀声，还有战场传来的让人伤感的低语。但是，在我记忆的迟暮之年，我总是回到了西点军校。这几个字眼总在我的耳际回响：职责、荣誉、祖国。

今天是我最后一次为大家点名。但我希望你们明白，在我跨过生死之河的时候，我最后的清醒意识一定是部队，部队，部队。

祝大家一路顺利！

4．强化效果

演讲，简单说其实就是有表演性质的公众讲话，为了达到更好的效果，可以借助很多的方式。

（1）增强戏剧性效果　演讲应当尽量使自己的内容具体和丰富，用幽默风趣的话语展现五彩缤纷的细节，使自己的意念富于画面感地展现于听众面前，这是增强表达效果的重要手段。

在演讲过程中，需要有具体的事例和数据来说明抽象的概念，但是并非所有的数据和事例都能达到预期的效果。除了事例和数据本身要新颖、有细节外，演讲过程中也要善于利用嗓音、语调等来表现。语速快慢、音量高低、停顿连接等方式，都能增加语言表达的戏剧性色彩。比较下面两个例子：

1）这个世界上还有很多的人吃不上饭，在挨饿。

2）让我来告诉大家阿托罗的故事吧。他今年四岁，有着棕色的眼睛和一头黑发，但肚子却瘪瘪的。他到这个世界已经四年了，但从来没有享受过一天吃三顿饭的快乐。

（2）注意非语言交流　很多时候，演讲需要肢体语言来强化表达效果。如果需要板书，在写的时候一定要停止演讲，避免背对着听众说话。自始至终的脱稿，保证眼神和听众的真切交流；用动作来模拟情景、表情达意，这些都非常重要。演讲不同于普通的交谈，手势的幅度要比平常略大，才能让人觉得自然。

（3）利用视觉辅助　如果可以把文字和图表一起用来表现主题，那么传递的信息就会更有趣，而且掌握也更便捷、记忆也更深刻。所以，在演讲过程中要善用视觉辅助。视觉辅助最大的优势是清楚。有研究表明，采用可视辅助物可以提高40%的表达效果，也是克服怯场的可靠办法。

视觉辅助可以是实物、模型、照片、图表、幻灯、录像等。准备视觉辅助的时候，需要注意视觉辅助本身要简单、好用，停留的时间要保持在 30 秒以上。为了让所有的听众都能看清楚，视觉辅助要足够大，并且要注意颜色的可分辨性。最重要的是，要注意演讲文字与视觉辅助的配合，不能让听众分心，介绍要清晰简洁。

三、知识链接

1．演讲的种类

（1）告知性演讲　告知性演讲又可称为信息性演讲。在现代社会中，人们交流的大部分时间都花在信息交换上了。广义上说，解说过程、辅导培训、面试等都属于告知性演讲。

除了演讲的一般要求外，告知性演讲还需要注意以下几点：

1）避免抽象词汇的堆叠。演讲面对的不一定是专业听众。多数时候，哪怕是专业人士，也未必对纯专业的表达、术语、数据等有好感，所以，增加表达的具体可感性仍然很重要。可以通过具体的描写和比较达到这一目的。

2）要有自己的个性表达。虽然是以告知信息为主，但是只有不间断的数据和事实难免枯燥。如果有可能，应该努力让自己的表情变得生动，表达有戏剧性色彩。例如下面这个介绍厌食症的演讲：

我是朱莉最好的朋友。我看着她从一个小姑娘长大成人，她父母溺爱她，把她惯成一个顽皮姑娘，口袋里时常装着几只青蛙。我看着她长成一个大姑娘，第一次约会前把头发梳来理去，换了 100 套衣服。我总想和她一样。

但后来，发生了一件极可怕的事情。朱莉闪闪发光的头发失去了光泽，而且很容易断。她的眼睛失去了光芒，再也不像以前那样开心微笑了。我现在看到，她一天要称七次体重，穿袋子一样的衣服，好盖住已经发枯的骨架，还不停地念叨着要减去最后那两磅顽固不化的赘肉。朱莉得了厌食症。

（2）说服性演讲　说服是一个心理学过程，总是发生在存在两个或者更多观点的情形下。说服性演讲就是希望改变听众观点或者劝导他们采取行动的演讲。

说服性演讲的听众在听讲过程中，会主动评估演讲人的可信度、材料、推理和感召力。这意味着在进行说服性演讲的过程中，必须把演讲看成是和听众进行心理对话的过程。你需要预测听众对你的观点可能产生的反对意见，然后在演讲中解决它。

说服性演讲需要区分目标听众。有人试图说服同班同学捐献器官，为此专门做了听众分析：22 名同学中，有 3 人反对在任何情况下捐献器官，他们是不可说服的；有 4 位同学已经在器官捐献卡上签字，他们是不需要说服的。所以，剩余的 15 名同学才是他的目标听众。

（3）娱乐性演讲　娱乐性演讲是满足人们某种社会需求的演讲，它不仅局限于逗乐，还能通过建立良好感受而创造集体凝聚力，很多礼仪性的演讲都属于娱乐性演讲，如晚会、剪彩、典礼等。通常，娱乐性演讲比告知性演讲和说服性演讲要简短，但是个人化风格更为鲜明。

娱乐性演讲最重要的是建立善意。人们通过祝词等方式来肯定他们对家庭、集体、社区、民族、国家等承担的义务。善意不单依靠鲜花和掌声，最重要的是需要“为你着想”的态度，也就是从听众的角度看问题，满足听众的期望并尊重他们的智慧。

娱乐性演讲更需要情感诉求，通过打动听众的感情来加强听众对你的认同。要善于挖掘和利用你与听众共有的兴趣和价值观。

此外，娱乐性演讲也非常需要活泼生动的风格。

2．赤瑞特拉的实验

实验心理学家赤瑞特拉（Treicher）曾做过两个著名的心理实验。

一个是关于人类获取信息的来源，就是人类获取信息到底主要通过哪些途径。他通过大量的实验证实：人类获取的信息 83%来自视觉，11%来自听觉，还有 3.5%来自嗅觉，1.5%来自触觉，1%来自味觉。

另一个实验是关于知识保持，即记忆持久性的实验。结果是这样的：人们一般能记住自己阅读内容的 10%，自己听到内容的 20%，自己看到内容的 30%，自己听到和看到内容的 50%，在交流过程中自己所说内容的 70%。

他的两个实验对人际沟通，尤其是演讲有重要的启示。

四、探讨分享

案例

比尔·盖茨演讲时放蚊子“咬人”

2009 年 2 月 6 日，比尔·盖茨在参加美国加利福尼亚州举行的 TED（科技、娱乐和设计）大会时应邀上台演讲。“疟疾是由蚊子传播的，”他边说边打开一个罐子，“我带来了一些蚊子，我将让它们四处飞行，没有理由只让穷人感染疟疾。”

盖茨的这番话将不少在场观众吓得不轻，来参加 TED 大会的都是世界科学、技术、商业、娱乐、学术界的重量级人物。视频分享网站 Seesmic 的创始人卢瓦克·勒·默尔马上在网上说：“我们离开这间屋子的时候要得病了。”eBay 的创始人兼董事长皮埃尔·奥米迪亚尔

也在网上开玩笑地抱怨:“我再也不会坐在前排了。”

在停顿一两分钟后,盖茨大概觉得已经起到足够的“恐吓”效果,才向会场听众保证,他放飞的那些蚊子不携带疟疾病毒。大会主持人克里斯·安德森打趣称,新闻报道应当用“盖茨向世界释放了更多虫子(Bug)”(Bug本意为臭虫,也指计算机系统或程序中隐藏的错误、缺陷或问题)来形容这一事件。

盖茨离开微软后就将主要精力集中在慈善工作上。疟疾预防是比尔和梅琳达·盖茨基金会的重点项目。基金会2008年宣布将捐款1.15亿英镑来研发抗疟疾疫苗。

讨论

比尔·盖茨在演讲开始时放蚊子对他的演讲产生了什么作用?对你有什么启发?

情境三 演讲要怎样讲话

一、情境设定

公司关于价值观的主题演讲日益临近,你已经确定了演讲的主题,并且收集了很多的材料以准备演讲稿。但是演练的时候,你的朋友还是听得难免走神。经过仔细分析,你认为不是主题的问题,也不是内容和结构的问题,那会是什么环节出了错?

二、任务实施

语言是思维的素材,也是思维的表现形式。语言是演讲者表现技艺的工具。好的演讲者应该清楚语言的意义,知道如何恰当、准确、清晰、生动地利用语言。

1. 演讲语言的合适性

某些人喜欢讲、某些人喜欢听的语言,未必是恰当的语言。演讲的语言要适合于场合,适合于听众,适合于主题,适合于演讲人。

适合于某些场合的语言也许不适合于另外一些场合。一个教练,在训练的时候会对运动员说“你们这些家伙”,但是正式场合他会说“我们队员”,对外来者会说“尊敬的来宾”。

针对不同的听众、不同的话题调整语言是必需的。针对技术员进行产品演示,介绍机电产品的型号、规格是可行甚至是必需的,但是面对普通参观者,还是用通俗的语言比较恰当。在前一种情形下,一般不会使用整齐的句式,追求语言的韵律;而面对后者,好的韵律可以加强他们的记忆。此外,尤其需要避免使听众茫然或者感觉受到冒犯的语言。

无论怎样的演讲,在准确、清晰的前提下,演讲语言都需要适合演讲者的个性。如果一个朴实、木讷的人忽然讲了一个笑话,大概发笑的人会少于发愣的人。

2. 演讲语言的形象性

演讲语言的形象性是和主题以及听众的接受情况相关的。

(1)语言的通俗性 通常的演讲语言要采用丘吉尔所说的“简短的、平常使用的家常词语”。比较以下两段介绍孕妇酗酒对胎儿影响的文字,看看哪段更适合做演讲:

1）孕妇的乙醇消费严重影响宫内环境，因此造成这些母亲所生婴儿的疾患和死亡。考虑到这种综合症状的病理生理学，用于乙醇代谢的酶的基因多形可能改变胎儿的感受能力。还有可能造成极差的微粒体或有丝分裂功能，或ATP活动减弱。

2）孕妇喝酒的时候，酒精会吸收到她的血液里去，并流入全身。喝完几杯啤酒或马爹列后，她就开始感到歪歪倒倒了，然后准备醒酒。她拿起一杯咖啡，两片阿司匹林，然后好好睡一觉。不一会儿，她就感觉好多了。但是在她睡觉期间，胎儿的周围充满了母亲喝下去的东西。因为泡在酒精里，胎儿开始感受到酒精的影响。但是胎儿却无法醒酒。他不能够端起咖啡，也抓不到阿司匹林。对于胎儿的肝脏来说，从血液中排出酒精的关键器官还没有发育成熟。这个胎儿实际上是泡在酒精里。

（2）语言的具体性　具体词是指表示具体可感的物体的词，抽象词是指普遍的概念或性质。听讲的过程，其实就是听众动用过往的经验了解新事物的过程。具体的描绘可以唤起听众对场景、声音、感触、嗅觉、味觉的印象，唤醒因为这些印象而带出的情感，使他们不自觉地感受到演讲的吸引力。比较下面两段话，看看哪段的表现力更强：

1）火蚁从南美发展到美国后，一直以来都是一个问题。它们遍布了南方，现在又威胁到西部各个部分。这是一个严重的问题，因为火蚁极具攻击性。已经出现了火蚁造成的人身攻击。

2）在二战前从南美传到美国后，火蚁像圣经时代的瘟疫一样传遍了从佛罗里达州到得克萨斯州的 11 个州。火蚁成群攻击，不管谁的脚，只要在错误的地方放几秒钟就会有火蚁叮上去……

（3）善用比拟手法　营造具体可感的形象的方法还可以借助于比拟的手法。比拟包括我们熟知的明喻、暗喻、拟人、拟物。简单说，比拟就是把我们不熟悉的事物用熟悉的事物进行类比的方式。例如，南北战争时期林肯有一段著名的演讲：

诸位先生，我想让各位来做一番假设。假设你所有的财产都是黄金，而你又把它交付到著名的走绳索专家伯罗丁手中，让他通过绳索带到尼亚加拉瀑布的那边去。当他行经瀑布之上时，你会不会摇动绳索，或不断对他喊叫：“伯罗丁，再俯低些！再走快些！”不会的，我确信你一定不会。相反，你会屏息闭嘴，肃立在一边，直到他安全通过。现在政府也处于和他相同的境地。它目前正背负着巨大的重量要越过狂澜汹涌的海洋，数不尽的财宝就握在它的手中。它正竭尽所能地工作。请勿打扰它！只要保持沉着，它便能带你安然渡过。

3．演讲语言的生动性

（1）节奏　卡耐基认为改善一个人语言表述的最好办法是阅读，如果要提高演讲水平尤其需要增加诗歌的阅读量。因为诗歌的节奏顺口、顺耳，非常适合于口头表达。在演讲过程中，可以通过文字的选择和运用而使语言具备规律的强弱、长短。有节奏的语言能吸引观众，强化文字的冲击力，从而使自己的思想得以强调。丘吉尔著名的战时演讲犹如诗歌一般，被约翰·肯尼迪誉为“使英语行动起来，投入了战场”。

演讲的节奏感可以从整散结合的句式中来，也可以从句子和词语的反复中来。

（2）对比　对比一直是演讲中最受欢迎的方式。通过对比，演讲者的意图表现得鲜明而突出，演讲节奏鲜明而连贯，听众能轻易地感知到主题。

三、知识链接

1．语言的意义

词语的意义可以分为内涵意义、外延意义、附加意义、风格意义等多种。

简单说：内涵意义就是这个词所暗示或者隐含的意思；外延意义通常是准确的，它描述语言要指称的物体、人物、地点、想法或者事件；附加意义是社会、阶级、集团甚至个人附加在事物对象的概念意义之上的意义。例如：

某男士在三八妇女节时精心挑选礼物送给女友，不料年轻的女友却勃然大怒："我有那么老吗？！"其中的分歧在于，三八妇女节中的"妇女"一词用的是内涵意义，也就是指成年女性。而附加意义通常认为妇女是已婚生育后的女性。因此女友才会不领情。

风格意义是语言形式使用的社会环境的意义。感情意义是用来表达说话者感情和态度的意义，也就是褒贬意义。反射意义是听话者对某个词语产生的某种联想而体现出来的意义，又称为联想意义。例如，传说中两家理发店不同的对联：

1）磨刀以待，问天下头颅几许；及锋而试，看老夫手段如何。

2）相逢尽是弹冠客，此去应无搔首人。

搭配意义是通过某个词语和其他词语组合的不同体现出来的意义。例如，"交流"和"交换"两个词都有互换的意思，但是前者一般指抽象物，后者指的是形象物。

主题意义是表达者借助组织信息的方式不同而体现出来的意义。著名的"屡战屡败"和"屡败屡战"就是典型例证。

2. 语言的形式

长句由于形体长、结构复杂，因而它的容量大，能表达丰富的内容，可以取得叙事具体、说理严密、气势畅达的效果。短句由于形体较短，包含的成分和意思比较简单，因而可以取得简洁明快、干净有力的效果。演讲要多用短句，便于表达和理解，但是也要适当穿插长句。

整句形式整齐、声音和谐、内容贯通，有助于表达丰富的情感、深刻的感受，能给人以深刻的印象。散句结构灵活，内容丰富多样，自然生动。演讲通常使用散句以体现通俗化，但是也需要借助整句来加强表达效果。

四、探讨分享

案例一

安乐死的争议

收集关于安乐死争议的资料，梳理出支持和反对的主要言论，比较这些言辞的差异。

案例二

马丁·路德·金的《我有一个梦想》

听《我有一个梦想》的录音或者看《我有一个梦想》的演讲稿，分析这次演讲的语言特色。

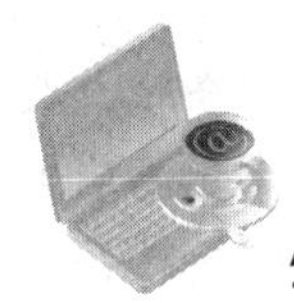

实训拓展

一、日常关注

在网上寻找一段演讲视频，分析这段演讲的优点与缺点。

二、分步拓展

1．根据下列词语，由抽象而具体地推演，确定演讲的主题与目的

交通　　社会保障　　艺术　　结构　　创新　　献血

2．完成句子、段落练习

新学年开始，新一级的大学生又进入了校园。你被要求在新生开学典礼上代表老生发言，演讲开场部分你希望听众能感觉到你作为新生时的感受。请用“进校时，大学生活好像……”这个句子开头，拟写一段运用比拟手法、句式整齐的开场白。

3．完成全文结构练习

大学毕业以后，你在一家行业百强企业任职。这是一家生产汽车塑料配件模具的企业。该公司最近收购了两家专业化生产类似产品的国内企业。你是企业产品质量管理小组的成员，也是参观新收购的公司并评估其产品质量、安全控制的工作人员。你到所收购的那两家企业进行了为期一周的考察，并将对此向收购管理小组汇报考察情况。

请分析：本次报告若采用时间顺序、空间顺序和逻辑顺序，分别有哪些要点？在这几种顺序中，哪种顺序最有效？

4．比较分析

老张是台湾地区某公司一名普通员工，他为这家公司工作了一辈子，所以退休时公司为他举行了一个茶话会，公司的总经理上台致辞。请比较下面的两种致辞，分析哪一种是成功的演讲。

➘ 致辞方式一

“各位同仁，明天老张就要光荣退休了，我想，我们公司上上下下每一个人，都一定会感到万分不舍，因为老张在我们公司已经工作了 30 年，他把他一生的黄金岁月，全部奉献给了我们公司。30 年来，他在工作中竭尽全力、无怨无悔、牺牲奉献，才使公司有了今天的成就。真的，老张是我们公司最重要的功臣！”

“明天，老张就要退休、离开公司，我们除了不舍之外，还是不舍！不过，好在老张就住在我们镇上，大家还是有机会见到他。也希望老张有空时，多多回来公司探望我们，并给我们指导，我们永远都会展开双手欢迎他，毕竟他是我们大家最好的朋友！而且，老张的光荣退休，不是我们公司力量的‘分散’，而是力量的‘扩散’！”

“最后，我谨代表公司，敬祝老张身体健康、永远快乐……”

➘ 致辞方式二

“各位同仁，我们所敬爱的老张，明天就要光荣退休了，相信在座的每个人都跟我一样，心中感到非常的难过与不舍！记得 1984 年时，有一股台风侵袭我们这里，那时候气象信息没

有现在发达，大家也缺少警觉性。所以，那台风后来转强，把公司的玻璃都吹破了，整个工厂都淹了水，屋顶也被掀掉了一大半！”

“那天，刚好是老张值夜班，当我凌晨四点赶到工厂时，看到老张一整夜都没有合眼、没有睡觉，他一个人为公司抢救了许多公文、资料、原料……或许各位不相信，当时老张只穿了件汗衫，全身湿透，脸上、手上也都被玻璃割伤，血流如注，整个人非常狼狈！这一幕，至今还历历在目！”

“隔天早上六点半，台风渐渐转弱，我看到老张的大儿子气喘喘地跑到公司来，对着老张说，75 岁的阿公，在台风夜里心脏病发作，突然过世了……”

总经理抿着嘴、红着眼、声音有些哽咽地继续说道：“真的，这三十多年来，我对老张，心中一直有着无限的感激和亏欠，我们公司真的亏欠他很多……”总经理说着说着，站在一旁的老张，眼眶也不禁红了起来，不断地擦拭着泪水。

三、综合实训

自选主题，综合使用各种技巧，在班级中进行一次演讲。

任务四

怎么理解别人

任务要求

1）能尝试去理解所有的沟通对象。

2）沟通中能运用基本的观察角度和方法。

3）学习提高自身肢体语言的表现力。

4）能倾听别人说话，并理解他们。

情境一　看透别人的心

一、情境设定

大学毕业以后，你生活中的接触对象多了，经常需要和形形色色的人打交道。家人和朋友提醒你，要与人为善，要学会察言观色。作为公司的内勤人员，你经常在办公室接待来访人员，需要和他们进行工作上的沟通和交流。偶尔也会因为做错事或说错话而影响了工作。

和周围的人、尤其是陌生人打交道，了解他们的需求和个性很重要。这些了解，固然可以通过查询得到，但更多的时候，是自己观察得到的。你需要增强自己的观察能力，进而提高自己的沟通能力。

二、任务实施

观察沟通对象，不是在说话时候才需要看他（她），而是在你看见他（她）的时候就开始了。观察沟通对象时，不能孤立地看待他（她）的某个身体姿势，而是要把身体姿势置于“整体行为”中，某个体态语言的明确含意要看整体的体态语言，身体语言要与有声语言相联系，身体语言还要与交际的场合、情景相联系，才能准确地判断对方的心理状态。

1．观察外围信息

观察一个人，始于看见他（她）的那一刻。而通常情况下，你可能首先看见的是他（她）从交通工具上下来，或者匆忙地从办公室外面冲进来……这时候，你看见的是他（她）的什么？

当前，交通工具和乘坐人的经济地位、社会地位还是有很高的关联度的。公务活动中，交通工具和乘用人的等级呈梯级安排，社会地位或者职位高的人乘用的交通工具规格就高，通过

对交通工具的观察，可以帮你甄别公务接待的规格。如果是自备车，大体和乘用人的经济条件有关。在当前城市普遍交通拥堵、环保意识强化的背景下，也有相当多的人会选择公用交通工具。因此，单纯观察交通工具是不够的。

和交通工具类似的，通信工具的使用也和使用者的工作背景、经济地位有一定关联。当你的沟通对象使用手机或者计算机的时候，需要加以观察，除了品牌、价格外还应该根据经验了解这些通信工具的功能，从而可以帮助我们揣摩他（她）的工作或教育背景，了解他（她）的喜好。

此外，你和他（她）的沟通的环境和特定的情境也是必须要考量的因素。不同的环境和情境下，人们的心理有差异，采取的方式就会有不同。他（她）在这样的背景条件下的言行和举止更值得揣摩。例如：

一个大富翁，家里新买了一辆名贵的进口车，想找一个驾驶技术高超的司机，有四个人来应征，而大富翁只出了一个题目："你的驾驶技术，能使车距离悬崖多近？"

第一个人说，他开车可以距离悬崖1米，大富翁摇了摇头。第二个人说，他可以距离半米；第三个人说，他比较厉害，他可以把车开到距离悬崖30厘米！

最后，大富翁问第四个人，他回答说："我根本就不会把车开去靠近悬崖！"大富翁听了，点点头："好，你就是我要的司机！"

2．查看距离

人们通常喜欢标出自己的空间，无论是在家里还是在海滩或者公交车上。在家里你会争取有自己的房间，在海滩上你会摊开自己的浴巾或沙滩椅，在公交车上你会坐得笔直并把包放在自己身边……

（1）沟通的个人空间　有时候你会进入一个陌生的环境，那里的人穿同样的衣服、用同样的语言，他们围在一起说笑。也许他们会问你一两个礼貌的问题，但是你觉得你不属于他们。如果这是你工作的环境，你就必须要尽快融入他们当中，享受成为组织一员的快乐。

（2）沟通的人际距离　人与人之间在面对面的情境中，常因彼此间情感的亲疏不同，而不自觉地保持不同的空间距离。一般而言，50厘米以内，属于亲密距离，只有家庭成员或者爱人可以进入；50～100厘米，属于朋友距离；100～250厘米，属于一般距离，所有的交流沟通对象都在这个范围之内；250厘米以外，是公共空间。当然在拥挤的公共空间里，如果人们不得不靠得很近，就会装出别人不存在的模样，不看、不碰别人，面无表情。

（3）沟通的位置　办公室人员通常喜欢坐在一张桌子后面接待别人，一般情况下只有上司可以走到桌子后面和他们进行交谈。如果办公桌后面的人想表示友好或者愿意合作的意图，他们会离开自己的固定座位，在其他地方坐下来。坐在位置上的人需要仰视站着的人，所以大家会喜欢来访者坐下，才有可能控制局面。

面对面的坐向，容易造成紧张、对立的关系。因此交谈中，双方横向或斜线而坐，让彼此的视线斜向交错，减弱视线的对应性，那么就可以避免尖锐的对立状态。与情绪欠佳的对象谈话，应坐在他（她）的身旁，使他（她）获得关心、温暖的心理感受。

3．观察仪表

人们普遍认为，一个人的仪容仪表最能反映他（她）的内心。就如同演讲需要研究听众一样，日常的沟通也需要了解对象的基本信息。我们需要判断他（她）的年龄，以此注意自己的话题和口吻。通过看他（她）的服饰，还可以了解他（她）的喜好。有时候也需要注意对方的民族或者种族，从而在交流中少犯错误。

4．观察肢体信号

一个人要向外界传达完整的信息，单纯的语言成分只占7%，声调占38%，另外的55%信

息都需要由非语言的体态来传达。因此所有的观察中，最重要的是观察对方的肢体语言。

这是一个肢体语言的著名案例：1994 年 10 月 25 日晚上，美国各地电视台在新闻节目中反复出现一个感人镜头：23 岁的苏珊·史密斯泪流满面地恳求人们帮助她寻找 3 岁的儿子迈克尔和 14 个月大的儿子亚历克斯。然而肢体语言专家却从中发现了蹊跷——在整个呼吁过程中，她时不时低头闭眼，尽管每一次的持续时间都非常短——这意味着苏珊可能在思考她应该说什么、如何说。果然一周后的 11 月 3 日，苏珊再次面对媒体，供认了自己杀害两个亲生儿子的事实。

通常我们对肢体语言的观察主要集中在脸部和四肢。

（1）目光的接触　诗人泰戈尔曾说：“眼睛的语言，在表情上是无穷无尽的。像海一般深沉，碧空一般清澈。黎明与黄昏，光明与阴影，都在这里自由嬉戏。”

心理学家认为，谈话双方彼此注视对方的眼睛能给彼此造成良好的印象。在两个人的交流中，有 1/3 的时间会对视。目不转睛地凝视，会让对方感到不自在，甚至还会觉得你怀有敌意。而游移不定的目光，又会让对方误以为你是心不在焉，不屑一顾。最佳的目光接触是：说话方开始说话的时候先注视对方一会儿，再把目光移开。然后时不时看对方一眼，看他（她）是不是在听、是不是明白、是不是同意。说完话后再次看着对方。而听话方则大部分的时间都在看着说话方。任何一方如果被对方吸引，看对方的时间就会更久一点。如果两个人对视时间超过一分钟，那基本是传达愤怒或者爱慕的情绪。

如果生气了，就会瞪着对方，眼睛或眯起或睁大，同时脸色严厉。如果是害怕或者紧张，就会避免看对方，也不希望对方看自己。恐惧的时候，也会注视对方。

人们生气时，瞳孔会缩小，兴奋的时候瞳孔会放大。观察推销员、恋人的眼睛，就可以验证这一观点。眼睑一动不动，说明对方平静而自信；眼睛张大多半因为威胁、惊奇或害怕；听话的时候眼睛眯起来说明他（她）在集中注意力。

（2）肢体的动作　除了眼睛，四肢的动作也能反映人的内心。通常的沟通过程中，手和脚的动作简单而平和。如果一方身体稍向前倾，以诚恳赞美的目光看着对方，表示的是肯定、谦逊的态度。但如果一方左右腿不停交叉，两臂环抱，或身体后仰，手上小动作不断，交谈中说话明显减少，就应该意识到他（她）已经没有了耐心。

三、知识链接

人类常见的肢体语言有哪些含义？

（1）头部语言

微微侧向一旁：说明对谈话有兴趣，正集中精神在听。

挺得笔直：说明对谈判和对话人持中立态度。

低头：说明对对方的谈话不感兴趣或持否定态度。在商务交往中，低头这种身体语言是非常不受人欢迎的。

身体直立，头部端正：表现的是自信、正派、诚信、精神旺盛。

头部向上：表示希望、谦逊、内疚或沉思。

头部向前：表示倾听、期望或同情、关心。

头部向后：表示惊奇、恐惧、退让或迟疑。

（2）眼睛语言

1）注视的范围。注视是有范围的，在这个范围内，对方可以明显感觉到你对他的尊重和重视，同时你也不会感到拘谨和不自然。目光注视范围主要有两种，一种是公务注视范围，一种是社交注视范围。

公务注视：它的范围是以两眼为底线、额中为顶点形成一个三角区，是在洽谈业务、贸易谈

判或者磋商问题时所使用的一种注视。如果你看着对方这个区域就会显得严肃认真，对方会觉得你有诚意；在交谈时如果目光总是落在这个注视区域，你就会把握住谈话的主动权和控制权。

社交注视：它的范围是以两眼为上线、唇部为下顶点所形成的倒三角形区域。在一般的人际交往场所应使用这种注视。当和人谈话时注视着对方的这个部位，能给人一种平等而轻松的感觉，可以创造出一种良好的社交气氛。

在商务场合，除了要把握眼神的注视范围外，还要注意眼神注视的角度和方法。应该使用平和、亲切的目光语言，既不目光闪闪显得激情过度而近乎做作，又不目光呆滞显得应酬敷衍。如果眼神发虚或发瞟四望，就会让对方产生一种不踏实的感觉，话还没出口，就先入为主地对你有了看法。

2）眼神的含义。一般沟通中的眼神含义有：斜视，表示轻蔑；俯视，表示羞涩；仰视，表示思索；正视，表示庄重。这些都需要根据场合恰当把握。以下几种眼神是需要避免的：

盯视：如果死死地盯视一个人，特别是盯视他的眼睛，不管有意无意，都是一种不礼貌的表现，令对方感到不舒服。盯视，在某些特定场合，是作为心理战的招数使用的，在正常社交场合贸然使用，便容易造成误会，让对方有受到侮辱甚至挑衅的感觉。

眯视：眯视是一种不太友好的身体语言，它除了给人有睥睨与傲视的感觉外，也是一种漠然的语态。在西方，对异性眯起一只眼睛，并眨两下眼皮，是一种调情的动作。

回避：避免刻意回避对方的眼光或眼睛瞟来瞟去，会让对方觉得你不专心或心虚，从而得不到信任。

漫游：这是一种犹豫、举棋不定的身体语言信息。

（3）嘴部语言　嘴不仅是用来表达有声语言的，也同样可以表达丰富的身体语言。

嘴唇闭拢：表示和谐宁静、端庄自然

嘴唇半开或全开：表示疑问、奇怪、有点惊讶，如果全开就表示惊骇。商务交往中，除非是为了沟通谈判的需要，否则不要轻易出现这种嘴部动作。

嘴角向上：表示善意、礼貌、喜悦。商务交往中，这种身体语言特别会让对方感觉到你的真诚、善解人意。

嘴角向下：表示痛苦悲伤、无可奈何。

嘴唇撅着：表示生气、不满意。这种表情在商务场合出现，会被认为是不尊重对方的表现。

嘴唇紧绷：表示愤怒、对抗或者是决心已定。

以手掩嘴：表示“心里有鬼”，有说谎之嫌。

四、探讨分享

案例一

酒会上的尴尬

A先生去参加一个酒会，旁边坐着一位很优雅的夫人。A先生一直想找一个话题和这位女士搭话，可惜一直没有机会。

这时钢琴声响起，A循声看去，看到一个男士在演奏曲子，这个人的出场引起了很多人的关注。A想这是一个机会，于是趁机对旁边的那位女士说：“看到那位弹钢琴的人没有？”

那位女士优雅地点点头。A见引起女士注意了，接着说：“不简单，看不出那个人还会弹琴哟！”女士微笑了。A继续说：“可惜弹得实在是差啊，节奏感根本没有掌握好，选的曲子又低俗……”女士的脸已经有点儿尴尬了，一副欲言又止的神态。A毫不理会女士的表情，一鼓作气地说着：“这个人是我目前为止所见过弹的最差的，来这里弹琴简直是丢人现眼啊！”女士的脸已经白一阵青一阵了。

A说完，转头问女士：“对了，还没有请教你的尊姓大名呢？”女士白了他一眼：“尊姓不敢，本人只是那位弹琴的男士的妻子罢了……”说完拂袖而去，留下A先生呆坐在那边……

讨论

你认为A先生在和女士搭话的时候犯了什么错误？应该怎么修正？

案例二

求职成败的消息透露

一个大学毕业生正在面试。谈话过程中，人事部经理的右手总是撑在脸上，中指封在嘴上，食指伸直指向右眼角，左臂又横在胸前，目光很少对着这位求职的毕业生。

谈话结束了。经理站起来和求职者握手：“请回吧，我们研究一下，会告诉你消息的，再见。”这位求职者心中没底，拿不准主意他应等这个单位的通知，还是立刻再到别处去联系。

讨论

你认为这位毕业生求职会成功吗？为什么？

情境二　理解别人的话

一、情境设定

你在学习、工作和生活中经常需要和形形色色的人交谈。家人和朋友提醒你，要和人处好关系，不要与人为敌。你认真做事，小心说话，可事情并不如你想象的那么简单。除了做事和说话，还有什么需要注意的地方吗？

那天你在办公室里忙，有同事进门，问你：“不好意思，你现在有时间吗？我有件事情和你反映一下。”你对他说：“有事你就说吧。”然后一边继续收拾东西，一边听他说话。结果没说两分钟，他就说：“我看你很忙的，我以后再找你吧！”说完他就走了。但后来却再也没有见他来向你反映事情。

你是犯错误了吗？

二、任务实施

俗话说："会说的不如会听的。"根据科学家的研究：知识信息的积累，有 70%来自于"看"，有 30%来自于"听"，所以人要学会说之外，还要学会听和看。在人际沟通中，需要和周围的人建立良性的关系，就更需要了解、理解别人，这时候除了观察别人，也需要倾听别人的话语。

1. 了解听的功效

倾听可以及时了解谈话对象的情绪、意见、建议等，以便相应处理，避免问题积压，难以解决。

倾听本身也是一种鼓励方式。倾听可以提高说话者的自信心和自尊心，加深彼此的感情。在工作中，许多人的抱怨并非来自工作辛苦，而是因为自己的意见、建议得不到应有的重视。员工心情愉快，很多时候得益于领导能在工作中经常倾听他们的谈话，尊重他们的意见。例如，某单位一位年轻的下属在非正式场合向领导说起工作量多、任务重。这位领导误认为下属在叫苦，于是说了一大通要吃苦耐劳，要无私奉献的话，结果那位年轻下属愤然离去。其实那位下属只是想让领导知道他工作的辛苦，肯定和承认他在单位里的地位和作用。倘若那位领导能细心体察其言外之意，说些得体的安慰话，那位下属非但不会愤然离去，而且有可能会越发卖力地工作。

倾听还可以消除误解。通过倾听，可以获得更多的信息，减少不必要的麻烦、误解和摩擦，增加人际交往的成功因素。在很多情况下，人与人之间的误会都是因为没有机会申述或彼此没有认真听而造成的。

倾听让对方感受到关心与尊重，可以赢得对方对你的尊重与信任。

2. 学习同理心地听

（1）听的层次　听的最低层次是"听而不闻、忽视地听"：如同耳边风，完全没听进去；其次是"敷衍了事、假装在听"：嗯……喔……好好……哎……略有反应其实是心不在焉；第三是"为我所用、选择地听"：只听合自己意思或口味的，与自己意思相左的一概自动消音过滤掉；第四是"专注地听"：以复述对方的话表示确实听到，即使每句话或许都进入大脑，但是否都能听出说者的本意、真意，仍是值得怀疑。第五是"同理心地倾听"：一般人聆听的目的是为了作出最贴切的反应，不是单纯想了解对方。同理心地倾听的出发点是为了"了解"而非为了"反应"，是"设身处地看这个世界"，也就是透过交流去了解别人的观念、感受。这并不意味着你必须同意对方的观点，而是能从对方的视角来理解人。

（2）运用同理心地听的场合　学习同理心地倾听，是所有人工作和生活的必需。在工作中，同理心地倾听主要用于以下几种情况：

1）对方只是想找个人听他（她）说话。这时候，他（她）在交流过程中也往往表现得很情绪化。

2）人际关系紧张或信任度低的时候。

3）自己不确定是否了解情况、对方是否确认自己的时候。

4）招聘、绩效反馈、个人发展面谈的时候。

在这些情况下，同理心地听能让我们站在对方的立场看问题，可以帮助我们更平和地沟通，让对方在非教训、非评价的情况下，真实地袒露心声。

（3）对同理心地听可能存在的误解

1）同理与同情。很多时候，人们会错误地把同情当成同理。一个孩子削铅笔的时候弄伤了自己的手，举着出血的手去告诉妈妈。妈妈的反应大体有这么几种：

有的妈妈会说："我看看。这么一点小伤口！谁没弄破过手呀，好了，玩儿去吧！"小孩子会很愤怒地叫："真的很痛啊！"

有的妈妈会说："我看看。哦哟，真的有个伤口，都出血了！痛吧？"孩子听了这话之后，

当场泪如雨下："妈妈，我痛死啦！哇……"

有的妈妈会说："我看看，哦，真的有个伤口。把你刚刚削笔的样子比画给我看看。"孩子拿了削笔刀按照之前的情况模拟了一下，妈妈又说："啊，原来你拿笔的时候，手指托得低了一点点。下次就知道怎么做啦，真好。"孩子就平静地走开了。

第一种情况的妈妈有理性，但是没有同情心更没有同理心，孩子一定不喜欢。第二种情况的妈妈有同情心，替孩子感到痛。第三种情况的妈妈有同理心，一起感觉孩子的行动和心理。区分同情心和同理心地听，就看在听的过程中，是以听的人为主角，还是以说的人为主角；是听的人替说的人感觉，还是听的人和说的人一起去感觉。

2）推理与同理。上述的例子中，如果有个妈妈说："手弄破了啊？你太不小心了吧，下次不要这样了！"这样的妈妈就是用推理代替了同理。推理是把自己的感觉加在对方身上，认为对方应该有同样的感觉。而同理是让对方拥有自己的感觉，也就是让说话方发现自己的感觉。

3．排除听的心理障碍

阻碍同理心地听，有物质原因，如环境嘈杂、不够封闭；有身体原因，如人很疲惫；也有语言原因，如听不清楚、不理解对方的话。但更多时候是由于听话方的心理原因。要努力平静自己的心情去听人说话。

（1）自我保护　沟通中人们不愿意倾听的一个重要原因是心理防御。一般地说，人们不想得到坏信息；更有些人以自我为中心，本能地排斥着坏消息。或许我们认为听不到比听得到更好，因为听到后你不得不去面对它。其实不然，只有当你听到或能确切地预见危险时，你才会想到去避免和处理它。实际上，只要你怀疑有坏信息存在时，你都应该更深入地进行探查。

（2）没有自信　许多人出于紧张、忐忑，在本应细细倾听时以过度的说教来做伪装。所以，忐忑不安可说是对倾听的致命打击——当对方正在讲话时，它会使你的思维像赛跑似的寻找答案。一个人心灵的运动也会像嘴巴的运动一样阻碍有效倾听。所以，不自信会让你付出沉重代价，在你本应倾听的时候，你失去了对嘴巴及注意力的控制，很可能因此而失去信任、失去朋友、失去合同。

（3）抱有成见　成见是一种观念，指对人或事物所持的固定不变的看法。它只是人们内心的预期估计，人们往往会因为一个人曾经怎样而料想他将会这样，不认为别人能说出有价值的信息。它会让你否定每个人都有自己的思想和能力，阻碍你的思维，阻碍你接受正确信息。在沟通尤其是谈判中，对方有着大量有用的信息，但如果你以常规的思维模式认为那些人讲的都没用，倾听对你而言就成了不可能。

4．掌握听的步骤

倾听是有步骤地调整自己、感受别人、作出反馈的过程，不是简单、被动地听。

（1）聆听他人　人际沟通仅有一成是通过文字来进行，三成取决于语调及声音，六成是人类变化丰富的肢体语言。所以同理心地倾听要做到下列"五到"，不仅要"耳到"，更要"口到"（声调）、"手到"（用肢体表达）、"眼到"（观察肢体）、"心到"（用心灵体会），才能体会到别人的内心。这就要求听讲者要有良好的感觉能力，也要有耐心和对他人的关心之情。

在倾听过程中，既听对方的口头信息，也注意对方所表达的情感，学习用适当的方式鼓励对方把心里话都说出来。不可心不在焉，也不能急于插话。避免使用如"你好像不明白……"、"你肯定搞错了……"、"我们规定……"、"我们从没……"、"我们不可能……"之类的话封堵对方的话。

（2）复述内容　与人交谈，如果只是默默地听，难免使人尴尬，对方也会因你的一无反应而心生疑窦。因此，在倾听时，不仅注意力要集中，也要主动及时地作出反馈。在适当的时候，插问一两句，表示在倾听他（她）的言论。例如，"你说得对"、"应该是这样"、"你说的可真有趣"、"是吗"、"以后怎样了呢"，或采用"嗯"等与对方相呼应。在听完之后，问一句"你

的意思是……”、“我没理解错的话，你需要……”等，以验证你所听到的。

（3）反映情感　同理心地听，是为了理解对方。在倾听过程中不仅要调整自己的心态，进入角色，调动自己的经验和能力去感知对方，也要把自己的感觉表现出来，让对方明白你听懂了。所以需要用语言尤其是肢体语言来体现你的情感，如温和的眼神、若有所思的表情、动情处的轻叹等，才能让对方心理感觉到满足。

（4）等候反应　沟通是一个双向互动的过程。说话方把事情或情绪表达出来，听话方倾听并回馈。回馈之后，还需要等候说话方的下一步反应，才能顺利地完成沟通的过程。

三、知识链接

感觉能力的强弱与人际关系的好坏有很大的关联。

如果你闭上眼睛，假设自己有心事需要倾诉，你会找谁，然后问问自己为什么是他（她）。你会发现那些你愿意分享心事的人多半能倾听你的话，不急于作出判断，更重要的是能明白你的心。心理学研究证实，感觉是人际关系的核心，分享感觉的量通常和关系深浅成正比。只有那些有敏感的心、能了解和接收自己的感觉的人，才能准确地接收别人的感觉。

而很多人会发现，自己的感觉缺失了：对外界刺激反应麻木，同时也不善于表达自己的感觉。时间长了，会招来一个“冷血动物”的名声。事实上，这些人的感觉不是消失了，而是被隐藏了。只要释放出感觉，同理心就可以回到他们身上。

人们普遍认为女性应该是被动、依赖的，而男性则应该是主动与独立的。甚至初生婴儿的父母也因性别不同而给予他们不同的标签：他们描述女婴比男婴柔软、脆弱、娇小、细致；男婴则比女婴坚硬、协调、警觉、倔强及强壮。性别刻板化教育让人们尤其是男性会修饰自己以向社会印象靠拢，久而久之，感觉能力就受到了压抑而被隐藏了。还有的人不是受性别刻板教育的影响，而是家庭或者自我的压抑导致了感觉的丧失。

更多的人是出于自我保护的原因，而隐藏了自己的感觉。害怕表现出来显得幼稚、不理性等，担心自己因为太敏感而容易受伤害或被人孤立。这些担心在一定程度上是有道理的，但是我们可以在保证自己安全的前提下，尽可能地保持自己的感受力，为自己赢得多彩的世界，赢得家人、朋友和同事的心。

四、探讨分享

案例一

父亲的苦恼

有位父亲曾抱怨：“真搞不懂我那宝贝儿子，他从来都不肯听我说。”

有人问：“你的意思是说，因为孩子不肯听你说，所以你才不了解他。”

父亲：“对啊。”

再问：“要了解一个人，应该是你‘听’他‘说’，还是他‘听’你‘说’？”

这父亲想了许久，回答说：“你说的对。但是我是过来人，我走的桥比他走的路还多，他为什么就是不听我的话呢？”

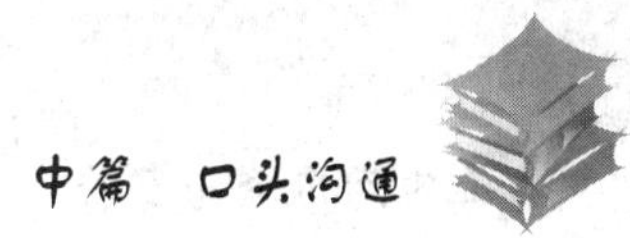

讨论

你认为父亲的抱怨说明了什么问题？他应该怎么做才能理解儿子，并把自己的经验传送给儿子呢？

案例二

乔·吉拉德的教训

乔·吉拉德被誉为当今世界最伟大的推销员之一，回忆往事时，他常念叨如下一则令其终生难忘的故事。

在一次推销中，乔·吉拉德与客户洽谈顺利，但临近签约成交时，对方却突然变了卦。

当天晚上，按照顾客留下的地址，乔·吉拉德找上门去求教。客户见他满脸真诚，就实话实说："你的失败是由于你没有自始至终听我讲话。就在我准备签约前，我提到我的独生子即将上大学，而且还提到他的运动成绩和他将来的抱负。我是以他为荣的，但是你当时却没有任何反应，而且还转过头去用手机和别人打电话，我心中一恼就改变主意了！"

讨论

通过乔·吉拉德的遭遇，分析推销员可吸取的教训。

实训拓展

一、日常关注

用一周的时间观察自己身边或公共场所的人们，尝试理解他们所处的情境，写一篇观察记录。

二、分步拓展

1．这是一次公司内部会议的现场，期间会议参与人员分别表露出各种不同的肢体语言，请分析每个肢体语言的含义，并说明理由。

2．播放一部影视作品的片段，就其中人物的口头语言与肢体语言进行讨论和分析，研究他（她）的身份、年龄、受教育程度、心理需求与满足。

三、综合实训

1．警民关系

一夜，一位年轻的代理警官上街执勤。他接到了检举抢劫的电话，于是来到了当事人家敲门。这位警官还没来得及问清缘由，里面的人就劈头一顿臭骂："你们这些死警察跑到哪里去啦？三个半钟头前打的电话，你们现在才来！我跟你说，你们这些人一看就讨厌，我缴税付你们薪水，当我需要你们的时候却一个也不见，我恨死这种事！看，我的屋子被抢个精光，一件不剩，而你们在干什么？喝咖啡，吃甜甜圈，鬼混！该你们维持治安的时候，你们却只会开罚单！"

代理警官忙了一天，当然很累，他立刻不假思索地反驳："嘿，先生，我犯不着听你讲这些，我的薪水微薄，承担不起你的臭骂。我已经来了，如果你要帮忙，我就帮忙；如果你想站在那里大呼小叫，满口粗话，我还有公务在身，你自己看着办吧！"他转身走出门廊，不用说，那个家伙更加暴跳如雷。

1）你认为市民那番话的真实意思是什么？

2）代理警官应该怎样回答才能便捷地完成任务，并让市民修正原先对警察的不良印象？

2．医患关系

一天，王小姐来到某医院皮肤科。王小姐指着胳膊上的红点说："大夫，我想问问胳膊上的这些红点点能不能去掉？"该医生看了她一眼马上打断她说："你这是毛周角化，很难根治！"随后医生也未告诉她这种病症的形成原因，只说开些药膏回家擦，可能会让红点的颜色变淡。

在王小姐就诊的5分钟里，这名医生非常"忙碌"：诊室里又涌进三四个护士，有找她领东西的，也有找她看脸上长"痘痘"的，她一边和别人说话一边给王小姐开处方，以致王小姐不时惶恐地问："您是和我说话吗？"

这位医生的医术确实不错，几天后王小姐的病情大为好转，但她心里却依然不舒服。

列举这位医生在处理王小姐的病情中不适当的地方。

3．同学间一对一互相交谈，一人主述、一人倾听，2分钟后由主述者反馈感受。

任务五

有成效的交谈

任务要求

1）知道人际沟通的意义。

2）明确交往中的沟通关系与角色类型。

3）能运用开场、陈述和提问的技巧进行人际沟通。

4）可以理性对待生活中的冲突，并学会适当的论辩。

情境一　他们扮演什么角色

一、情境设定

公司打算开发一个新产品，要求你所在的部门进行一次完备的市场调研，分析新产品的市场情况。部门主任接到任务后，要对部门人员进行分工。在讨论会上，你发现有的人很积极地参与策划研究，有的人始终一言不发。作为一个新人，你不知道自己该说点什么更好。会议结束后，你分析自己，发现你比较喜欢和自己的朋友聊天，面对陌生人往往插不上嘴。问题出在哪里呢？

在工作和生活中，每个人都有面对熟悉或不熟悉的人、需要发言或者倾听的时候，到底怎么做才更合适？首要的问题是要区分你的沟通对象的角色和自己的角色。

二、任务实施

每个人在工作和生活中都会扮演几个不同的角色，甚至同时兼有两个或更多的角色，另外处理公务和私人事务的过程中也有一定的角色差异。完全地区分每个人的角色是一件困难的事情，但最重要的是，只有每个人在沟通过程中都要坦诚、热情、愿意分享，才能使沟通得以顺利进行。

1. 了解角色的转换

有的时候我们希望一个人忙碌，有的时候需要和人讨论问题，有的时候需要去商店买点东西，有的时候需要告诉别人自己喜欢哪个歌手……在这个过程中就需要信息和观点的交流，也有对人和人之间关系的处理。

有的关系是社会赋予的。例如，他是上级，我是下级；我是主人，你是客人；她是母亲，他是儿子……这些角色都有相应的社会期望，人们需要按照某些特定的方式行动、说话。而这些关系也随着社会进步不断发生变化，这些变化也使我们在扮演这些角色时的语言和行动方式有了改变。

除了社会角色，每个人还扮演着自己的个性角色。在有些场景下，我们是坚决果敢的；有时我们又是滑稽失败的；还有的时候我们是黯淡无光的。我们愿意扮演多变的个性角色，目的是为了控制所处的环境，希望在沟通对象身上有所得。

成功的沟通需要分辨、理解别人所扮演的角色，并且明白自己需要扮演的角色，把握所扮演的角色应该有的语言和行为上的反应。

2．认识内心的三个面

（1）人人都有三个面　正如事物都有多面性，每个人的个性都是由三种比重不同的心理状态构成，这就是父母状态（Parent）、成人状态（Adult）、儿童状态（Child）。

父母状态以权威和优越感为标志。当一个人的人格结构中父母状态占上风时，优势在于可以照顾别人，可以继承社会传统；缺点是凭主观印象办事，独断独行。讲起话来常用“总是”、“从来”、“你应该……”、“你不能……”、“你必须……”。

成人状态表现为注重事实根据、善于进行客观理智的分析。当一个人的人格结构中成人状态占上风时，优势在于考虑全面、善于接受新观点；缺点是做决定不够快，不懂享受。讲起话来常用“我个人的想法是……”、“可能是……”、“可以是……”。

儿童状态是自我中心及服从的综合体，认为“我”和“我的”很重要。当一个人的人格结构中儿童状态占上风时，优势在于欢快、兴奋，有好奇心和创造力；缺点在于自私、自负、娇惯。讲起话来常用“想要”、“最大”、“我猜想……”、“我不知道……”。

这三种状态在每个人身上都交互存在，无论是男是女、是老是少，不同的是每个人在面临不同的情境时占上风的状态不同。一个孩子可能在老师上课时表现驯服，面对同伴时好像专家，而遇见一个问路人时，又能准确而周到地解决问题。

（2）三面个性的人如何沟通　父母、成人、儿童三种个性综合的人在一起沟通，怎样才是最佳方案呢？我们可以回忆一下自己的家长，他们聚在一起讨论孩子的话题，他们会表现出什么人格？他们可能会讨论孩子的性格并给出自己的意见，这是成人和成人状态在沟通；可能是一起分享孩子小时候的趣事，这是儿童和儿童状态在沟通；可能是一个对自己的孩子表示忧虑而另一个在给建议，这是儿童和父母状态在沟通。这三种沟通对双方来说都是愉悦的。如果一方用成人对成人的态度讨论孩子的教育问题，另一方用父母对儿童的态度教训他；或者一方用儿童对父母的态度夸耀自己的孩子多么出色，另外一方却用成人对成人的态度对他说别人也做得不错。他们之间的谈话还会愉悦吗？

从上面的回忆可以发现，虽然很多时候我们被教育要理智，要用成年人的态度做事说话，但是如果对任何时候的任何人都用成人态度说话，并不能取得满意的效果。例如，一个孩子上课迟到了，他心里假设老师会用父母的态度教育他，他就会向别人夸口他成功惹恼了老师。如果老师用成人的态度问他：“是不是觉得我这门课你学起来有困难，还想不想继续学啊？”如果学生坚持用儿童的心态来回答：“这事不用你操心！”事情会怎么演变？

因此，合适的沟通应该是用合适的个性配合合适的口气与沟通对象交谈，并不是一味地理智、成熟就能取得好效果。

3．区分别人玩的游戏

Eric Berne 于 1964 年出版的《人们玩的游戏》(《Game People Play》）中，把人们用来影响他人并从中得到自己所需的方式都称为游戏，我们个性中的父母和儿童都会参与到这些游戏中。大多数人的多数时间都在玩游戏，如果想成功地进行交流，就需要学会简单分析别人在玩的游戏，然后决定自己是不是参与其中成为一个角色。你也许不想玩他们的游戏，但是如果你想和他们相处，就得对玩游戏的人有些耐心。

所以我们也来看看人们常玩的游戏有哪些：

（1）我真的什么都做不好　生活中有一些人非常“谦虚”，他们经常说：“唉，我是个失败的人！我做什么都是错：我的工作没有成绩，我的生活一团糟，我连一起吃个饭的人都找不到！”

玩这种游戏的人为生活的种种问题找到了一个简单的答案——自己什么都不行。而事情的真相可能是他们不想成功，因为成功需要他们改变现状，需要他们承担更多的责任，他们的工作和生活会因此而复杂化。玩这种游戏的人同时也会经常玩下一种游戏，或者喜欢跟玩下一种游戏的人在一起。

（2）他们什么都不行　生活中的有些人是批评家：“你看，这社会太腐败了。他混蛋透顶，她是个骗子，这个人是个傻瓜，那个人是个懒汉。他们都没救了！”

玩这个游戏的人很可能是通过批评别人来逃避对自己责任的追究。为了能成功地玩这个游戏，他们必须找到某些想玩第一种游戏的人。那些认为自己是失败者的人，看到有人能证明社会充斥着腐败、虚伪、荒谬，会觉得失败也不是自己的错，社会上不如自己的人还很多。而那些玩“他们都不行”游戏的人则从第一种人的关注中得到了满足。

（3）我只是想帮个忙　有没有见过这样的场景？某人请客吃饭，席间很热情地劝酒。如果不是他很有钱或者别人都爱喝酒，那他劝酒又为什么？仔细观察一下，你也许会发现，热情的劝酒人在遇到一个拒绝喝酒的人时会表现得异常兴奋。他会表现出加倍的热情以及受挫之后的委屈，终将引发席间其他人对他的声援。

事情的真相也许是这些人貌似要帮忙，其实是在等别人拒绝他们的帮助。这就让他们的好意遭到了不公正待遇。于是他们就可以得到双份回报：钦佩和同情。我们似乎都经历过在筋疲力尽的时候被邀请去吃宵夜，享受发呆的时候遭受别人热情的关心……小心“我只是想帮个忙”。

（4）要是我不这么忙　“如果我不是这段时间工作繁忙，我一定会帮你去完成这个任务，你的责任就会比现在轻一些，成效也许会更高。唉，这都怪我。”有人这样对他的同事或朋友检讨。

上面的检讨也只是看上去很理智，实际却是检讨人在为自己没有做什么或者没做好什么找借口。他们希望别人会因为他们忙而赞扬他们，会因为他们不能做他们想要做的事情而同情他们。万一他们真的做了什么，他们该得到感激和恭维。为了成功地玩这个游戏，他们也需要有个失败者接受他们的检讨和道歉。

（5）亲爱的　一对情侣在吵架。女方拂袖而去，男方在后面拉住她："你真是个让人放不下的小家伙，对吧，亲爱的？"女方该怎么办？千万不要任着性子继续往前走，应该听了这样的话心一下就软了，双方和好如初。

这个游戏，需要意见不同的双方共同完成，如果不说"亲爱的"，玩这个游戏的人也可以用用自己的手臂环住对方，或者用其他轻柔的方式表达关爱。使用这样的语言和动作，表明了对方是多么不讲道理，而自己是一个多好的人。

玩这种游戏的人的目的是通过轻柔地批评别人来避免批评自己，他们自我暗示更希望别人赞扬他们心地善良，即使他们未必真心做好事。如果对方拒绝合作，他们会很愤怒。

真实的社会更加复杂，要进行成功的交流，必须要了解不同的群体或对象对"礼貌"、"合适"的不同理解，要了解他们所玩的"游戏"，决定自己的角色类型。

4. 认清工作中的角色

在工作中，人们都有各自的岗位和职责分工，这是在公务中进行沟通的角色基础，我们可以根据岗位来选择自己沟通的内容、方式和语言。古人云："不与之言，与之言，失言；可与之言，不与之言，失人。"意思是有些话不应该与某些人讲，你讲给他们听，你就会因失言惹祸上身；而有些人，应该与他们沟通，你却不和他们沟通，你会失去这些人的心。

多数的工作，我们是以部门或项目组为单位进行的，这其中又存在团队成员的角色分工。这个分工不仅有现实职务，如部门经理、项目经理、内勤、项目成员，还有实际中所扮演的角色，如潜在领导者、行动者、社交者或者思想者。每个人都要分清自己的优劣，选择合适的角色进行扮演，并明确自己的沟通要求。最主要的是，决不能做一个旁观者，只看不说也不动。

三、知识链接

心理学中关于人际沟通的理论研究有很多，实际应用中相对简便的是 PAC 理论。

PAC 理论又称为相互作用分析理论、人格结构分析理论、交互作用分析、人际关系心理分析，由 Eric Berne 于 1964 年在《人们玩的游戏》(《Game People Play》) 一书中提出。他认为个体的个性是由三种比重不同的心理状态构成，这就是父母（Parent）、成人（Adult）、儿童（Child）状态，简称人格结构的 PAC 分析。无论人们是以坚决还是非坚决的方式相互影响，当一个人对另一个人作出回应时，总存在一种社会交互作用。

（1）互补式与非互补式交互作用　交互作用（语言、动作或非语言信号的交换）可以是互补式的或非互补式的。在公开交互作用中，如果发出者和接受者的心态在回答中仅是方向相反，则交互作用是互补式的。如果用图表示发出者—接受者的心态交互作用的交互模式，则线是平行的。在这种关系中，主管对员工说话就像父母对儿童一样，员工的回答就像儿童对父母一样。

当刺激和反应线不平行时，非互补式的交互作用，或者称为交叉式的交互作用就会出现。在沟通中，主管努力按照成人对成人的模式来对待员工，但是员工按照孩童对父母的模式作出回答。出现交叉式交互作用时，沟通往往被堵塞，不会得到令人满意的结果，冲突也经常紧跟其后。

（2）交互作用的类型

1）PP 对 PP 型（见图 5）。在这种类型中，甲乙双方都表现出武断的特点。例如，甲方说："你来完成这项工作。"乙方却说："你不见我正忙着吗？找别人干去吧！"

2）AA 对 AA 型（见图 6）。在这种交流类型中，双方都能以理智的态度对待对方。例如，甲问："你能完成这项任务吗？"乙说："如果没有什么干扰应该可以。"

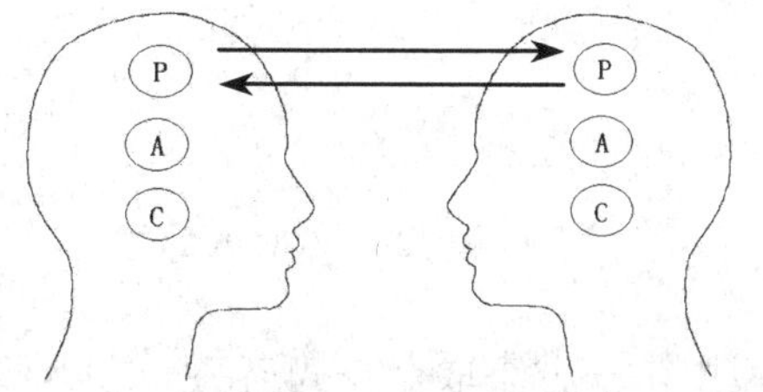

图 5　PP 对 PP 型

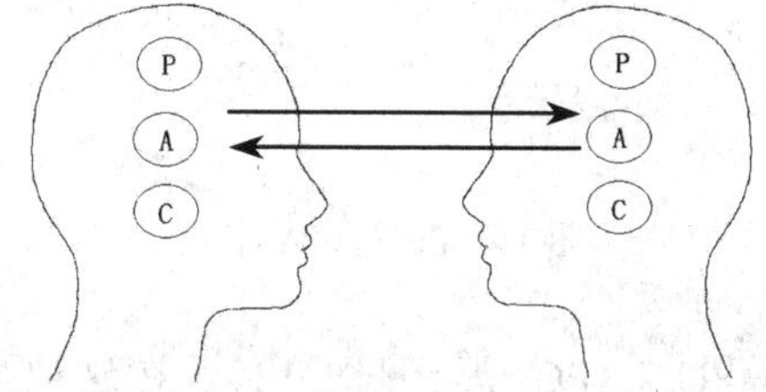

图 6　AA 对 AA 型

3）CC 对 CC 型（见图 7）。在这种类型中，甲乙双方都易诉之于感情。例如，甲说："干不了就别干！"乙答："不干就不干，有什么了不起！"

4）PC 对 CP 型（见图 8）。在这种交流类型中，甲乙双方表现出权威和服从的行为。例如，甲作为上级对乙说："这件事完不成要挨批评。"乙作为下级回答："真完不成，我甘愿接受批评。"

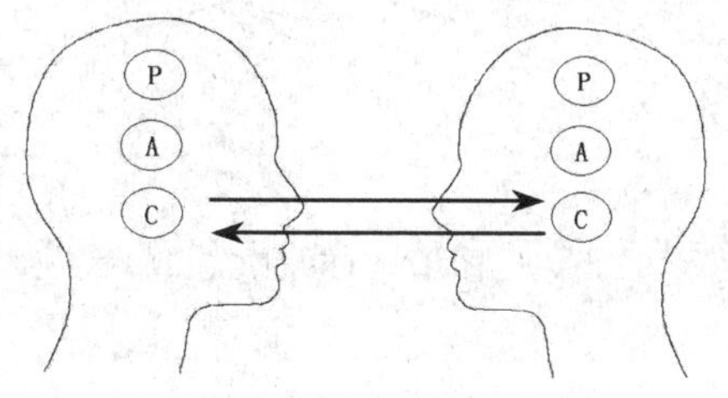

图 7　CC 对 CC 型

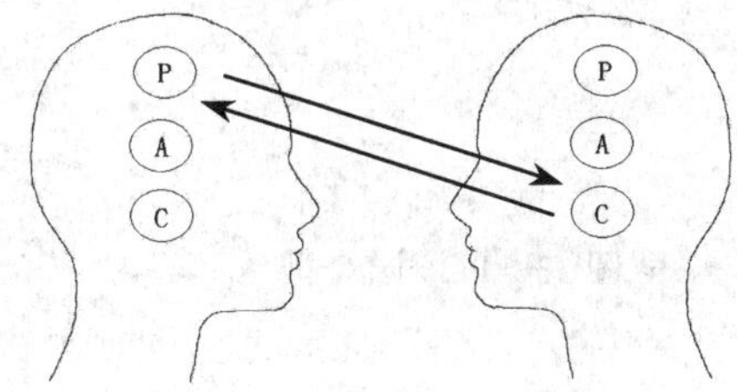

图 8　PC 对 CP 型

5）CA 对 AC 型（见图 9）。在这种交流类型中，一方表现为小孩子脾气，而另一方则表现为有理智的行为。这在同事之间、夫妻之间经常会发生。

6）PA 对 AP 型（见图 10）。在这种交流类型中，甲方表现为有理智，但又担心自己控制不住自己。为此，甲方经常要求乙方承担 P 的角色，起到对甲方的监督和防范作用。这在上下级、同事、夫妻之间经常会发生和利用这种类型的相互作用。

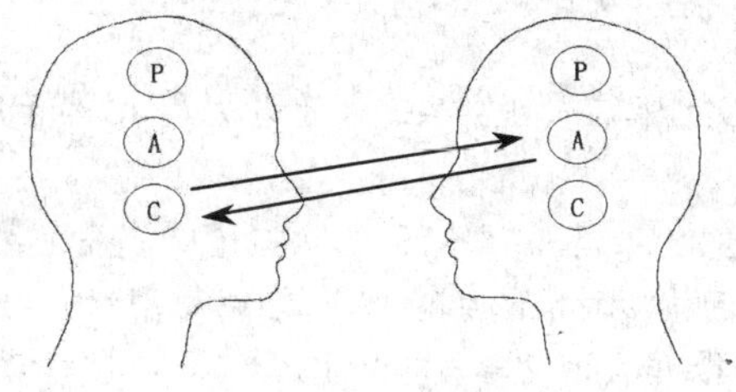

图 9　CA 对 AC 型

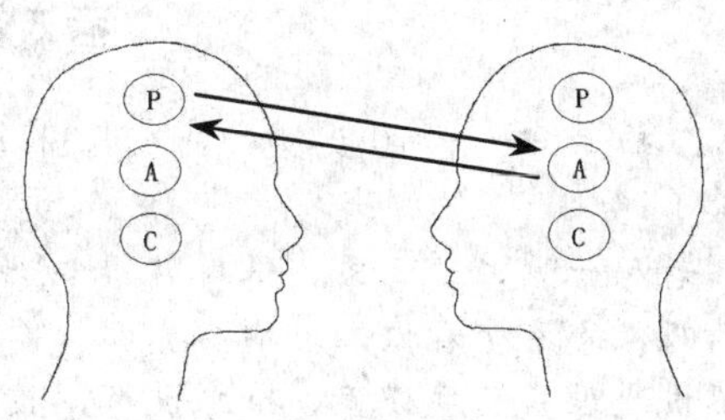

图 10　PA 对 AP 型

7）PC 对 AA 型（见图 11）。在这种交流类型中，甲方要求乙方以理智对待他，但乙方则以高压方式对待甲方，这在上下级、同事之间经常发生。

8）CP 对 AA 型（见图 12）。在这种交流类型中，甲方讲理智，而乙方却易感情用事。

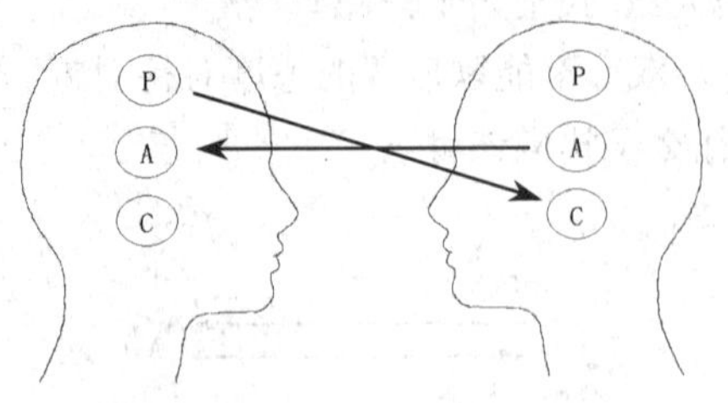

图 11　PC 对 AA 型

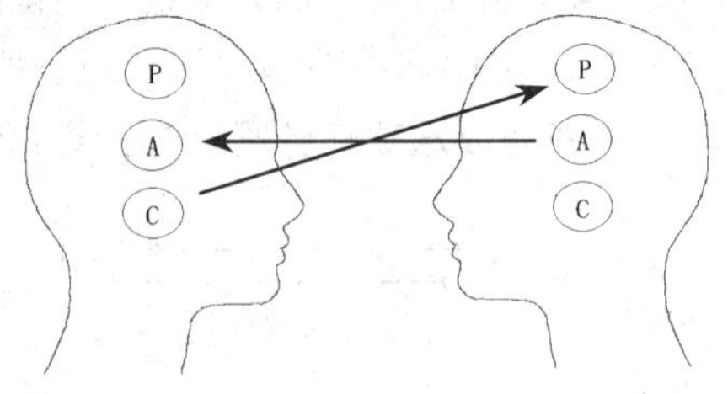

图 12　CP 对 AA 型

9）PC 对 PC 型（见图 13）。在这种交流类型中，一方采取命令式而另一方不服，也采取同样方式回敬。这种交流方式必然会引起矛盾冲突。这经常表现在上下级、父母和子女之间。

10）CP 对 CP 型（见图 14）。在这种交流型中，甲乙双方都把对方作为权威看待而表现出一种服从的意向，这在同事和朋友之间经常发生。

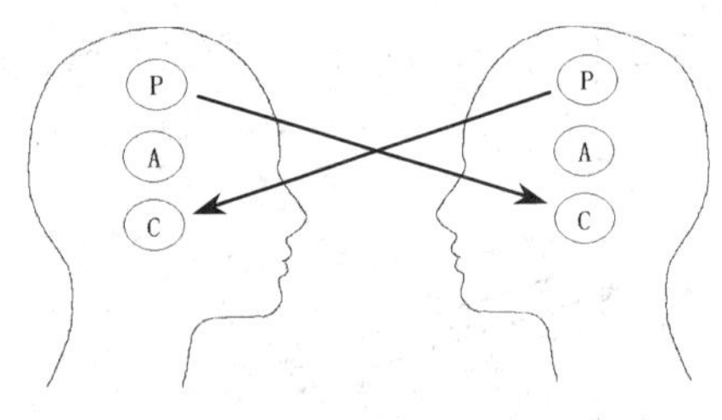

图 13　PC 对 PC 型

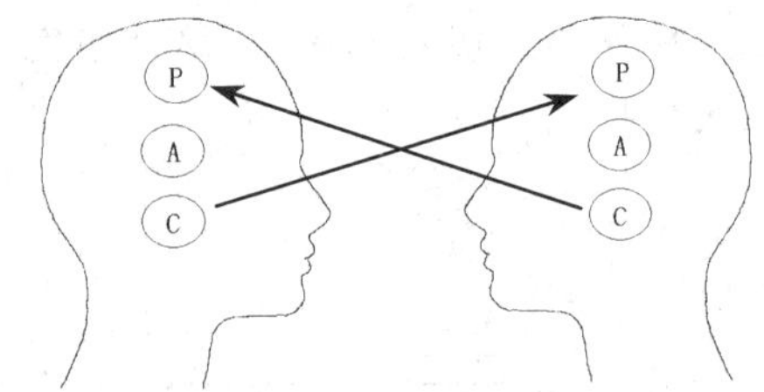

图 14　CP 对 CP 型

四、探讨分享

案例

老太婆，打针了！

A 护士给一个 70 多岁女病人肌肉注射，她对那病人说："三床的老太婆把裤子脱掉，打针了！"

老人一听火冒三丈，张口就说："我用不着你来骂我'老太婆'、'老太婆'！我吃自己的饭，又不吃着你，又不要你养。你不老，可你大概还活不到我这么大年纪！年纪轻轻不讲道理，态度极差，技术没有，打针一定很痛，我不要你打针，如果你打针我宁愿出院。"

A 护士觉得自己又没有说错，也就随口回了几句："你这老东西，又不是什么官，有什么了不起，你要出院就出院。"

这时另一个护士 B 听到了，连忙过去说："李大妈，你好，你有什么需要我来给你做。你要打针是吗？我来给你打。"一边打一边给她按摩。

老人很高兴，连声称赞："你这个护士好，态度好、技术好，打针一点都不痛，以后要你一直给我打针。"

讨论

这则案例中，护士 A、女病人、护士 B 分别用了什么角色进行沟通，有什么效果？

情境二　我会谈话吗

一、情境设定

公司的市场调研开始了，你也被派出去做访问员，然而几次面对客户都开不了口，大大影响了自己的工作进度，并且由于和客户沟通不良，收集的调研信息也不够完备。这天你下班后，丧气地想："我是不是和经理去说说，别让我去访问了，就在办公室里帮忙做文字工作吧！"

可是，这是不是又一次自己放弃了机会呢？

二、任务实施

在工作和生活中，常常需要和人交谈。所谓"交谈"，总得有互动，有倾听，也有说话。好的对话永远是两个人相互反应，哪怕意见不同。那么成功交谈的标准是什么呢？客户访谈只要收集到需要的信息就可以了吗？专家告诉我们，成功的交谈，不一定只是信息的交换，更关键的是"彼此友好"的信息的传递。

1. 别看不起问候和闲聊

问候和闲聊是每个人生活中的常事，但是它并不是简单地和人打招呼，也并非是单纯打发时间的手段，它也是了解信息的重要手段。通过问候和闲聊，你也可以确定自己的态度，明了自己是不是想和对方有更深入的接触。有时候偶发的闲聊也可以让人体会到温暖、收获朋友；或者彼此疏远、丢失了机会，所以不要看不起闲聊。

（1）相互问候　你是否遭遇过这样的尴尬：路上看见一个熟人，和他招呼了一声，结果他没发现，却引得旁边的人扭头看你；或者走在路上，突然被一声招呼吓了一跳。

简单地说，人们之间相互问候也需要注意距离。通常，我们大约可以发现 10 米外有没有自己熟识的人，这段走动的距离正好可以让我们观察并判断，你是否需要和他（她）打招呼。等双方距离在 3 米左右的时候，你就可以开口问候了。这样既不会让你陷入无人回应的尴尬，也不至于让人吓一跳，需要扭头寻找说话的人。

简单的礼貌问候通常是这样的：

“嗨，你好吗？”

“我很好，你呢？”

“哦，我也不错！”

“真好！”

也许你会遇见这样一个问候的对象：

“嗨，你好吗？”

“我？这要看你问什么了。如果问的是我的身体，你看见了，一切正常。如果你问我的工作，我累死了可也没得到什么好处。或者你是问我的家人，恩，我的孩子倒还不错。”

这样的回答实在让人不容易回应。在礼节性的问候中，人们约定俗成的形式是做简单回应，不需要真的解释自己好或者不好。如果正式作出解答，反而令人不安。

也有在问候时涉及具体状况的。如双方好久不见，或者对方正好度假归来希望你对他们的行程感兴趣。如果你能判断出他们的需求，问候就可能是这样的：

“嗨，你好吗？”

“你好你好。”

“好几天没看见你，据说度假去了？”

“哦，是的，我们去了海南。”

“海南可是个度假的好地方！那几天天气怎么样？”

“我的运气不错，天气一直晴朗，并且舒适。”

“太好了，真羡慕你啊。哦，不好意思我得先走了，再见！”

“以后见！”

（2）和人闲聊　闲聊常有打发时间的目的，如在漫长的火车旅途中，在一个宽松的聚会里。这样的场景中人们并不想严肃地讨论问题，而只想保持轻松愉悦的心情。闲聊不需要有很多的资讯，也不需要有突出的个性。人们多半会对别人的陈述随声附和，有分歧也不会过多争辩。

有人在闲聊中讨论天气：“这几天的天气实在糟糕，你说是吗？”

如果你同意：“哦，是的。连续的下雨只有花园会受益。”

如果你不同意：“不会啊，我觉得下雨天很好。”

或者：“实话说这几天的雨水我倒很欢迎。我刚刚在园子里撒了些种子，每天的雨水帮我省了浇水的工作。”

不同意的两句话，你会选择说哪句，对方会喜欢听哪句？如果你说这两句话的时候，表情严肃或者面带微笑，哪个可以达到闲聊的目的？

偶尔也有人会在闲聊的时候讨论严肃的问题，如“污染”问题；或者你不想说话的时候，有人过来和你聊天。思考一下，在这种情况下怎样才能不让彼此尴尬呢？

2. 开始交谈

漫长的旅途让人无趣，你打算首先开口和邻座聊天。怎么开始呢？首先我们要口气温和，

讨论的话题可以就近寻找，如对方看的书、窗外的风光；也可以说一个事实，但是要注意，如果你说的事是显而易见的，对方只能表示同意，那聊天可能就无法继续，所以最好的开始是选择一个不私人化、不深入的事情，简单陈述后提出一个问题，这个问题还不能让对方简单用“是”或“不是”答复。在对方回答的过程中注意观察反应，尽量引向他们有兴趣的话题。

有时候交谈也可以从自己开始，尤其你作为一个旅游者的时候。例如：

“车站的人可真多，是吧？”

“是。”

“这儿总有那么多人等车吗？”

“我很少坐火车，不是很清楚。”

“啊，在我们那里车站里的人总是很少。”

“哦，那你是从哪儿来的呢？”

对方有可能并不想和你多谈，可能是因为觉得你威胁了他们的时间和空间。只要你表现得温和而坦承，闲聊就会成功。如果在观察和试探中你确定对方真的不愿意聊天，那就应尊重他们的意愿，并且没必要觉得尴尬，因为闲聊是分享的一种形式，它会让很多人得到快乐。

3．陈述还是提问

（1）陈述和提问的配合　在与人交谈的过程中，经常需要陈述事实、数据、观点，或者了解对方的情况，引导彼此互动，所以也要注意陈述和提问的运用。交谈中的陈述就像一个微型演讲，无论是事实、数据还是观点，都要留心对方的反应，注重表达的简洁性和戏剧性。在交谈中注意收集对方的信息。引导对方更深入地沟通，最佳的解决方案是学会提问。

（2）学习提问技巧　提问需要避免预设答案、密集发问、挑战对方心理。圣经《申命记》中曾提示人们注意“要探听、查究、细细地访问”，使对方能在他（她）的阅历内回答问题，并有助于你获得准确的信息。

通常的问题可以分为开放性提问和封闭性提问。开放性的提问能得到大量而难以预知的信息。而封闭性提问缩小了回答的范围，可以获得少量而准确的信息。如果要让彼此在自由放松的气氛中进行交谈，寻求大量的话题选择机会，开放性提问是必要的。随着最适合交谈话题的出现，逐步减少开放性提问转而询问细节，封闭性提问就显出了优势。交谈尤其是闲聊不能用直线型的语势，因而开放性提问和封闭性提问多是交互出现的。

1）开放性提问。交谈中的开放性提问常用这样的开始用语：什么、怎么、你能告诉我、你可以说明、为什么。这种发问可以激发对方对相关话题更广泛的兴趣，并鼓励讲话方自愿陈述更多的信息。

2）封闭性提问。有的封闭性提问能澄清是非。常用的开始用语有：什么时间、在哪里、是什么、谁。

有的封闭性提问将答复缩小到是与非，往往意味着严厉的口吻或者挑战的态度。常用的开始用语有：真的、是、能够、这样。

还有的封闭性提问其实隐含着答案，有着明显的质疑。常用的开始用语有：不会、不是、为什么不。

4．区分人际风格倾向

高超的沟通者可以根据对方的人际风格倾向选择合适的沟通方式。

对随和型的对象，需要创造友善的环境氛围，减少沟通的戒心。亲情、友情方面的话题对他们有吸引力。交谈过程中要面带微笑，鼓励他们多发表看法，表现出很强的亲和力。

对表现型的对象，要给予关注和兴趣，赞赏他们的积极态度。注意认真倾听他们的说话，

及时肯定他们的优点。

对支配型的对象，战略、进程、行动等话题对他们更有吸引力。对他们说话要果断，并且表现出尊重的姿态。

分析型的对象，相对偏爱书面沟通。因此口头沟通时候也要以数据、事实等加强论述，充分体现说服力。他们不欢迎仓促行事，所以最好给他们一点准备的时间，慢慢进入话题。

三、知识链接

交谈过程中的话题与人际关系有微妙的联系，对这方面的研究，比较突出的是 A-B-X 模型。

A-B-X 模型又被称为对称模型，是一种关于认知过程中人际互动与认知系统的变化及态度变化之间的相互关系的假说，由美国社会心理学家 T.M.纽科姆于 1953 年提出。纽科姆认为人们相互之间的感情、态度、信念有一定的联系和相互作用，因此人们的认知系统有趋向于某种一致的倾向。

在图 15 中，A、B 代表相关的两个人，X 则表示沟通的客体. 从图中可以看出: A 与 B 和 X 之间构成了三角形的三个角。这里包含了四种关系：A－B 的感情关系，A－X 的认知关系，B－A 的感情反馈（B 对 A－B 感情关系的认知），B－X 的认知反馈（B 对 A－X 认知关系的认知）。这四种关系构成认知主体 A 的认知系统；当把反馈包括在认知系统中时，A 和 B 的地位是互换的，A 是认知主体，又是认知对方；B 亦然。于是，B 作为认知主体出现时，也形成了一个认知系统。

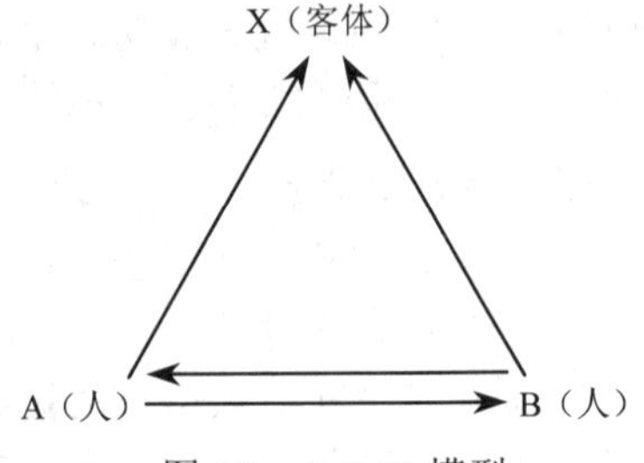

图 15　A-B-X 模型

如果 A 与 B 和 X 之间的倾向越强，即双方都希望能够全面了解 X，并且有关 X 的信息对于 A 和 B 都是公开的、流通的，那么 A 和 B 与 X 的关系像 A-B-X 模型一样形成一个稳固的等腰三角形。A 与 B 之间的吸引力越小，A 与 B 之间的距离就越大。但是他们为了保证这个模型对称，必须维持 A－X 和 B－X 这两条边对等的关系，这种对等关系是建立联系所必需的。

如果 A 和 B 对 X 产生了不同的认识，A 就会不顾 B－X，或者 B 就会不顾 A－X，那么 A－X 和 B－X 之间的影响就会不同，A-B-X 模型就会失去了对称和平衡，A－B 之间的失衡关系更加速了 A 和 B 关于 X 的不一致观点。

纽科姆认为，认知不平衡是由这种趋于一致性的倾向在人们心理上形成的压力所造成的。他把这种压力叫做“趋对称压力”。在这种压力下产生的认知不平衡，沿着趋对称压力的方向变化，人际关系中的认知变化并不取决于任何认知主体自身的心理力，而是人际互动中的合力。

四、探讨分享

案例一

林黛玉进贾府

阅读《红楼梦》第三回“贾雨村夤缘复旧职　林黛玉抛父进京都”中的“林黛玉进贾府”部分。

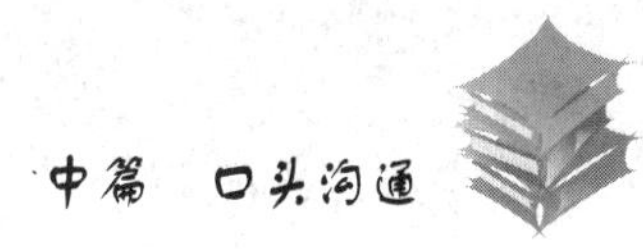

讨论

分析主要人物的问候、闲聊与谈话技巧。

案例二

面试麦肯光明广告公司

阿努汗是复旦大学广告专业的毕业生。他一心想进麦肯光明广告公司的客户部，所以尽管麦肯光明公司没有招人，还是试着把简历通过E-mail发送给客户部的总监。

第三天阿努汗被通知接受客户部总监的直接面试。总监是台湾人，中英文双管齐下。阿努汗显得很紧张，局限于简短的一问一答。总监的问题开始也很简单，如为什么选择广告，是否知道客户部如何运作，为什么选择客户部等。随后，总监开始问阿努汗在大学里参加的活动，这时候他才打开话匣子。他介绍自己是漫画社副社长，参加过一大堆的社团活动。大四时参加了广告研究小组，他们的论文《新形态的消费者研究模型 CASSY》得到了导师的首肯，并成为学校的一个品牌讲座。组织过广告专业的沙龙活动，帮助广告公司接过很多广告业务。阿努汗说得很兴奋，甚至忘了用英文，总监也顺势配合他说中文。

接着，品牌督导开始面试，问阿努汗在客户部想干什么。他脱口说最想做大的广告策划。女督导的眉头皱了一下说："客户部可能不像你想的那么有成就感，工作很细很累，你能承受吗？"阿努汗恍然大悟，立即满口答应没问题。督导又把刚才的问题重复一遍，阿努汗坚决表示任何琐碎的工作都可以承受。

结果是，女督导带着阿努汗到总监办公室说："一切OK"。

讨论

1）面对刚从大学毕业的阿努汗，麦肯光明广告公司的面试人员用什么方式获得了自己需要的信息？

2）从阿努汗的面试经历中，我们可以吸取哪些沟通的经验和教训？

情境三　怎样解决争端

一、情境设定

你是某企业销售部的工作人员，一天正在办公室里忙碌的时候，负责编制生产计划的老张冲了进来，对你嚷嚷："你们销售部是不是没脑子啊，昨天刚刚签订的合同，要求我们半个月就生产出那么大量的产品，当我们是超人吗？"你很想跟他解释：现在经济不景气，好不容易拿到一个大订单，所以生产部门应该全力以赴开工，可又怕被老张顶回来，怎么办呢？

好不容易把老张打发走，已经到了下班时间。办公室同事约你一起去看电影，结果在电影院又为看什么电影产生了分歧。这真是充满矛盾的一天啊！

二、任务实施

在工作和生活中，总有和他人意见对立或者不一致的时候，如果处理不好这些对立或不一致就至少会对一方产生消极影响；但如果处理得当，冲突和争端也可以带来变革和创新。争端本身不重要，怎么处理争端才更重要。

1．争端的产生

人们对生活和工作中的任何事物都会有自己的认识，而认识来自每个人的感知。感知力有差异，原有的个人经验不同，对事物的了解角度和层次不同，关注问题的角度也不同，因此认识上的差异在所难免。

2．需要争辩吗

解决争端一定需要争辩吗？在争辩的念头产生之前，你需要先问自己：我到底要在争辩中得到什么？仅仅是澄清事实吗？或者是利用证明对方错误的机会自我满足？对方对我有成见吗？他（她）会乐于承认自己的错误吗？我和他（她）以后还有沟通的可能吗？承认自己的错误对任何人都是不愉快的，向别人认错的结果很可能就是从此不喜欢那个人，甚至讨厌他（她）。如果彼此讨厌，彼此合作就成了不可能的事情。

如果你确实认为让他（她）意识到自己的错误很重要，那么就需要帮助他（她）找出错误而又保留尊严。如果你想证明自己的观点，又不想伤害对方，你可以这样做：

1）倾听他（她）的话，也许你会发现他（她）的观点有道理。如果有不同，也要尽力找出你们之间的共同点。从共同点开始交流，能营造相对好的沟通氛围。

2）一旦发现自己错了就要主动承认，避免更大的伤害。向事实低头并不等于向对手低头。当你败下阵来的时候，应该坦陈自己在这场争辩中所受的教益，弥补因辩论失败所造成的遗憾。

3）你的话语要表明：虽然你不同意他们的观点，但你还是尊重他们的，并且在胜负明了于心的时候能主动打住话题，并为对方搭个下台的台阶。

4）争端解决后，需要找机会修补可能的裂痕。给对方端一杯茶，笑说："看看我们，像孩子一样，这么认真。"或轻松自如地转一个话题。争论和人际关系并不是水火不容，人性都有很软弱的一面，易被击垮也易被扶起，你只要说一两句得体的话语，便可恢复一个刚刚失去的心理平衡，让他（她）重返愉快平静。

3．如何争辩

亚里士多德在《修辞学》中指出，辩论有三种手段，这一论述在今天仍然是较权威的意见。我们需要的是把这三种辩论手段结合起来使用，有力地说明观点。

（1）气质（Ethos） 亚里士多德所说的"气质"是指说话者的可信度。说话者的社会地位越高，权力（权威）越大，道德品质越好，受众就越觉得可靠而越容易被说服。这是因为在长期的思维实践中，人们形成了尊崇名人、尊崇权威的习惯。不过，气质作为一种辩论手段随着历史的进步而逐渐在减弱。

（2）情感（Pathos） 劝说要唤起公众的情感。亚里士多德认为，劝说者要了解听众对话题的情感和态度，并善于利用甚至是迎合。当听众的情感被劝说者打动的时候，就能产生说服的效力。因此，劝说者必须善于使听众处于他们所预计的某种心境，表达出共有的情感，如"骄

傲”、“害怕”、“爱”等。情感力量是所有辩论中最有力量的一种，破坏力也最大，第二次世界大战时希特勒的演讲就是一个典型。

在使用这种辩论手段的时候，劝说者必须要有明确的情感倾向，并且利用具体的事例增强感染力。

（3）逻辑（Logos）　在多数情况下，人们都试图通过讲事实、摆道理来说服对方。人们把重点集中在主要观点上，积极寻找事实来证明自己的观点。在利用逻辑推理进行辩论时，必须要围绕自己的主要观点进行，选择有共鸣可能的例证增强说服力，但是不能让例证本身显得比观点还重要。

4．小心陷阱

辩论时有很多可能的陷阱需要回避。

（1）对事不对人　解决生活和工作中的争端必须就事论事，不能把问题上升到对对方品格的质疑等高度，只有这样才能表现自己的能力和风度，并让对方信服。只要我们举止镇定、行为有度，哪怕辩论不成功，也能博得别人的赞誉。

（2）不要混淆推论和事实　辩论中的事实是有力的论据，但是要注意不能错把自己的结论当成事实。请看下面两组对比：

1）他是个不称职的员工。	到这周末，他还是没有上交报告。
2）他的医术很过硬。	他在医院工作了15年，没有出过医疗事故。

（3）慎用某些论据　有没有听见过有人教训他人：“这是常识，你都不知道吗？”仔细分析一下：这是有力的论据，还是质疑别人没有常识？是想通过这句话说明这是常识，从而证明自己的观点毋庸置疑吗？

还有人会说：“不仅我这样说，专家也这样说。”这样的论断也许会让很多对手噤口。不重视专家的意见固然错误，但仅靠专家的意见也不能保证辩论的成功，你需要更多的事实来验证。

也有的人会骄傲地说：“大家都这么认为。”数量未必可以取胜，你一定知道古人曾经坚持地球是宇宙的中心，而把布鲁诺送上了火刑台。

（4）小心归纳　“夏天杭州的温度总是比北京高”、“你们班的人都是一群捣蛋鬼”、“年轻人总比老年人聪明”，类似的话我们时常能听到。这些结论都用了归纳的推理方法，使用这种方法容易激起讲话者的激情，但也可能是拙劣的论据。

使用归纳推理的时候要力求全面、客观，不要让对手意兴阑珊，或者恨恨不已。

三、知识链接

团队成员间的冲突多属于工作上的冲突，解决这种争端，可以借鉴托马斯·基尔曼的冲突处理策略。

我们每天都生活在一个团队中，团队成员间不可避免地会发生很多冲突。处理冲突的方式按武断性程度和合作性程度可以画出一个矩阵，表示出来的模式就是“托马斯·基尔曼模型”，如图16所示。

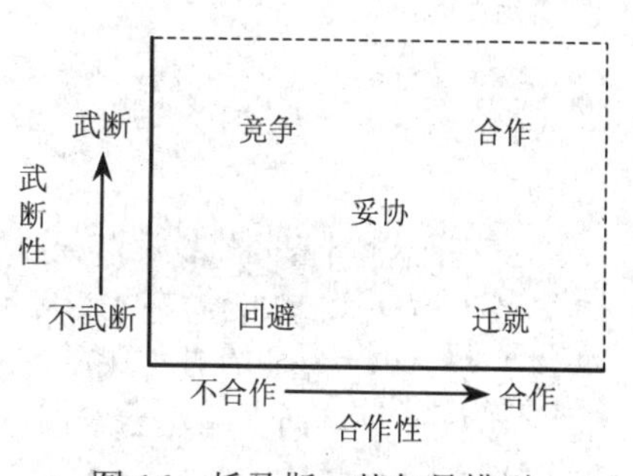

图16　托马斯·基尔曼模型

（1）竞争策略

1）何时采取竞争策略。需要采取竞争策略的情境有：事情重大，情况关系组织命运，而决策者认为自己的做法是非常正确的；情势危急，必须马上采取措施；面对他人仗势欺人的情况。

2）竞争策略的潜在危害。采取竞争策略造成的潜在危害有：决定后容易被一群说客包围；导致沟通不畅、人际关系紧张；在后期的执行过程中需要不断花力气做说服和监督工作，难以得到他人真正的承诺。

（2）迁就策略

1）何时采取迁就策略。需要采取迁就策略的情境有：对方已经意识到自己的错误，并愿意改正；继续争执只能让事情更糟；需要获得对方的好感为今后的工作奠定基础；事情对对方来说很重要；给对方一个机会，让他（她）在今后有所改观。

2）迁就策略的潜在危害。采取迁就策略造成的潜在危害有：你的影响力和认可度也许会因为过于亲和而降低；消极被动，工作纪律松散；因自己的需求没有获得满足而事后懊丧或者自尊心受到伤害。

（3）回避策略

1）何时采取回避策略。需要采取回避策略的情境有：结果难以达到自己的期望；目前的争论只是表面问题而非根本问题；事情不那么重要，对立只会危害问题的解决；对方需要时间冷静，或者由其他的人出面解决争端更有效。

2）回避策略的潜在危害。采取回避策略造成的潜在危害有：决策随意性比较大；问题悬而未决，在相互扯皮中使信誉度降低；决策者的自信心受挫。

（4）协作策略

1）何时采取协作策略。需要采取协作策略的情境有：双方的利益都很重要，需要获得共同的承诺；需要对问题看得更全面深入；试图检验自己的观点，更好地理解对方的观点；担心人际关系受到严重影响。

2）协作策略的潜在危害。采取协作策略造成的潜在危害有：轻信对方；因不了解情况的人员的参与而影响决策；因为小事而花费过多的时间和精力。

（5）妥协策略

1）何时采取妥协策略。需要采取妥协策略的情境有：问题的重要程度不高，不值得用强硬方式处理；双方势均力敌，而各自要达到的目标之间没有冲突；因为问题复杂需要临时达成共识，迫于时间采取权宜之计。

2）妥协策略的潜在危害。采取妥协策略造成的潜在危害有：谁都对结果不满意，问题得不到根本解决；给人造成了无原则的错觉，授人笑柄；为了眼前利益牺牲了长远目标的实现。

四、探讨分享

案例一

圣经或莎士比亚

某晚，卡耐基赴伦敦参加一个欢迎飞行英雄史密斯爵士的宴会，当时坐在他旁边的一位来宾，讲了一段很幽默的故事，还用了一句名言。那位来宾说那句名言出自《圣经》，其实他错了，卡耐基确信那句话出自莎士比亚，就毫无顾忌地纠正了他的错误。那人坚持自己的见解。

这位讲故事的来宾坐在卡耐基右边，卡耐基的老朋友贾蒙坐在卡耐基左边。贾蒙花了很多年的时间研究莎士比亚的作品，所以那位讲故事的来宾和卡耐基都同意把这个问题交给贾

蒙先生去决定。贾蒙静静听着，在桌下用脚踢了卡耐基一下，然后说："戴尔，那是你错了……这位先生才对，那句话是出自《圣经》。"

那晚回家路上，卡耐基问贾蒙："你明知道那句话是出自莎士比亚的作品，为什么竟说我不对呢？"

贾蒙回答说："是的，一点也不错……那句话在莎翁作品《哈姆雷特》第五幕第二场中。可是戴尔兄，我相信你应该知道，我们是一个盛大宴会上的客人，为什么一定要找出一个证明，指责人家的错误呢？你这样做会让人家喜欢你，对你发生好感？你为什么不给他留一点儿面子呢？他并没有征求你的意见，也不要你的意见，你又何必去跟他争辩呢？最后我要告诉你，戴尔，永远避免正面的冲突，那才是对的。"

讨论

你同意贾蒙"永远避免正面的冲突"的观点吗，为什么？

案例二

发烧旅客讨退团费 甲流是否不可抗力引争辩

甲型 H1N1 流感流行之际，有发烧症状的柯先生在出发前一天取消了马尔代夫自由行。柯先生以"不可抗力"为由，主张旅行社全额退款。负责预订机票和酒店的旅行社却以费用已经交纳为由，表示无法退还钱款。2009 年 7 月 7 日，就 9 000 多元的旅行费用北京东城法院审理了此案，双方对此各执一词。

柯先生说，出国游前两天，他突然开始发烧、咳嗽，经医院诊断为上呼吸道感染。此时，正逢甲型 H1N1 流感在全球肆虐，为了不给同机旅客添麻烦，他临时取消了去马尔代夫的行程。柯先生认为，在各国抵御甲型 H1N1 流感的大背景下，政府采取了包括隔离治疗、不允许发热人员登机等措施，对旅游合同的履行构成"不可抗力"，即便他想继续旅行也是不可能的。在此情形下，他有权解除合同，并要求旅行社全额退款，共计 9 000 元。

在法庭上，旅行社一方对"不可抗力"一说提出了异议。旅行社认为，旅游局并未对此下发通知，柯先生是自行放弃了出行，而不是在机场被"截"下来的。在双方签订的合同内规定，因客人自身原因造成的个人损失，旅行社不承担任何责任。其次，马尔代夫游属于"自由行"路线，旅行社在柯先生通知前，已经将酒店和机票的费用全部交纳。此外，机票是由斯里兰卡国际航空公司负责，但由于柯先生递交的诊断证明上没有医院公章，因此无法作为申请取消航班的有效依据。

（根据 2009 年 7 月 7 日人民网有关报道）

讨论

在上述案件中，原告和被告采用了什么方式进行论辩，请加以分析和评论。

实训拓展

一、日常关注

回顾一周来你所遇见的典型情境，区分这些情境中人物的角色类型，课堂分享。

二、分步拓展

1．销售部的肖经理到财务部报销，但财务部的柴经理说周四才能报销，肖经理就有些恼火："我无论什么时间去报销，你财务部都得给我报，财务部就是干这个的，要不然公司养你们这帮人干什么！"

如果你是财务部的柴经理，会怎样回复？

2．由于客户坚持要求一次性付清货款，肖经理到财务部要求马上提出货款 200 万元，柴经理说高于 100 万元的款项，必须提前一周向财务打报告。两人都认为自己都是为公司争取利益，谁也不让步。

你认为解决这次争端的最佳策略是什么？

3．肖经理加班回家，他的妻子非常心疼，可一张口却是："怎么老是这么晚回家？你又不比人家多挣钱！"肖经理本身已经很疲劳，一听这话就生气："啊，你是不是后悔嫁给我啊？没关系，我们可以离婚，你去找个有钱人吧！"

这次争论中双方各是什么心理状态占了主导？可以怎样纠偏？

三、综合实训

全班同学分组、自编故事，进行情景模拟，体会并讨论什么是有成效的沟通。

任务六

我要做一个推销员

任务要求

1）注意到可能的顾客，发现他们的需求。

2）能接近顾客，与他们进行交谈。

3）可以运用基本的面谈技巧，促成交易的达成。

情境一 接近我的顾客

一、情境设定

公司拓展市场，营销部准备从各个岗位选拔一批人去当推销员，你也跃跃欲试。

这天下班，你接到一个同学的电话，在电话里，他约你去做一个下班后的“摆摊族”:“经济不景气，摆摊多少能赚点儿外快。再说，可以接触更多的人，认识各色各样的新朋友，累积丰富经验和为人处世能力。虽然累了点，收获却远胜于付出。”他说的话多少打动了你的心。或者推销可以从摆摊开始？

那么，推销需要哪些沟通技巧呢？

二、任务实施

做个推销员，首先就是寻找顾客、接近顾客。但谁才是自己的顾客？推销是不是商品品质有保证就可以了呢？

成为你的顾客首先得满足几个条件：首先，他（她）得有支付能力，向负担不起的人推销商品多半是白费力气；其次，他（她）得有购买决定权；再次，他（她）得有购买需要，如不向僧侣推销西装是因为他无此需要；最后，他也许还得满足其他条件，如有些产品和服务即使有支付能力、购买决定权和需要也不能购买，因为它有限制条件。以人寿保险为例，必须身体健康、年龄在一定的范围内的人才能投保。

大体知道谁是你的顾客之后，就得去认真研究他们。

1. 顾客要什么

推销是一种特殊的交谈。和日常的交谈一样，如果你想要说服别人购买你的商品，必须先理解他们，尽量多了解他们的需求、愿望、计划和价值观。把我们推销的商品作为满足他们需求的手段推销出去。

那么顾客需要什么？如果你是一个汽车4S店的推销员，你要怎样把车子推销出去？

（1）顾客是成功人士

推销员："这款车是我们这个品牌的车中的豪华款，是为了那些要求高质量、高性能的人准备的。像您这样事业有成的人都比较忙，经常需要以车代步，车子的可靠性很重要；同时车子的性能、配置也需要和您的地位匹配。这些都是您选择车子时很重要的参考，是吧？"

（2）顾客是顾家男士

推销员："这款车质量很好，最近报纸杂志上的试驾报告都给出了很高的评价。您出门的时候就可以把家人都载上，行车稳定并且安全，他们也会很喜欢。对不对？"

（3）顾客是准专业车手

推销员："这款车操控性非常好，属于专业车手也会爱上的车子。您一定会喜欢它的加速和适应路面的能力，转弯的表现也很棒。我想您会打算试试的。"

（4）顾客尤其关注安全

推销员："这款车工艺很不错，保证几年内不会生锈。它的底盘经过了特殊设计和处理，不容易遭到损坏，加上一系列其他的安全措施，所以是有保障的。毕竟现在马路上糟糕的司机不少，您不得不小心。"

从上面几个简单的例子可以看出，通常我们把顾客的需求大体分为两类：一类是"利益"上的满足，如洗发水强调"去屑"或"柔顺"，对顾客作出使用效果上的承诺，满足生存需求；另一类是"精神"上的满足，如工作、生活中获得的尊严、爱、温情和信任。推销最需要的就是站在顾客的角度看问题，找需求，并满足它，然后就能够把你的商品成功地推销给他（她）。

2．了解商品

在了解顾客的需求之前，还需要了解自己推销的商品，了解这个行业。了解商品的用意有两个：一是推销时可以准确地回答顾客关于商品的问题；二是通过理解商品的定位而推断目标顾客的群体特征。当今世界信息的传播如此迅速，以至人们不管是买一个烤面包炉、一辆汽车还是一台计算机主机，都会四处询价。如果你能做到为客户去多方询价，你简直想象不到那些忙碌的客户会怎样信任你，并怀着深深的感激之情。了解商品定位，也就是很大程度上明确了自己的目标顾客应该是哪类单位或个人，这一群体有什么特点，通常他们购买这类商品的特点有哪些，这是我们筛选顾客、说服顾客非常重要的依据。你推销一台机床和推销一件衣服，面对的顾客会有很大的差异。同样是推销机床，面对的分别是公司的老总、技术员或操作工，他们对机床的考虑因素都是不一样的。通常，公司的决策者比较关注效益和安全，希望得到你的佐证；技术员比较关注性能，希望得到数据；操作工比较关注操作的便利，你最好能给予演示。

3．观察顾客

观察顾客首先是要发现潜在的顾客，这个要求在店堂销售中尤其突出。在所有往来顾客中，一部分顾客是为了某种需求而来，也有一部分人没有明确的购买意向。我们需要把那些在店堂内驻留时间较长、仔细观察和比较店内商品的人作为我们的推销对象。

我们可以发现有些顾客本来在店里漫无目的地闲逛，突然停住脚步或者聊天，比较长时间地站在某柜台前欣赏。还有的人在熙熙攘攘的人群中常常不自觉地搜索推销员，上身前倾、目不转睛、侧耳细听。有了这些表现，说明这个顾客基本上是"准顾客"，你需要在适当的时机，采用适当的方式与顾客接触。

一位日本推销专家认为："一开口就谈生意的人，是二流推销员。"推销是从融洽双方感情、

密切双方关系、创造一个有助于说服顾客的良好气氛开始的。推销员通过观察而筛选出自己的潜在顾客，并进一步发现他们的特点和需求，才能有的放矢地去推销。

有很多的推销不是店铺里，而是推销员上门进行。如果去顾客办公室去拜访，就要仔细观察顾客办公室的布置、办公桌的摆放等。掌握这些信息，对说服顾客十分有益。例如：

有一位推销员到某厂找厂长联系业务。一走进厂长办公室，发现墙上挂着几幅装裱精美的书法作品，而厂长正在小心翼翼地掸去一幅书法立轴上的灰尘。这位推销员立即意识到厂长喜爱书法，于是走上前对厂长说："厂长，看来您对书法一定很有研究。唔，这幅篆书写得好，称得上'送脚如游鱼得水，舞笔如景山飞云'，妙！看这悬针垂露之法的用笔，就具有多样的变化美。好极了……"厂长一听，此人对书法很内行，一定是书法同好，便说："请坐，请坐下细谈……"这样，双方的感情迅速接近，当后来推销员谈到合同时，自然就"好说"多了。

也有的信息是听来的。例如：

保险推销员华特通过朋友介绍来到一家大公司。当他进入董事长室刚坐下不久，女秘书便从门口探头对董事长说："不好意思，今天我没有邮票给你。"

"实在不好意思，我那12岁的儿子正在收集邮票，所以……"董事长向华特解释。

华特直截了当地说明来意，可是董事长却闪烁其词，一直不愿涉入正题。华特见此情景，只好知趣地匆匆离开。

回家以后，华特想起那位女秘书向董事长说的话——"邮票"和"12岁的儿子"，同时也联想起他服务的保险公司，每天都有来自世界各地的信件，自然也就拥有许多各国的邮票，于是心中便有了谱。

第二天下午，华特又去找那位董事长，说自己是专程给其儿子送邮票来的。董事长热情地接待了他。当他接过邮票后马上面露喜色，就像得到宝贝似地自言自语："我儿子一定会欣喜若狂，真是太棒了！"

董事长和华特谈了40分钟有关集邮的知识，又让华特看他们全家的合影。后来，没等华特开口，他就主动提出了保险的事，最后他不但给全家买了保险，还打电话把华特推荐给他的业内朋友。区区几张邮票让华特获得了自己推销以来最好的业绩。

4. 电话约见顾客

有的时候，打破与顾客之间的藩篱，用的是电话，也就是你第一次和顾客的沟通是在电话里进行的，他（她）同意见你，你才能实施推销。如何才能使电话约见成功呢？

电话约见首先要选择电话的时间。你应该避开顾客忙碌或休息的时间，一般上午10点以后和下午比较合适。其次由于顾客是不见其人，只闻其声，电话时你的重点应该放在"话"上：态度要诚恳，口齿要清楚，语调要有亲和力；约见的事由要充分，要引发顾客的好奇心。并且要注意对应他（她）拒绝的理由。例如：

推销员：约翰先生，您好。我是××公司的推销员肖恩。我听说了在您太太身上发生的不幸，她的手部皮肤过敏好一些了吗？

客　户：没有多大的改变，你知道，这种病是很难痊愈的。

推销员：那她的正常生活是不是也受到影响了呢？

客　户：是的。她不能使用洗手液洗手，洗碗的工作也不得不由我来承担，因为她的手一碰到洗洁精就疼痛难忍。

推销员：真是不幸。不过不要着急，我这里有一些不会对您夫人的手造成伤害的清洗用品。您认为什么时间面谈方便呢？是这个星期三上午10点20分还是星期四？

客　户： 你星期四下午3点到我家来吧。

推销员： 那好，约翰先生，请记住您星期四下午3点要接待××公司的推销员肖恩。没问题吧？

客　户： 没问题。

推销员： 好，我们星期四见。

当前有很多企业采取电话营销的方式，很大程度上加剧了人们对电话约见推销的反感，如果遭受了拒绝，怎么办？你可以告诉他们你受过培训，不会打扰很久的。最重要的是——你得引导他们把注意力放在“什么时间见面”而不是“是否见面”上。例如，上面案例中的推销员没有征求顾客是否见面的意见，而是直接问“是这个星期三上午10点20分还是星期四”，取得了约见的成功。

如果对方说很忙，你一定要表示你会等他（她）有空的时间去拜访，并且给出选择的时间。如果对方说没钱，你可以给他（她）描绘可能的投资图景并强调钱不重要。例如：

推销员： “哈哈，陈先生，现在有很多人都这么想，以为保险投资很高。但是，我给你设计的保单分摊到每星期只要投入20元！不管怎么说，我只是让你看看我们是否会对你有帮助，如果现在没有说不定将来会有。你看你方便今天下午3点还是明天上午10点见面？”

5．上门拜访顾客

上门拜访顾客的时候，需要先看看自己准备好了没有：

顾客应门的时候，你不要靠门太近，那样会显得有强势的侵略性；如果门外有地垫，先蹭一蹭鞋底，做好进门的准备；你应该衣着整洁、面带微笑；进门之后，如果有外套可以脱下外套，表明你有工作的诚意，当然外套里面不能是不适合商务场合的服装；要等顾客示意你坐才坐，不要错坐在他不希望的位置上；环视室内、寻找话题。

三、知识链接

人类的需求有很多种，通常我们按照马斯洛的需求层次理论来进行区别对待。

亚伯拉罕·马斯洛是美国社会心理学家、人格理论家和比较心理学家，他把需求分成生理需求、安全需求、社交需求、尊重需求和自我实现需求五类，依次由较低层次到较高层次。

生理需求：对食物、水、空气、住房等的需求都是生理需求。这类需求的级别最低，人们在转向较高层次的需求之前，总是尽力满足这类需求。

安全需求：安全需求包括对人身安全、生活稳定以及免遭痛苦、威胁或疾病等的需求。和生理需求一样，在安全需求没有得到满足之前，人们唯一关心的就是这种需求。

社交需求：社交需求包括对友谊、爱情以及隶属关系的需求。当生理需求和安全需求得到满足后，社交需求就会突显出。

尊重需求：尊重需求既包括对成就或自我价值的个人感觉，也包括他人对自己的认可与尊重。有尊重需求的人希望别人按照他们的实际形象来接受他们，并认为他们有能力，能胜任工作。尊重需要得到满足，能使人对自己充满信心，对社会满腔热情，体验到自己活着的用处和价值。

自我实现需求：是指实现个人理想、抱负，发挥个人的能力到最大程度，完成与自己的能力相称的一切事情的需求。马斯洛提出，为满足自我实现需求所采取的途径是因人而异的。自我实现的需求是在努力实现自己的潜力，使自己越来越成为自己所期望的人物。

四、探讨分享

案例

把木梳卖给和尚

有一家效益相当好的大公司，为扩大经营规模，决定高薪招聘营销主管。广告一打出来，报名者云集。

面对众多应聘者，招聘工作的负责人说："相马不如赛马。为了能选拔出高素质的人才，我们出一道实践性的试题，就是想办法把木梳尽量多地卖给和尚。"

绝大多数应聘者感到困惑不解，甚至愤怒：出家人要木梳何用？这不明摆着拿人开涮吗？于是纷纷拂袖而去，最后只剩下三个应聘者：甲、乙、丙。

负责人交代："以 10 天为限，届时向我汇报销售成果。"

10 天以后。负责人问甲："卖出多少把？"

答："1 把。"

"怎么卖的？"

甲讲述了历尽的辛苦，游说和尚应当买把梳子，无甚效果，还惨遭和尚的责骂，好在下山途中遇到一个小和尚一边晒太阳，一边使劲挠着头皮。甲灵机一动，递上木梳，小和尚用后满心欢喜，于是买下一把。

负责人问乙："卖出多少把？"

答："10 把。"

"怎么卖的？"

乙说他去了一座名山古寺，由于山高风大，进香者的头发都被吹乱了，他找到寺院的住持说："蓬头垢面是对佛的不敬。应在每座庙的香案前放把木梳，供善男信女梳理鬓发。"住持采纳了他的建议。那山有 10 座庙，于是买下了 10 把木梳。

负责人问丙："卖出多少把？"

答："100 把。"

负责人惊问："怎么卖的？"

丙说他到一个颇具盛名、香火极旺的深山宝刹，朝圣者、施主络绎不绝。丙对住持说："凡来进香参观者，多有一颗虔诚之心，宝刹应有所回赠，以做纪念，保佑其平安吉祥，鼓励其多做善事。我有一批木梳，您的书法超群，可刻上'积善梳'三个字，便可做赠品。"住持大喜，立即买下 100 把木梳。得到"积善梳"的施主与香客也非常高兴，一传十、十传百，朝圣者更多，香火更旺。

讨论

你认为上述案例中，甲、乙、丙分别针对了和尚的什么需求来推销木梳？

情境二　让顾客购买我的商品

一、情境设定

你终于尝试着做了一个下班后的“摆摊族”，开始推销小礼品。你和同学找了一个不错的设摊点，摆开了架势希望大干一场。但是最初的效果并不如意：你常常很有礼貌地和顾客打了招呼，看他们把你们的商品摆弄一阵后放下，说：“我再看看。”然后就没有转回来。

上班了又听说公司招推销员要面试，进行模拟推销。想到自己的摆摊经历，你有点儿想打退堂鼓，怎么办呢？

二、任务实施

推销是一个复杂的过程，对于一个新手来说，该学的东西非常多。下面就从简单的开始练习吧。

1．适当的开场白

推销人员在向顾客推销产品时，说好第一句话是十分重要的。顾客听第一句话要比听以后的话认真得多。听完第一句话，许多顾客就自觉不自觉地决定是尽快打发推销员走还是继续谈下去。因此，推销员要尽快抓住顾客的注意力，才能保证推销访问的顺利进行。开场白需要有好听的声音加适度的肢体语言，最重要的是你说的话语。

（1）赞美顾客　在推销员与顾客初见面时，开场白不妨说些赞美的话，因为每个人都渴望得到别人的认可和赞美，每个人都觉得自己有值得夸耀的地方。用赞美的方法接近顾客，很容易获得他们的好感。你可以在赞美之后求教，求教之后推销，这样可以大大增加推销成功率。当然，赞美也要恰如其分、有感而发，切忌信口开河、无端夸大。例如：

有一位推销罐装食品的推销员这样称赞商场经理：“经理，多次去过您的商场。作为本市最大的专业食品商场，我非常欣赏你们高雅别致的店堂布局、井井有条的物品阵列、亲切和蔼的服务态度。看得出来，您在这方面花了不少心血，实在佩服。”商场经理说：“做得不够，请多多指教！”嘴里虽然这么说，心里却是美滋滋的。

（2）引发好奇心　好奇心是人类行为的基本动机之一，推销员如果能充分利用向对方提问等方式制造气氛，引起对方的好奇心，就可以很好地吸引顾客的注意力。例如：

一位推销员对顾客说：“老李，您知道世界上最懒的东西是什么吗？”顾客感到迷惑，但也很好奇。这位推销员继续说，“就是您藏起来不用的钱。它们本来可以购买我们的空调，让您度过一个凉爽的夏天。”

（3）利用商品　我们在超市或者商场闲逛时候，常常会被什么吸引？是不是被排列整齐或者包装漂亮的商品吸引？或者是被商品演示吸引？利用演示最能打动顾客。例如：

一位消防用品推销员见到顾客后，并不急于开口说话，而是从提包里拿出一件防火衣，将其装入一个大纸袋，旋即用火点燃纸袋，等纸袋烧完后，里面的衣服仍完好无损。这一戏剧性的表演，使顾客产生了极大的兴趣。

（4）提供利益　给消费者利益的承诺是很有效的推销辅助。这个利益，可以是购买资金的节约，可以是给对方使用效果的明证，也可以是赠品的给予。很少有人能在利益面前没有任何心动的表示。

（5）虚心求教　有些人好为人师，喜欢指导别人，或显示自己。推销员有意找一些不懂的问题向顾客请教。一般顾客是不会拒绝虚心讨教的推销员的。例如：

“王总，在计算机方面您可是专家。这是我公司研制的新型计算机，请您指导，在设计方面还存在什么问题？”受到这番抬举，对方就会接过计算机资料信手翻翻，一旦被计算机先进的技术性能所吸引，推销便大功告成。

2．介绍和演示商品

两个卡车推销员同时希望得到一家建筑承包商的订单。亨利·史密斯相信他能获得订单，并对此确信无疑。因为他的卡车无论在质量上、速度上，还是造型上都超过了竞争对手。在与顾客洽谈业务时，史密斯分别从 13 个方面论述了卡车的质量。他清楚而且很讲究谈话技巧地介绍了卡车质量方面的优缺点，顾客反映良好。在整个谈话过程中，顾客对史密斯没有提出任何异议。尽管顾客没有马上订货，但史密斯对这次业务洽谈的结果感到相当满意，他抱有这样一种信念：顾客迟早会向他订货的。几天以后，史密斯得知他的竞争对手获得了承包商的订单，这使他和他的老板感到十分惊讶。你是否认为史密斯犯了错误？

很多人在向顾客推销商品的时候都会努力把商品的特点和性能介绍一遍，这是不是一个必需的过程呢？如我们所知，顾客的性格和需求是有不同的，千篇一律地把产品介绍一遍并不是好主意，应该有选择、有针对性地进行介绍。并且要记住，推销是一个交谈的过程，要把说话的机会让给顾客，多倾听、多尊重。

如果在介绍中再加入演示，能强化介绍效果。展示过程中尽量让顾客一起参与，让顾客深入到产品中去。这也是很多服装销售员会鼓励顾客试穿的原因。

有些人为了促成顾客下单，不惜拖住顾客不放。其实，最好的产品介绍往往 15 分钟内就可以完成了，牺牲顾客的时间反而会招来反感。

3．处理顾客异议

沃顿·罗伯特是办公室设备的推销员和档案设备专家。档案设备是他推销的主要项目。他对顾客说：“你们办公室的档案设备已经过时了，如果使用我们的档案设备，一天就可以节省几个小时的工作。”但是，很多顾客听了却很生气。一些顾客反驳说：“我就不信你说的那一套。”罗伯特不但不把顾客的反应当成一件坏事，反而把它当成是他向顾客显示自己的机会。其目的是为了说明他对这些设备相当了解，是内行、懂技术。他说：“我的话是有根据的，而且我还可以证实我说的话。”于是，他就开始解释，但他很快就不得不停下来了，因为顾客脸上显露出怒容。他们怀疑他说的话，或者不把他说的话当成正经事看待，或者根本拒绝与罗伯特进行业务洽谈。罗伯特在他的顾客档案中写道：“根本听不进合理的意见。”你认为罗伯特的做法对吗，为什么？

在日常的人际沟通中，争论没有赢家，推销更是如此。口头发生争论的情况下，人们通常还会提高音量而且用词尖锐。至于肢体语言，通常表现出摇头或凝视客户等情况，完全忽略客户的存在。

顾客考虑购买你的产品而不提任何异议的情况是很少出现的，无论由什么原因产生的顾客异议，实际上都是顾客对推销的商品表示兴趣的一种表现。因此，有经验的推销人员不仅对异议表示欢迎，而且还把它作为促成推销的一个机遇。也就是说，正是顾客对推销品产生了异议，才为推销人员展示和发挥自己的推销才能提供了机会。美国著名推销人师汤姆·霍普金斯把顾客的异议比成金子：“一旦遇到异议，成功的推销员会意识到，他已经到达了金矿；当他开始听到不同意见时，他就是在挖金子了；只有得不到任何不同意见时，他才真正感到担忧，因为没有异议的人一般不会认真地考虑购买。”

那么要怎么处理异议呢？首先，推销员要听完顾客的意见，明确他（她）的意图。反驳也要态度友好，避免争议，尤其不能攻击顾客。处理异议的最好方法是引导顾客自己解决异议。下面看一位推销员是如何向顾客推销农用汽车的。

推销员： 你们运的货，每次平均重量多少？

顾　客： 很难说，大致两吨吧！

推销员： 有时候多，有时候少，对吗？

顾　客： 是这样。

推销员： 究竟需要哪种型号的卡车，一方面要看你运什么货，一方面要看在什么路上行驶，你说对吗？

顾　客： 对，不过？

推销员： 假如你在丘陵地区行驶，而且你们那里冬季较长，这时汽车的机器和车身所承受压力是不是比正常情况下要大些？

顾　客： 是这样的。

推销员： 你们冬天出车的次数比夏天多吧？

顾　客： 可不是，多多了，夏天生意不行。

推销员： 有时候货物太多，又在冬天的丘陵地区行驶，汽车是否经常处于超负荷状态呢？

顾　客： 对，那是事实。

推销员： 你们在决定购买车型号时，是否留有余地？

顾　客： 你的意思是？

推销员： 从长远的眼光看，是什么因素决定买一辆车值不值呢？

顾　客： 当然是要看他的使用寿命。

推销员： 一辆车总是满负荷，另一辆车从不超载，你觉得哪一辆车寿命更长些呢？

顾　客： 当然是马力大、载重多的一辆。

推销员： 所以，我的意思是你可能买一辆载重 4 吨的卡车更划得来。

顾客表示赞同。

4．促成交易

成交是走完从寻找潜在客户到作出种种努力，使他们变成自己的客户这一条漫漫长路后的最终目标。但是有的推销员虽然和顾客谈得不错，但却迟迟不能下决心问他（她）：那么我们成交？是说成交这句话有多困难吗？下面可以学习一下基本的促成交易的方式。

（1）间接方式　成交手段是很讲究技术性的， 针对不同的客户要使用不同的方法。我们可以在讨论到一定阶段后，通过给不能快下决心的顾客规定一个期限促成交易；也可以在讨价还价中问他们“如果我们同意某某交货期、某某价格，你愿意成交吗”，逼迫就范；对某些缺乏自信的人也可以恭维他（她）能够决定做这笔交易真有眼力，或者完全接受顾客的条件作为长期合作的开始。

（2）直接方式　有的时候，也可以直接向顾客询问是否成交，依靠客户的智慧和逻辑作出决定。你可以问对方：“现在你我都在这儿，这是我们的报价，你能拍板吗？如果不能，那什么时候可以呢？”逼迫客户作出决定。直接询问是需要勇气的，但是除此以外没有更好的办法来确定对方是真的有诚意，还是只是在浪费你的时间。

三、知识链接

1．爱达模式

海因兹·姆·戈德曼认为推销过程要经过四个不同的发展阶段，即：引起顾客注意→唤起顾客兴趣→激起顾客购买欲望→促成顾客购买行为。注意（Attention）、兴趣（Interest）、欲望（Desire）、

购买（Action）四个英文单词的字母分别是A、I、D、A，因此推销的步骤又被音译为爱达模式。爱达模式四个阶段的完成时间和先后顺序不是固定不变的，可视推销的实际情况灵活运用。

爱达模式适用于顾客比较被动的情况。例如在商店销售中，向顾客推销他计划购买之外的产品。这种模式也适用于一些易于携带的生活用品和办公用品的推销、新推销人员以及面对陌生推销对象的推销。

2．迪伯达模式

迪伯达（DIPADA）模式是国际推销权威海因兹·姆·戈德曼从推销实践中总结出来的一种行之有效的推销模式，是爱达模式的具体操作步骤。迪伯达模式的特点是紧紧抓住顾客的需要这个关键性的环节，使推销工作更能有的放矢，因而具有较强的针对性。一般来说，迪伯达模式适用于生产资料市场产品、老顾客及熟悉顾客、无形产品及开展无形交易（如保险、技术服务、咨询服务、信息情报、劳务市场等）、顾客属于有组织购买即单位购买者等产品或顾客的推销。如果顾客主动询问某一产品并了解有关情况，那么，在拜访这些顾客或者同他们进行业务洽谈时，也应该使用迪伯达模式。

“迪伯达”是6个英文字母D、I、P、A、D、A的译音。它表示模式包括6个步骤：第一个步骤是准确地发现顾客的需求与愿望（Definition）；第二个步骤是把要推销的产品与顾客的需求及顾客的愿望结合起来（Identification）：第三个步骤是要证实所推销的产品正是顾客所需要的（Proof）；第四个步骤是促使顾客接受所推销的产品（Acceptance）；第五个步骤是刺激顾客的购买欲望（Desire）；第六个步骤是促使顾客作出购买与成交的决定（Action）。

和爱达模式相比，迪伯达模式层次多，步骤烦琐，但其推销效果更好。

四、探讨分享

案例一

到底什么样的搅蛋器最好

这是发生在美国怀俄明州一家零售店里的一幕：有一天下午，一个中年男子到店里买搅蛋器。

“先生。”店员有礼貌地说，“你想要好一点儿的，还是要次一点的？”

“当然要好的，”顾客有点儿不高兴地说，“不好的东西谁要？”

店员受他抢白，有点讪讪的，红着脸把最好的一种“多佛牌”搅蛋器拿出来。

“这是最好的吗？”顾客问。

“是的。”店员说，“而且是牌子最老的一种。”

“多少钱？”

“110元。”

“什么？”顾客把眼一瞪，“为什么这样贵？我听说，最好的才六十几块钱。”

“六十几块钱的我们也有，”店员说，“但那不是最好的。”

“可是，也不至于差这么多钱呀！”

“差的是很多，还有十几元一个的哩。”

那位顾客一听，面露不悦之色，掉头想离去。商店的经理此时恰好看到了这一幕，急忙赶了过去。

"先生，"他说，"你想买搅蛋器是吗？我来介绍一种好产品给你。"

"什么样的？"

经理要店员拿出另外一种牌子来，说："就是这一种，请你看一眼，只需要54元。"

"用你店员刚才的说法，这不是最好的，我不要。"

"我这位店员刚才没有说清楚，"经理说，"搅蛋器有好几种牌子，每种牌子都有最好的产品，我拿出的这一种，是同品牌产品中最好的。"

"可是，为什么比'多佛牌'差那么多钱？"

"这是制造成本的关系，"经理用一种亲切的语气说，"你知道，每种厂牌的机器构造不一样，所用的材料不同，所以在价格上会有出入。至于'多佛牌'的价钱高，有两个原因：一是它的牌子老，信誉好；一是它的容量大，适合做糕饼生意用。"

"哦，原来是这样的。"顾客的神情缓和了。

"其实，"经理接着说，"有很多人喜欢用新牌子的。就拿我来说吧，我就是用的这种牌子，性能并不差。而且它有最大的优点，就是体积小，用起来方便，一般家庭最为适合。府上有多少人？"

"5个人。"

顾客的反抗意识完全消除了。

"那再适合不过了。"经理说，他的表情就像跟老朋友谈天一样："我看你就买这台回去用吧，保证不会使你失望。"于是生意成交了。

讨论

你认为上述案例中，店员和经理的推销语言有什么差异？为什么顾客的反应会截然不同？

案例二

查克的魅力

查克相貌一般，但他有个优美的、有磁性的嗓音，而且很招人喜欢，特别是那些管理人员的助理。他会这样和助理们说："伙计，你听上去真不赖，在一个星期三的早上，你拣到钱了吗？"说些这样的话后，他会说："顺便问一句，你的老板在不在？"然后很快，主管的电话就会被接通。

与主管接通后，查克会说："伙计，你比一个远在欧洲的参议员还难找。"这将毫无例外地引起一阵大笑。他会接着说："你知道，我找到了你可以将钱全部带走的办法。"主管会说："是吗，什么办法？"查克会回答："美国银行的分行遍布整个地球。"他不用等很长时间就可以从主管那儿得到回应，然后，他就会安排一个约见。

有一次，因查克生病，他的老板代表他前去拜访一位主管，那位主管对查克没能同来感到失望，他甚至对查克的老板说："我希望你懂的和查克一样多。"查克的老板问他："我非常好奇，不知道查克告诉了你一些什么？"那位主管说："具体的我也记不清了，不过他所说的听起来确实挺有趣。"

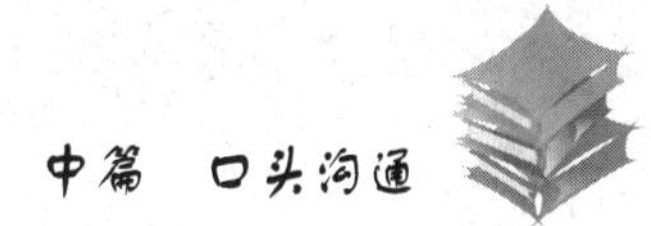

讨论

你认为查克让顾客惦记的秘诀是什么？

实训拓展

一、日常关注

课余到商场或市场等地方，观察营业员接近顾客、与顾客沟通的方式，看看自己能学习到些什么经验和教训。

二、分步拓展

收集有关握手、递名片、引导、坐车、拜访、会议、宴请等商务礼仪知识，提升礼仪素养。

三、综合实训

1．班级同学相互组队，模拟某商品的推销过程。

2．现在有很多同学开设了网店，在网络平台上应如何吸引顾客、促成销售呢？请调查部分网店，借助自己的经历进行分析和研究，并演练推销过程。

任务七

参加辩论赛

任务要求

1）知道辩论的主要类型。
2）明了辩论赛的主要特点。
3）能在辩论中运用基本的辩论思维和逻辑技巧。
4）可以进行比较纯熟的辩题分析和材料的收集整理工作。
5）学习使用常见的攻防技巧。

情境一　辩论赛什么

一、情境设定

为了配合正在进行的价值观大讨论，公司决定举办一次“态度·细节”的辩论赛。你当仁不让地成为了其中的一个辩手。在组建队伍的时候，有人问你：“我们需要什么样的队员？辩论赛的评分标准到底是什么？”

这个问题，你能回答吗？

二、任务实施

辩论是一种普遍的社会现象，人类社会的历史有多长，辩论的历史就有多长。它通过语言的运用融会政治、哲学、历地、艺术、科学等多方面的知识，准确表述、论证自己的观点，是表达、思维等综合素质的集中体现。很多时候，辩论水平的高下证明了口才的优劣。辩论赛作为辩论的竞技形式，随着自身发展，慢慢地从重表演转向了重务实。

1．认识辩论和辩论赛

辩论是不同的思想观点之间的语言交锋。口头辩论形式分为三类：第一类是特定辩论，如谈判辩论、法庭辩论；第二类是日常争辩，如邻里争辩、上下级争辩；第三类是赛场辩论，即辩论赛，它是辩论者按照一定的规则、围绕事先设定的辩题进行说理和辩驳的竞技游戏。

前两类辩论，论辩双方各自有明确的立场和主张，辩论的目的各有不同。辩论赛的主题和

立场是由抽签决定，论辩双方在人格、辩论形式等方面都是平等的。胜负由评委通过考量双方的辩论技术及战术水平等作出裁决。

2．稳定的比赛心理

“战以气为主，气勇则胜，气衰则败。”历来军事家都把战争看成是敌我双方的心理战，辩论赛也不例外。心理素质和临场状况直接影响比赛的进程和结果，赛场上能否正确对待各种干扰和刺激，始终保持平稳的心态，是执行辩论预案的重要保证。

（1）对抗　辩论赛有鲜明的对抗性，在规定时间的竞智较量中，辩手必须始终保持清醒的头脑，分析处理信息，作出恰当反应。没有稳定良好的心理状况作为保证，绝不可能正常发挥水平。

辩论赛中没有一方会如生活中的辩论一样当面认输，双方都会而且必须始终坚持己方立场，战斗到最后。对抗心理意味着辩论队要有坚定的论辩意志，所有辩手都应该独立、果断、坚忍、自制，有效攻防，争取胜利。

（2）积极　辩论中的积极不是单纯地严厉质问、穷追不舍，而是始终能围绕战略目标和战术安排、积极寻求和创造机会获取胜利。辩论要攻防有度，避免被动挨打。在辩论赛中，无论赛前准备如何充分，都不能避免出现意外的状况。这时候尤其需要不慌乱、不气馁，积极寻求对策。

（3）自信　许多参加过大型辩论赛的选手，不约而同地把“有没有自信心”作为辩论取胜的关键。自信源于辩手的胆识、个人或团队的自我评价、辩手间的相互信任；源于赛前充分、有效的训练。有了充分的自信，加上赛前的充分准备，辩手在比赛中才能张弛得当、游刃有余。

3．良好的思维能力

马克思曾说“语言是思维的直接现实”，这句话在辩论赛中得到了集中体现。辩论中的思维要求敏捷、辨证、深刻。没有突出的思维能力，辩论就缺乏深度，辩论赛的观赏性也打了大大的折扣。

（1）形象取胜　在论辩中，借助于形象思维的形式，运用具体生动的形象来说服对方，可以使辩论语言有声有色，更具有深切感人的力量。

和演讲相似，加强辩论的形象性可以表现在：对具体事物形象进行细致的叙述描绘；借助具体描述故事来代替抽象的说理；运用比喻，使生疏的、深奥的、抽象的事物化为熟知的、浅显的、具体的、生动的形象。例如：

辩题：美是客观存在/主观感受

反方自由人发言：如果美和美的感受不是客观统一的话，那么美反映客观存在的时候，就必然有对错真假之分，可是我们谈了这么多美的角度、美的欣赏，您能告诉我哪一个是对的，哪一个是错的吗？和对方清谈主观客观，不如我们拿出一个具体的客观实例来请问对方辩友（举着一朵玫瑰花），在大家的眼中，这是不是同一朵花，但在大家心中是不是有不同的美的感受？伤心的人会说“感时花溅泪”；高兴的人会说“花儿对我笑”；憔悴的人会说“人比黄花瘦”；欣赏的人会说“人面桃花相映红”；有人说花是有情的，所谓“落红不是无情物，化作春泥更护花”；有人说花很无情，“颠狂柳絮随风舞，轻薄桃花逐水流”。原因是什么？“年年岁岁花相似，岁岁年年人不同”；在客观上“花自飘零水自流”，可我们的主观却是“一种相思，两处闲愁”。

（2）富于想象　在辩论中借助于活跃奔放的想象，能使自己的辩论语言增添一种神奇莫测的力量。有时可以摆脱现实中原型的束缚，在假设导致现实生活中事物形象的条件并不存在的情况下，塑造出种种可能出现的事物形象；或在掌握事物发展规律的基础上，指出事物未来发展的趋势。例如：

辩题：我国农村剩余劳动力应当在当地吸纳

反方：对方辩友，要知道现在全世界的工业化、现代化几乎都是建立在农村剩余劳动力到处流动的基础上，中国自然也不例外。请问，如果没有他们的流动，有没有祖国东北、西北边疆的开发？有没有深圳、海南经济特区的腾飞？按照对方辩友的意思，农村剩余劳动力当初不该流动、现在不该流动、将来也不该流动，那么我就想了，中国的地图大概就该改版了，深圳现在还只能是个小渔村；长春是一个小火车站；哈尔滨是江边的晒网场；大连现在还只是青泥洼子，至于什么大庆、浪口、石河子、乌鲁木齐、加哥达齐统统从地图上一笔抹去，我们的祖国大地上将会充满着张家庄、李家店、王家铺子、赵家村。如果都在当地吸纳了。中国将变成什么样子了？我们的现代化还要不要了？

（3）灵活机变　在辩论的审题、整体构思的过程中需要灵感，辩论时有效的控场、巧妙的应变、即兴的发挥、技巧的运用、语言的选择都离不开论辩者的灵感。例如：

辩题：城市交通问题是设施问题还是管理问题

正方：东京地铁站已经形成地下5层的结构，而中国还没有几个城市能开通地铁，交通问题正是设施带来的弊端啊。

反方：仅发展设施就够了吗？随着人口的增加，地铁越挖越深，将来发展到30层、40层，是不是那时的东京地铁故事，都要变成鼹鼠的故事了呢？

（4）善用分析　辩论赛中的分析思维，主要表现在论辩准备阶段的辩题分析和论辩展开阶段的论述求证。可以从结构上把整体分解为几个部分，也可以从性质上把整体区分出不同的层次和角度。例如：

辩题：外来文化对民族文化的发展利大于弊

正方：我们说，判断外来文化是否有利于民族文化的发展，首先是要看它是否有利于维护本民族文化的主体意识。外来文化不请自来，或者是长驱直入，或者是潜移默化，其最终目的就是要用它们的价值体系取代本民族文化的价值体系。请问，喧宾夺主难道是利大于弊吗？第二，是要看外来文化是否有利于维护民族文化自身发展的规律。既然和民族文化不可相通，外来文化必然与产生民族文化的自然环境和社会环境格格不入。如果生搬硬套、强行嫁接的话，必然会破坏民族文化自身发展的规律。同时，由于水土不服，对外来文化本身也会产生消极影响。请问，两败俱伤难道是利大于弊吗？第三，是要看外来文化是否有利于维护本民族的社会稳定。如果我们一定要改造自己的环境去适应外来文化，那么“皮之不存，毛将焉附”？如果说民族文化安身立命的基础都随风而逝的话，那还谈什么发展与繁荣呢？请问，釜底抽薪难道是利大于弊吗？

（5）综合提炼　要把握一个辩题的含义，必须在分析的基础上进行综合，才能获得完整认识。综合不是把各个部分简单地凑在一起，也不是把事物恢复到整体的混沌状态，而是在分析的基础上，从本质上再现对象的整体性和具体性。在论辩过程中，要使听众明确对方的错误或明确己方的优势，必须借助综合思维提纲挈领地予以揭示。例如：

辩题：温饱是谈道德的必要条件

反方：下面，我总结对方的几个基本错误。对方犯的第一个错误就是“李代桃僵”。对方用“温饱过”来代替“温饱”，用“温饱”等同于“生存”来建构他们的立论基础，这显然是错误的。对方犯的第二个错误就是“扬汤止沸”。认为一个贫寒的人只要教唆他追求温饱就可以了，从来不问用什么手段。我刚才已经说过，如果到麦当劳里面打砸抢的话，这难道就能合法地追求到温饱了吗？这显然又是荒谬的。对方犯的第三个错误就是“避实就虚”。对方始终只是告诉我们温饱能够给谈道德提供更好的条件，但是，没有说不温饱的情况下绝对不能谈道德。对方犯的第四个错误就是“指鹿为马”。把谈道德与谈道德的效果混为一谈。对方今天的论点可谓是云山雾罩，让我们一头雾水，不知所云。

4．突出的逻辑技巧

某种意义上说，辩论赛是逻辑之战，比赛胜利的几率与辩论逻辑的层次高低、严谨程度、流畅与否密切相关。

（1）巧用条件　辩论过程中的推理论证，总是需要借助事物之间的条件联系而进行。所以，需要明确这些条件联系，并且善于借助这种条件联系为自己服务。例如：

“假设现在有10个人投票，赞成说将对方三辩的财富充公，来满足大家的需要，这是公认的，这样是对的吗？”

“如果我的财产充公，能够为很多人民谋福利的话，那我想，我会选择这样做的，因为做人要做有道德的人。”

（2）合理归谬　有时候需要沿着对方的逻辑把他们的观点推向极端，用荒谬的形式呈现出来，达到出奇制胜的效果。常用的方法有：由被反驳的论点推出新的论点是虚假的；从被反驳的论点中引申出与其相矛盾的论点；从被反驳的论点中推出两个相互矛盾的论点。例如：

辩题：法治能否消除腐败

正方：法制加上道德等辅助手段，才正是我方说的法治啊！请问对方同学，宪法里没有规定要对你进行普法教育吗？

反方：我来请问对方同学，用共产主义道德来教育共产党员不要腐败，这到底算不算法治啊！

正方：这正是我们法治教育的重要内容。

反方：噢！对方同学的观点是——共产主义道德、共产主义理想都是法治啊！

（3）二难制敌　在论辩过程中，只列出两种可能性的情况，迫使对方从中作出选择，不论对方选择哪一种，得出的结果都不利，除此以外又别无选择。例如：

辩题：焚毁犀牛角是保护自然资源的行为

反方：对方一再强调焚毁，可是在社会系统工程中，其他环节没做好，焚毁是一种无用的行为；其他环节做好了，焚毁是一种无效的行为。所以不管怎样，焚毁只能是一种浪费的行为！

三、知识链接

常用的逻辑规律有同一律、矛盾律和排中律。

（1）同一律　在同一论证过程中，概念、判断必须保持同一性。同一律的公式是：A是A。

同一律有三个逻辑要求：在同一思维过程中，概念必须保持同一。违反这一要求的逻辑错误，称为“混淆概念”或“偷换概念”。在同一思维过程中，语境自身必须保持同一。违反这一要求的逻辑错误，称为“转移论题”或“偷换论题”。在同一思维过程中，语境自身必须保持同一。违反这一要求的逻辑错误，称为“混淆或偷换语境”。在日常思维中，任何思想断定都有特定的具体背景，这种特定背景，称为“语境”，也叫做“上下文”。例如：

1）知难行易——言难行易

2）有一种观点认为，到21纪初，和发达国家相比，发展中国家将有更多的人死于艾滋病。其根据是：据统计，艾滋病毒感染者人数在发达国家趋于稳定或略有下降，在发展中国家却持续快速发展；到21世纪初，估计全球的艾滋病毒感染者将达到4000万～1亿1千万人，其中，

60%将集中在发展中国家。这一观点缺乏充分的说服力。因为，同样权威的统计数据表明，发达国家的艾滋病感染者从感染到发病的平均时间要大大短于发展中国家，而从发病到死亡的平均时间只有发展中国家的1/2。

上述反驳指出对手把两个相近的概念即“艾滋病人”和“艾滋病毒感染者”，当做同一概念来使用。

（2）矛盾律　矛盾律是指两个互相矛盾或互相对立的判断不能同真，必有一假。否则，就会犯“自相矛盾”的错误。矛盾律可以用一个公式表示：A不是非A。

两个判断互相矛盾，是指它们不能同真，也不能同假；两个判断互相对立，是指它们不能同真，但可以同假。“此君是男性”和“此君是女性”这两个断定不能同真，也不能同假，属于矛盾关系的判断。“此君姓张”和“此君姓李”二者不能同真，但可以同假，属于对立关系的判断。矛盾律在辩论中的应用如：

辩题：是否应当重建圆明园

分析：“不应（不可）”和“应”的之外，还存在“可（可不）”的子集，所以“不应”和“应”属于对立关系。这个辩题的设定应该依据矛盾律，也就是对方立场的崩溃并不能代表己方的立场成立，自己仍需要作出足够的解释来支持己方立场。正方需要强调非重建不可，而反方则要强调重建是不实际、不能操作的。

（3）排中律　排中律是指两个互相矛盾的判断不能同假，必有一真。对两个互相矛盾的判断同时都否定，要犯“两不可”的错误。排中律的公式是：或是A，或是非A。

四、探讨分享

案例

“美是客观存在还是主观感受”正方开篇陈词

主席、评委，大家好！到底是客观存在的美决定了人对美的感受呢，还是人的主观感受创造了美？今天我们双方辩论员在此辩论，就是要解决这千古难解的美学难题。如果说美是主观存在的话，那就是说，今天美的存在与否完全由个人主观意念而决定着，但我方今天就是要告诉大家，美的存在有它一定的规律，就因为这不变的规律，因此美的存在不以个人主观的意念而改变，这就是我方的观点——美是客观存在的。

美是一个事物或行为的特质，它有三个特性：第一，形象性；第二，感染性；第三，功利性。形象性指的是，一个事物如果要发挥它的美，它就必须拥有一个具体的形象或形式；第二，它也必须拥有一个感染性，让人们能够引起本身的欢愉或喜爱的感觉；第三，它也必须拥有一个功利性，能够给予人精神及物质上的好处，如进化及使用等。由于美的存在必须以这三个特性作为衡量标准，因此也就产生了一个客观的规律，而由于要用这个客观的规律去衡量，对方又怎么能够说这是主观感受呢？

除此以外，美的三个特性也是独立于人的主观意念之外。人的主观感受不能够改变这三个特性的规律，在欣赏的过程中，主体与客体之间所产生的关系只能是感受与被感受的过程，

是客观存在的美引起了人的美感，而不是人的美感创造了客观事物的美。美不以欣赏者的个人主观意念而改变。金字塔的美始终存在于金字塔本身，就算没有人去欣赏金字塔，但是金字塔的美也是千古地流传下来了啊。

如果取消了，如果说美并没有一个客观的标准，那么就是说，我们以个人的主观喜好来作为标准的话，那么千百个人就有千百个不同的标准，请问，这又和没有标准有什么分别呢？当然，一个事物的美和丑对于不同的人来说，可能有不同的美感，但这种种不同的美感起源是在于个人不同的背景、不同的审美观念以及个人不同的修养而决定的。

当然，我们可以欣赏美，去发现美，并且可以用美的规律去创造它，但是却不能够轻言地要取消美，或否定美的存在。如果说美是主观感受的话，那我就不明白了，人类一直追求的真、善、美等伟大的目标，不就完全没有意义了吗？因为它们因人而异，可以随时改变哪！法国美学家狄克罗斯就告诉我们，不管有没有人，卢浮宫的美不会因此而荡然无存！

谢谢！

讨论

分析上述开篇陈词的思维特点。

情境二 不打无准备之战

一、情境设定

公司举办的“态度·细节”辩论赛预赛抽签完成，进入准备环节，大家都开始查找资料、分头准备辩论稿。但是你却提出要把大家先召集在一起，好好讨论辩论赛的准备工作。有人不解地问你：“辩论赛的准备不就是找资料、分工写辩词吗？”

他说得对吗？

二、任务实施

辩论赛的准备过程，就像是一个策划案的形成过程，需要经历辩题分析—材料准备—制定战略—安排战术—落实任务等几个前后关联的过程。

1．辩题分析

辩题分析简单地说就是审题，通过理清辩题的含义，可以认识辩题对双方的利弊，把握双方辩论中的焦点，以确立对自己有利的论点和战术。

（1）分析题型——定基调　辩论的题型分析是破题立论的基础，需要剖析的内容主要有以下几点。

1）从性质看，辩题可分为：

价值型命题，即辩论某类事物是否好，谈论的是人们的主观愿望、价值取向。主要是从一个问题的价值取向上来看，然后在价值层面上展开讨论的。这类题目如“天灾比人祸更可怕/人祸比天灾更可怕”、“生命诚可贵爱情价更高/爱情诚可贵生命价更高”等。

事实型命题，即辩论某件事是否真，论述的是这个命题与客观事实是否相符。这类辩题需

要从现实出发，根据一定的现实背景，以事实为依据展开讨论。这类题目有“善行/善心是真善”、“金融危机主要是经济因素/非经济因素造成”等。

政策型命题，即辩论某事该不该做，这类辩题应侧重从可行性方面进行分析。这类题目有“发展经济应/不应鼓励超前消费”、“西部开发教育/经济优先”等。

2）从逻辑看，辩题可分为：

从属型命题，即辩题提出的两种事物彼此是从属关系。这类辩题需要区分两者之间有没有本质属性上的一致性、外延上的包含性。

条件型命题，即辩题提出一类事物是另一类事物出现的前提。这类辩题需要理清两类事物之间是充分条件、必要条件还是充要条件，根据条件关系进行辩论。

比较型命题，即对同时出现的两种事物进行优劣比较，可分为“轻重之辩”、“主次之辩”、“利弊之辩”。这类辩题要注意避免主观武断。

3）从倾向看，辩题可分为：

理性命题，即立场的理性意义接近社会的普遍看法，这类辩题具有客观优势。

感性命题，即立场的情感色彩接近特定的辩论语境、人情，这类辩题比较容易引发观众的呼应。

辩题：应届大学毕业生当基层村官是/不是大材小用

分析：从性质看该辩题属于价值型命题，应该从不同的价值观着手讨论；从逻辑看该辩题属于从属型命题，需要分析两者之间的从属关系是否成立；从倾向看，这几年国家出台了一系列政策鼓励应届大学毕业生当基层村官，具有理性色彩。

（2）梳理层次——定焦点　在认清了辩题的题型后，就需要对辩题进行剖析，探求双方可能的分歧，确立辩论的实质性问题。

这部分的工作分三步走：

1）明确各个概念。例如“社会秩序的维护主要靠道德/法律”这个辩题，就可以分解为“社会秩序”、“维护”、“主要”、“靠”、“道德”、“法律”这几个概念，要逐一明确概念的内涵和外延。

2）划定辩论范围。例如“社会秩序的维护主要靠道德/法律”这个辩题，在分解概念后，可以发现缺少行为主体。综合考虑的结果，可以确定“国家”为行为主体，也就是要从国家的角度进行辩论。

3）探求辩论焦点。通常，辩论双方不会在任何问题上进行辩论，往往在关键问题上进行攻守。这个过程，需要先拓展视角进行全面剖析，然后逐步深化，寻求最佳的辩论核心。例如，通常价值型命题的核心是寻求一个既符合辩题范围、又符合社会标准和观众心理的判断标准。

（3）精心立论——造优势　在分析辩题的过程中，必须打开思路把问题考虑得面广而理深，不仅从己方立场看问题，也能从对方和观众的角度进行讨论，趋利避害找到最适合己方的立论角度。在立论中寻求优势的常用方法有以下几个。

1）限题。就是通过对辩题中概念的内涵和外延的研究，或设置条件，或划定辩题范围，使辩题对己方有利。例如：

辩题：人类社会应重义轻利/重利轻义

正反双方辩论的焦点是“义”和“利”的定义。正方将“利”定义为“利益和好处”，“义”定义为“调节、引导和评价各种利益关系的社会价值体系”。反方将“利”定义为“利益，指人类为生存发展所需的东西”，“义则是一种合宜的道德规范”。当反方阐述国家利益、民族利益、人类利益高于一切的观点时，正方三辩立即将对方所说的利概括为公利，并说为天下、为国家的公利舍去自己的小利的行为就是义。这样，就把对方的观点包容在自己的论题之内。

2）拔高。就是通过寻求辩题高起点的方式，超越对方的辩题范围，扬长避短。例如：

辩题：贸易保护主义可以/不可以抑制

正方立论：贸易保护主义在世界范围内普遍存在而且十分严重，如果在这方面与反方纠缠就会被动。因此立论时候首先承认这一事实，直接把焦点确立到“是否可以抑制贸易保护主义上”，放眼将来进行讨论就可以获得主动权。

3）定义。概念的界定是多种多样的，因此立论时可以通过对关键概念下定义的方式争取主动。例如：

辩题：人性本善/人性本恶

在首届国际大专辩论会上，当复旦大学队抽到“人性本恶”的辩题后，辩论队员自己都接受不了这一观点，于是，他们从队员感情认同、激发观众共鸣和说服评判团的需要出发，制订了决胜方案，即在“人性本恶”的立场之下，区分人的自然属性与社会属性，把“恶”界定为本能与欲望的无限制扩张；把“善”界定为对本能与欲望的有理性的节制。强调后天教化的功能与重要性，表达“人性向善”的价值观。

4）求新。即立论打破惯性思维，推陈出新，以奇制胜。需要注意的是立论的“新”也要符合规律和情理，才能博得评委和观众的心。

2．材料准备

辩论的传统准备工作就是收集整理材料，有充足的材料才能实践论辩的战略。

（1）收集材料　首先要求材料类型齐，也就是第一手资料和第二手资料、理论材料和事实材料兼有并充分。理论材料中尽可能包括与辩题相关的自然科学和社会科学的研究成果、专业知识；得到大家确认的名言俗语、语言典故；与辩题相关的政策法规。事实材料要包括古今中外的各类事例和数据，既要概括的资料，又要细节的资料；既要全面的资料，又要深入的资料。

其次务求材料真。所有的材料都要注明出处，经过核实，避免成为辩论的破绽。

（2）整理材料　整理材料的第一步是分类。具体可以分为支持本方观点的材料和反对本方观点的材料、反驳对方观点的材料和反驳本方观点的材料、回击本方反驳的材料和回击对方反驳的材料，一一对应排列，用起来才得心应手。

整理材料的第二步是加工。通常收集到的资料总是或琐碎、或冗长、或抽象、或平实，需要根据要求进行合并、浓缩、形象化和口语化，制作成卡片。卡片也要进行简单分类排序，才能适用于辩论赛的需求。

3．制定战略

（1）确定辩论范围　确定论辩范围的重点工作是明确论辩的重点和论辩的底线。

“重点”就是辩题分析时所讨论的焦点。“底线”是己方必须死守的立场、攻防的堡垒，是辩论的逻辑起点，也就是己方最基本的观点。在战争中，每一场战役都有进攻的目标、守卫的防线，辩论也是如此。检验底线最有效的做法就是模拟进攻，尽量做到无论对方采取何种战略，我方都有相应的战法；无论对方从哪点上进攻，我方都有相应的防守机会。

（2）确立战略目标　从根本上说，辩论的目标都是宣扬己方观点、驳斥对方观点、征服观众和评委。对具体辩题来说，各方辩题的优势和不足各不相同，因此目标有时是以立为主，有时是以驳为主；有时是以理服人，有时是以情动人；有时是直捣黄龙，有时是迂回包抄。

有了战略目标之外，还要根据战略目标确立阶段性目标，规划出辩论层次，编派好各部分材料。注意缜密衔接、攻守有度，体现辩论的整体性。

4. 安排战术

战术是接近目标的方式和途径。常用的战术有：

（1）固守底线，稳扎稳打　辩论的过程中按照逻辑层次全力论证、各个击破。这种方法思路清晰，可以令人印象深刻，但是隐蔽性差、突击性不足。适用于立论优势明显、材料充足的立场。

（2）包容涵盖，先发制人　辩论赛理论框架的包容性在于不仅可以论述己方观点，也能解释对方的问题。这种方法突然性强，打击力度大。例如：

辩题：课堂面授优于网络教学/网络教学优于课堂面授

正方首先肯定网络作为先进技术应用于教学，在知识的获取和传播上有很大的优势。但是，从素质教育和人的全面发展看，课堂面授为学生提供学以致用的实践机会，在现实生活、情感上进行全方位的交流与关照。所以"要讲知识的传授，课堂面授与网络教学可谓'秋水共长天一色'，但立足于素质教育，课堂面授'风景这边独好'"。

（3）埋伏奇兵，诱敌深入　可以设计一连串相互关联、层层深入的问题，诱使对方上钩；也可以有意暴露自己似乎准备不足的"弱点"；诱导对方深入到己方预先设置的陷阱里，然后四面出击，穷追猛打，将对方"置于死地"。这种方法后发制人，可令对方措手不及，比较适合于自由辩论时使用。

（4）设置预警，以防不测　事先再充分的准备，也不能防止比赛时被人意外追问的情况发生，为了避免冷场、化被动为主动，辩论中需要设置预警。除了死守底线外，辩手之间要严密围护。此外，每个辩手都应该准备一张"万能卡片"，卡片上的文字可以是理论，也可以是事实。它也许不能完美回答对方的问题，但是必须能服务于己方观点并且没有明显破绽。

5. 落实任务

准备工作最后阶段的最重要的工作是落实辩手任务，根据辩题特色和战略战术要求进行排兵布阵。布阵时未必就是开篇必须沉稳，二辩必须灵活。

三、知识链接

辩论赛的赛制有很多，按照对阵人数的不同排序，常见的赛制见表1。

表1　辩论赛常用赛制

赛　　制	环　　节	用　　时
林肯-道格拉斯赛制（1Vs1）	正方申论	6分钟
	反方质询	3分钟
	反方申论	7分钟
	正方质询	3分钟
	正方反驳	4分钟
	反方反驳	6分钟
	正方反驳	3分钟
俄勒冈赛制/盘问式（人数灵活，以三人为例）	正方一辩申论	4分钟
	反方二辩质询	4分钟
	反方一辩申论	4分钟
	正方三辩质询	4分钟
	正方二辩申论	4分钟
	反方三辩质询	4分钟

（续）

赛　制	环　节	用　时
俄勒冈赛制/盘问式（人数灵活，以三人为例）	反方二辩申论	4 分钟
	正方一辩质询	4 分钟
	正方三辩申论	4 分钟
	反方一辩质询	4 分钟
	反方三辩申论	4 分钟
	正方二辩质询	4 分钟
	抽签决定哪一方先终局发言	各 4 分钟
标准式/牛津式（2Vs2）	正方一辩申论	10 分钟
	反方一辩申论	10 分钟
	正方二辩申论	10 分钟
	反方二辩申论	10 分钟
	反方一辩质询	5 分钟
	正方一辩质询	5 分钟
	反方二辩辩驳	5 分钟
	正方二辩辩驳	5 分钟
上海赛制（3Vs3）	正方教练陈词	4 分钟
	反方教练陈词	4 分钟
	正方一辩	4 分钟
	反方一辩	4 分钟
	正方二辩	3 分钟
	反方二辩	3 分钟
	反方三辩盘问正方三辩	10 秒
	正方三辩盘问反方二辩	回答加提问 30 秒
	反方二辩盘问正方二辩	回答加提问 30 秒
	正方二辩盘问反方一辩	回答加提问 30 秒
	反方一辩盘问正方一辩	回答加提问 30 秒
	正方一辩盘问反方三辩	回答加提问 30 秒
	自由辩论	双方各累计时 5 分钟
	反方三辩	4 分钟
	正方三辩	4 分钟
新加坡赛制（4Vs4）	正方一辩	3 分钟
	反方一辩	3 分钟
	正方二辩	3 分钟
	反方二辩	3 分钟
	正方三辩	3 分钟
	反方三辩	3 分钟
	自由辩论	双方各累计时 5 分钟
	反方四辩	4 分钟
	正方四辩	4 分钟
1998 年全国大专辩论会赛制（4Vs4）	正方一辩	3 分钟
	反方一辩	3 分钟

（续）

赛制	环节	用时
1998年全国大专辩论会赛制（4Vs4）	正方二辩	3分钟
	反方二辩	3分钟
	反方三辩向正方一、二、四辩各提一个问题	共1分30秒
	正方三辩向反方一、二、四辩各提一个问题	共1分30秒
	反方三辩攻辩小结	1分30秒
	正方三辩攻辩小结	1分30秒
	自由辩论	双方各累计时4分钟
	反方四辩总结陈词	4分钟
	正方四辩总结陈词	4分钟
1999年国际大专辩论赛制（4Vs4）	正方一辩	3分钟
	反方一辩	3分钟
	反方自由人第一次选择性发言时间	
	正方自由人第一次选择性发言时间	
	反方二辩盘问正方一、二、三辩	正方回答时间累计1分30秒
	正方二辩盘问反方一、二、三辩	反方回答时间累计1分30秒
	反方二辩盘问小结	1分30秒
	正方二辩盘问小结	1分30秒
	自由人对话	双方各累计时2分钟
	自由辩论	双方各累计时4分钟
	正方自由人第二次选择性发言时间	两次发言累计时1分30秒
	反方自由人第二次选择性发言时间	两次发言累计时1分30秒
	反方四辩	3分钟
	正方四辩	3分钟
2000年全国大专辩论赛制（3Vs3）	正方一辩	2分30秒
	反方一辩	2分30秒
	正方二辩选择反方二、三辩进行攻辩	共1分30秒
	反方二辩选择正方二、三辩进行攻辩	共1分30秒
	正方三辩选择反方二、三辩进行攻辩	共1分30秒
	反方三辩选择正方二、三辩进行攻辩	共1分30秒
	反方一辩攻辩小结	1分30秒
	正方一辩攻辩小结	1分30秒
	自由辩论	双方各累计时4分钟
	观众向反方辩手提问（评委审核）	回答用时1分钟
	观众向正方辩手提问（评委审核）	回答用时1分钟
	观众向反方辩手第二次提问（评委审核）	回答用时1分钟
	观众向正方辩手第二次提问（评委审核）	回答用时1分钟
	反方三辩总结陈词	3分钟
	正方三辩总结陈词	3分钟

（续）

赛　　制	环　　节	用　　时
2007年国际大学群英辩论会赛制（3Vs3）	正方立论	2分钟
	反方驳论	2分钟
	在主持人主导下，辩论双方自由辩论	每队4分钟
	正方接受答辩嘉宾答辩	5分钟
	反方接受答辩嘉宾答辩	5分钟
	从反方开始进行自由辩论	每队4分钟
	正方总结陈词	3分钟
	反方总结陈词	3分钟

四、探讨分享

案例

“发展旅游业弊大于利”的辩题分析、战术设计与实施

设计：

仅从题目表面看于我方不利，我方不能与对方正面硬拼，必须要找到一个新的角度，出奇制胜。辩证法的原理我们都很熟悉，凡事都有两个方面，都可以找到于我方有利的东西……经过以上分析，我方终于找到出奇制胜的办法，即以“条件论”作为我方辩论的基础。

我方为对方设下双重圈套，他们要是承认发展是有条件的，那么我方就分析这些条件能否成为现实，如果不能成为现实，就是说明了反面论点。如果对方不承认有条件，那么必定走入极端，这样他们必输无疑。

实战：

反方：我想请问对方同学，你们刚才说，发展旅游业的后遗症不是人为的，那么发展旅游业带来这么多弊处是谁造成的呢？

正方：我们没有说过不是人为的，这些弊处正是人为的。

反方：但是，这些弊处你如何去消除它呢？

正方：我方刚才一直强调的是，发展是一个理智、有计划的过程。现在反问反方同学，有哪些对国家、人民有利的条件是发展旅游业所必须排除，或者有哪些对国家、人民有害的认识是旅游业发展所必需的呢？

反方：我方也承认在目前情况下，有许多国家是不适宜发展旅游业，Sorry，是不适宜旅游业，但是这并不表示他们不适合发展旅游业啊！

正方：我并未认为这个世界完全是一个理性的世界，如果是这样，我们今天的世界上哪还有那么多罪恶呢？

反方：那么，对于这不适合于发展旅游业的国家，它是不是发展旅游业就弊大于利呢？

正方：我想你理解错了我的意思，我只是说不适合旅游业，并不是说不适合发展旅游业。

反方：我看不出来这两个问题有什么区别。

正方：噢！我真的非常惊讶，反方同学竟然把题目误会到这种地步，一件事的存在和其发展一件事，大家都明白，是截然不同的呀！

反方：正是你们因为篡改了题目，把题目说成在一定条件下，发展旅游业才是利多于弊，所以才造成这样的误解。

讨论

分析反方辩论战略战术的确立与应用。

情境三　做有智谋的辩手

一、情境设定

通过前期的辩题分析和战略战术设计，你所在的辩论队的准备工作基本结束。但是，拿着准备好的卡片就能保证胜利吗？辩论的魅力仅仅在于精心准备吗？在辩论赛的过程中，我们可以从哪些方面提高自己和自己所在辩论队的辩论水平？

二、任务实施

1. 学会聆听

和人际沟通中的倾听相比，论辩中的听更强调辩手的聚精会神，确保听清楚对方的辩辞。要注意对方的语气、语调、语速，观察对方的非语言信号；绝不能为比赛中的不良情绪左右。

辩论赛中的聆听除了了解对方的内容之外，着重要听以下内容：

1）听对方论辩中有无常识性的错误。

2）听对方的论点是否有破绽。

3）听对方论据是否真实可靠。

4）听对方所列证据是否能论证论点。

5）听对方论辩中有无偷换概念。

6）听对方论辩中有无自相矛盾。

7）听对方论辩中有无有利于己方的言辞。

8）听对方的反驳是否有指控不实之词。

2. 学会对抗

辩论是短兵交接的战斗。双方在较量中，往往呈现出也必须呈现出对立状态。这对抗性，正是辩论的重要特征之一，也是辩论观赏性的重要来源。对抗技巧在于“针锋相对”，不逃避、不气馁。

（1）正面对抗　所谓正面对抗，就是找出相反的论据，采用相同的手法直接对抗，以极端激烈的方式唤起观众和评委的共鸣。

1）例证对抗/史实对抗。在论辩中，选取与对方所提及的相反的事例来与之对抗，从而构成尖锐对抗。例如：

辩题：人性本善/人性本恶

正方：对方辩友，请你们不要回避问题，台湾地区的正严法师救济安徽的大水，按你们的推论不就是泯灭人性吗？

反方：但是对方要注意到，8 月 28 号《联合早报》也告诉我们，这两天新加坡游客要当心，因为台湾地区出现了千面迷魂大盗。

2）名言对抗。当对方引用名言来为自己的观点作证时，你直接对名言进行反驳是不理智的。这时最好的办法是引用与对方相反的名言与之构成尖锐对抗。例如：

辩题：人类社会应该重义轻利/重利轻义

反方：就义利作用而言，利是基础，是社会发展的原动力；而义呢，只是通过对利益关系的调节，来间接地影响社会发展。正是在对自身利益锲而不舍的追求下，人类从洪荒蛮野走进现代化文明的瑰丽殿堂。法国哲学家爱尔维一语道破这种真谛："利益是我们的唯一动力。"

正方：对方辩友跟我们说了一位法国人的话，那么我也想回赠对方一段法国人卢梭的话，他说："爱人类，首先就要爱正义。"

3）数据对抗。已经核查的数据，尤其是权威统计数据往往代表了无可辩驳的事实，是非常有说服力的工具。对数据进行辩驳可以通过变换不同的观察角度、获得不同的数据与对方形成对抗。例如：

辩题：当前我国环境保护的主要问题是/不是缺乏资金

正方：对方同学对于缺乏资金视而不见，那么我来告诉你们一个数据：中华人民共和国《环发公报》指出中国老一代工业企业污染的治理费用至少要用 2 000 亿啊！难道这是空谈一时就能解决的吗？对方同学那你们应该怎么办呢？

反方：你们忽略了一个最基本的问题，根据可靠的数据去年仅大吃大喝的公款就达 1 000 多亿，我国每年流失的国有固定资产就达 500 亿。请问你又如何解决这个问题呢？难道资金是我们面临的主要问题吗？

4）煽情对抗。煽情就是通过公众的某些特殊利益，迎合公众的心理、凭借公众在情感上的好恶，以此达到征服对方的目的。针对煽情的对手，可以从另一个角度唤起公众对己方的支持和对对方的憎恶来与之构成尖锐对立。例如：

辩题：离婚率上升是/不是社会文明的表现

反方：我只想请大家设想一个很简单的场景，当越来越多的孩子在他们最需要关怀的时候，偏偏失去了健全的爱，这难道能说是社会文明的表现吗？

正方：君不见，有多少孩子在父母的吵闹声中流着眼泪离家出走，又有多少孩子有家不愿回，流浪在外而误入歧途。他们是有一个家，然而，这样的家带给他们的又是什么呢？

（2）间接对抗　有时候论辩中的对抗也需要有变通，以达到更好的效果。

1）问句对抗。当对方提出一个令己方难以回答、或不愿意回答的问题时，我们也可以乘机向对方提出一个令他们难以回答的问题，化被动为主动。例如：

辩题：爱滋病是医学问题/社会问题

正方：光用社会的方法也不能解决，彻底解决的方法是从医学来，不是从社会！

反方：光靠医学能解决爱滋病吗？

正方：光靠社会能解决吗？

2）反推对抗。当对方依据某一条件，从中推出令我方为难的荒谬结论来向我方发难时，我们不妨从反面来推论，否定论敌所依据的推论条件，同样也可推出荒谬的结论，这样便可以巧妙的将论敌的推论推翻。例如：

辩题：我国农村剩余劳动力应/不应在当地吸纳

正方：对方同学认为只要出去了就有钱赚，恐怕出去了还得流浪吧？

反方：那么，就是说，留在当地就有钱赚了？那他怎么还是农村剩余劳动力啊！

3）顺推对抗。当对方依据某一条件推出某一结论时，我们不妨通过肯定对方的结论，并从中推出某一荒唐的结论，从而与对方构成尖锐对抗。例如：

辩题：经济发展应该/不应该以教育发展为前提

正方：对方辩友说先行不是前提，可是不要忘了，今天辩题中还有“应该”二字啊，应该加前提，不就是先行吗？

反方：先行就是前提了吗？女士优先就是说女士是男士的前提吗？

4）归谬对抗。当对方在辩论中使用过于武断的语句时，我们可以用利用逻辑中的归谬法，回击对方论断，从而与对方观点构成对抗。但需要注意表达的巧妙，不能因为过于绝对化的语言而被对方抓住小辫子。例如：

辩题：人性本善/本恶

反方：荀子也说：后天的所谓善是在“注错习俗之所积耳”，什么叫“注错习俗之所积耳”啊？请回答。

正方：荀子说错了！……

反方：你说荀子说错了就错了吗？那么要那么多儒学家干什么？

3．学会提问

在辩论赛中，针锋相对的问答是构成辩论交锋的必要条件。一般情况下，问不仅仅表现为消除疑惑，更多的是作为攻击论敌的一种强有力的武器。学会提问是参加辩论赛的必然要求。

（1）直问　直接提问就是抓住对方的要害开门见山地提问，它要求辩手有敏锐的洞察力和反应能力。进攻中，不论你是冷面杀手还是微笑杀手，都必须有一种一往无前的气势和自信。就兵家而言，直问就是强攻，务求一击而中。例如：

辩题：知难行易/知易行难

反方：如果按照对方辩友所说的知难行易原则出现后，那接下来的步骤应该是很简单。那两千多年前柏拉图告诉我们的理想国的境界，为什么到今天还未出现理想国啊？

正方：对方辩友，那是因为我们还没有找到达到理想国进去的方法和途径，还是知之不深啊！对方辩友刚刚又说，知是很容易的话，那么我们请问对方辩友，这世界上有没有外星人呢？我们怎么去和外星人交流、做朋友呢？

（2）迂回　当直接询问难以达成目的的时候，我们需要避开对方所期待的进攻目标和方式，迂回转入话题。因此迂回设问通常需要几个回合才能达成。例如：

辩题：艾滋病是医学问题/社会问题

正方：所以我要告诉对方，1987 年中国预防医学科学院副院长就告诉我们，我们的研究人员已经分离出一种艾滋病毒而且是有效的。

反方：著名的中国艾滋病研究专家康来仪先生就说，刚才那个所谓研究结果到现在还没法证明。

正方：再说，如果艾滋病不是一个医学问题，对方认为艾滋病是社会问题又怎么证明呢？

反方：我倒想请对方辩友回答我一个很简单的问题，今年世界艾滋病日的口号是什么？

正方：今年的口号是“更要加强预防”，怎么预防呢？要用医学的方法来预防啊！

反方：错了！今年的口号是“时不我待”，对方辩友连这个基本的问题都不知道，怪不得谈起艾滋病问题来还是不紧不慢的。

（3）反问　在论辩中，借用反问句式可以增添论辩的气势和力量。例如：

辩题：提倡买国货利于/不利于经济发展

反方：我请问对方辩友，在科威特90%的商品靠进口，如果你们一味提倡购买国货，难道让科威特的小朋友喝石油长大吗？

辩论过程中的提问要言简意赅、目的明确。一般情况下，提问结束，发言也随之结束，避免继续发言掩盖了所提的问题，削弱了攻势。更不能在提问后，对自己假设的对方回答进行反驳，违背论辩原则。

4．学会答问

辩论中提出问题，意味着进攻，是主动的表现。而回答问题，首先是防卫，也就是为己方的论点作辩护；其次论辩中的问答也应该是反击对手的机会，要注意不能被动回答，而是要积极通过回答问题来争夺辩论的控制权。

不回避问题，也不等于每个问题都回答，或者每个问题都直截了当地回答。但无论采取什么方式回答问题，都必须明确，回答问题的目的只有一个，那就是维护己方的立场，揭露对方的矛盾。

（1）正面答问　辩论中，针对对方咄咄逼人的问题，用简洁的正面回答能干净利落地结束战斗，取得很好的效果。例如：

辩题：信息战能/不能取代传统武力战

正方：请问未来战争的制高位是什么？……

反方：信息……

……

正方：……高位势支配低位势，高层次决定低层次。对方辩友既然已经承认未来战争的制高位是信息，也就是说，对方辩友也承认：信息就是未来战争的主导了？

反方：对方辩友的逻辑就是建房子只要最高层，不要下面的基础。

（2）条件设答　有时对方提出的问题在不同条件下有不同的结论，对这样的问题就不能作无条件回答。根据情况，弄清对方提问的目的，特别注意是否有“陷阱”，然后设定对本方有利的条件作为前提，再回答相应的问题。攻辩或自由辩论阶段的问题，应该首先考虑设定条件的回答。例如：

辩题：艾滋病是医学问题，不是社会问题/艾滋病是社会问题，不是医学问题

正方：我想请问对方同学：如果有一个1～2岁的婴儿被感染，你对他进行性安全教育是必要的吗？

反方：……至于谈到小女孩，当然我们不要对她进行性安全的教育，但是对她的母亲要进行教育，这样才能防止艾滋病的母婴传染啊！

（3）以问代答　辩论赛中也有不回答对方问题，另外提出完全不相干的新问题的方法，来摆脱困境。这种方法大大降低了辩论的对抗性，不值得提倡。摆脱困境的方法有很多种，“以问代答”不是回避问题，只是指针对问题本身的迂回的回答方式，结果常常把问题又还给对方。例如：

辩题：信息战能/不能取代传统武力战

正方：……面对铺天而来的软件炸弹、逻辑炸弹，亲爱的对方辩友难道还能对着敌人说："亲爱的敌人啊，我们的祖宗家法不可变，让我们打一场传统武力战吧！"你知道敌人在哪吗？

反方三辩：而对方辩友所说的威力无比的软件炸弹、逻辑炸弹不正说明信息网络不可靠，所以我们不能把国家安全系于"信息战"这一根绳上吗？

（4）模糊回答　对方提问不清楚，或直接回答对本方不利，但又不得不回答时，可以采用模糊回答法。模糊回答可用含义不清的语言或模糊不清的概念，使得对方不得要领，无法准确地把握含义。这种回答法有点像外交辞令，一般辩论赛中不到万不得已的情况，尽量不要采用。例如：

辩题：流动人口的增加有利于/不利于城市的发展

反方：请对方辩友正面回答，你们为城市的发展选择何种模式？

正方：健康的发展模式，而这个健康的发展模式就离不开流动人口的增加。我请问对方辩友，你们既不让流动人口增加，又不让流动人口减少，你到底让流动人口怎么办呢？

（5）否定问题的回答　当问题的前提是错误的、或者虚假的、或者对本方不利时，可以直接否定问题本身，并指出对方的荒谬之处。

5．有自己的个性

辩手未必有漂亮的外型，也不一定有过人的天分，但是他（她）的智慧、语言和气质应该给评委和观众留下好印象。这种印象不需要整齐划一的规格，而应该有自己的个性。

辩题：金钱追求与道德追求可以/不可以统一

正方：（沉默）大家好！首先对大家说声"对不起"！这场比赛有一点乱，乱的原因是因为定义模糊不清。我们要告诉大家的是，中国的文字浩瀚无边，可以任由人们去任意玩味，任人们去探索。到底什么是"追求？"事实上，我们仔细听听对方辩友所下的追求定义，就不难发现，对方辩友认为所谓的追求就是在内心当中加了那么一点点努力，那么一些些牺牲的奉献，那么一些些积极的动力，那么一些些不择手段。然而，在座的各位，一个人的心都在想什么，你知道吗？

各位，熟悉中国文字的中国人哪！让我们扪心自问，想想看，我用心用力去追求奉公守法的境界，努力诚实地纳税，对方辩友却要跟你说，你不是在追求社会体制的安定，以及你不是在努力地做到问心无愧。这有差别吗？再重述一遍，这场比赛输赢不重要，重要的是人类的希望又没有被我们打开。希望之门的打开是我们衷心盼望的。因为我们知道人类没有一天能够离开利益，我们更知道，人类如果没有道德，社会就要变成人吃人。我们不希望饿死，也不希望吃人，我们只希望大家能够和和乐乐，本着金钱和道德统一创造一个更美好的明天！谢谢在座各位！谢谢大家！

上述文字是 1995 年国际大专辩论会新南威尔士大学和辅仁大学的比赛，由辅仁大学四辩林正疆做的总结陈词。这个外表敦厚的年轻人，以自己临危不乱、力挽狂澜的沉着表现，帮助自己的辩论队险克新南威尔士大学队。

三、探讨分享

讨论

分析"任务六"中所提到的各段辩辞的问、答和对抗的技巧。

实训拓展

一、日常关注

1．积极参加各类辩论赛，观察选手的表现，并利用所学知识分析他们的得失。
2．从网上下载一段辩论赛的视频，进行学习。

二、分步拓展

就以下辩题，设计辩论双方立场的战略和策略，并撰写辩词。

1．电子商务将会/不会取代传统商务
2．我国需要/不需要在中小学恢复繁体字教学
3．影响大学生创业的首要因素是资金/心理
4．婚姻更需要爱情/责任
5．拒绝毒品，教育/惩戒更重要
6．阻碍中国足球发展的主要原因是群众基础/管理机制
7．网络语言会冲击/丰富中国语言文化
8．苹果公司应该/不应该在中国市场坚持“饥饿营销”

三、综合实训

可以选用上题中的辩题或者另拟辩题，采用多种模式组织辩论赛，并对辩论赛进行讨论评价。

下篇

书面沟通

任务一

去公司应聘

任务要求

1）能写结构规范的应聘文书。

2）明确求职信和简历写作的针对性。

3）了解企业制定规章制度的目的和基本的写作流程。

情境一　写一封求职信

在求职过程中，除了利用简历来介绍并推销自己外，依例需要附上一封求职信，告诉求才单位，你对该工作的胜任及申请意愿。简历是求职程序中的主体，但求职信却可以补其不足，达到画龙点睛、锦上添花的妙用。因此，可以将一些无法在简历中充分展现的个人专长或才能，通过求职信详细说明，藉由简历及求职信的相辅相成，争取到面试的机会。

一、情境设定

杭州通灵自动化股份有限公司招聘营销业务员 2 名，具体岗位要求如下：

1）自动化、机电、电子及相关专业大专或以上学历，年龄 20～35 周岁，全职。

2）熟悉工业自动化产品的销售及应用，熟悉 PLC、变频器及常规工控电器的应用。

3）有工作激情和行业信心，具备市场开拓能力，意志坚定，熟悉行业产品情况。

4）语言表达能力及沟通能力佳，工作责任心强。

5）能够独立开展工作，能够承受工作压力，具有敏锐的洞察力和判断能力。

6）积极配合公司技术人员承担公司已实施完成工程项目的后续技术服务工作。

如果你很想获得这个工作岗位，你准备写一份怎样的求职信，让人事主管同意你参加面试的请求？

二、任务实施

1. 基本条件分析

（1）你是他要找的人吗　你的专业是什么？如果不是自动化、机电、电子专业，相关专业也可以，这里有两层意思。其他条件也要逐一分析，对号入座，并且从中找出自己应聘这个职

位具有哪些优势。但是，应聘营销业务员工作，需要有强烈的工作激情、比较出色的语言表达能力和沟通能力，能承受多次失败带来的强大压力等。请自问：你行吗？

（2）怎样让你的求职信脱颖而出　应聘需要和许多人一起竞争。那么，怎样能让你的求职信吸引人事主管的注意力，并给他留下深刻印象？

2．几点建议

若想写出一份出色的求职信，必须牢记以下几点：

1）使用专用的纸张，上端写有你的姓名、地址和电话号码。它能显示出你的职业风范，也方便对方快速找到你的联系方式。

2）使用敬称“尊敬的招聘主管”，而不是“尊敬的先生”，因为招聘主管或许是位女士。

3）确保求职信言简意赅。长度最好不要超过一页。

4）在求职信中展示你独特的解决问题的技能，并用特定事例加以支持。这一点尤为重要。这是你能力的最主要的表现，而它在简历中难以充分展现。

5）不要说谎或者夸大其词。你在求职信和简历中说的一切都必须能够在面试中得到支持和证实。

6）确保求职信中绝对不出现错别字、语法错误和常识错误。

7）如果没有被要求，不宜在求职信中谈论薪金。

三、知识链接

1．求职信的格式

求职信通常由标题、称谓、正文（包括开头、主体、结尾）、署名、日期、附件等部分构成。

2．主体写作要领

主体是求职信的核心部分。主体应最大限度地展现求职者的“亮点”，因此一定要充分利用语言的魅力。写清自己有本专业的相关知识和实习经历，有本专业的技能和取得的成绩，有与本工作相符的特长、兴趣、性格和有关能力。应该在这方面多下些工夫。

（1）有的放矢　不要把求职信写成一种能到处撒网的东西，然后大量复制，到处投递。这种不管三七二十一的狂轰滥炸，很少能击中目标。有效的求职信都具有很强的目标性，或针对公司的某一具体职位而写。

（2）设置两个左右的兴趣点　写出你自己最关键的经历、最好的成绩、最重要的特长以及自己的愿望、心情和信心等。表明你所受到的教育、所具有的技能和个性特征将会为招聘单位作出什么样的贡献。

（3）特长词句加黑加粗　在求职信的格式上，对需要特别强调的词语用另外一种字体打出。例如，主要特长词句用加黑、加粗的字体表明，更能吸引招聘人员的目光。

（4）加上一两个小故事或者事例　在每个人的成长过程中总有一些特别的经历，会对自己的人生道路和对人生的看法产生重要的影响，会改变一个人对于人性、金钱和世界的看法。特别是重大的挫折、人生的转变或者一个悲剧，这样的事例常常最能打动招聘者的心弦，因为通过这些小故事能反映出自信、有责任感、不轻言放弃等人人推崇的品质，而这些良好的品质正是招聘单位所需要的。

（5）逆向思维，胜人一筹　求职应聘不附和、不随俗、不从众，是有主见的表现。有一位同学这样写：“虽然贵公司并不是行业中最出色的，但是比较适合我的专业。最后能不能入选，关键在于实力而不在于运气。”这种写法常常能使招聘者眼前一亮，起到很好的效果。

（6）适当地自负一些 “我虽刚刚毕业，但我年轻、有朝气，有能力完成任何工作。尽管我还缺少一定的经验，但我会用时间和汗水去弥补。请领导放心，我定会保质保量地完成各项工作任务。”口气坚决，信心十足，给人以精力旺盛、“初生牛犊不怕虎”的感觉。

四、探讨分享

案例

华盛顿公园的邮差

第一次遇见弗雷德，是在我买下新居——一栋老房子之后不久。房屋建成于1928年，我称之为“旧新房”，地点在丹佛的华盛顿公园，一个绿树成荫的小区。生平第一次，我有了属于自己的房子。迁入新居几天后，有人敲门来访，我打开房门一看，外面站着一位邮递员。

“上午好，桑布恩先生！”他说起话来有种兴高采烈的劲头：“我的名字是弗雷德，是这里的邮递员。我顺道来看看，向您表示欢迎，介绍一下我自己，同时也希望能对您有所了解，比如您所从事的行业。”弗雷德中等身材，蓄着一撮小胡子，相貌很普通。但尽管外貌没有任何出奇之处，他的真诚和热情却溢于言表。

这真让人惊讶。我收了一辈子的邮件，还从来没见过邮递员做这样的自我介绍，但这确实使我心中一暖。

我对他说：“我是个职业演说家，这算不上真正的工作。”

“如果你是位职业演说家，那肯定要经常出差旅行了？”弗雷德问我。

“是的，确实如此。我一年总要有160到200天出门在外。”

弗雷德点点头继续说道：“既然如此，如果你能给我一份你的日程表，你不在家的时候我可以把你的信件暂时代为保管，打包放好，等你在家的时候再送过来。”

这简直太让人吃惊了！不过我对弗雷德说，没必要这么麻烦：“把信放进房前的信筒里就好了，我回家的时候再取也一样的。”

他解释说：“桑布恩先生，窃贼经常会窥探住户的邮箱，如果发现是满的，就表明主人不在家，那你就可能要身受其害了。”

弗雷德比我还关心我的邮件！不过毕竟，在这方面，他才是专家。

他继续道：“我看不如这样，只要邮箱的盖子还能盖上，我就把信放到里面，别人不会看出你不在家。塞不进邮箱的邮件，我搁在房门和屏栅门之间，从外面看不见。如果那里也放满了，我就把其他的信留着，等你回来。”

此时我不禁暗自琢磨：这人真的是美国邮政的雇员吗？或许这个小区提供特别的邮政服务？不管怎样，弗雷德的建议听起来真是完美无缺，我没有理由不同意。

（选自《邮差弗雷德——从平凡到杰出》）

讨论

是什么原因使得邮差弗雷德这个相貌普通的人获得职业演说家的青睐？

情境二　简历里有什么

一、情境设定

2009年浙江省大中专毕业生就业招聘大会（公益性）于2009年6月6日（周六）在杭州和平国际会展中心举行。

本次大会有浙江省新华书店集团、浙江省中国旅行社、浙江省糖业烟酒有限公司、浙江广播电视大学、浙江用友软件有限公司、浙江国美电器有限公司、浙江西子重工机械有限公司、杭州娃哈哈集团、杭州胡庆余堂药业等1 500余家单位，面向应届毕业生推出各类岗位25 000余个。

假设以上单位都招聘办公室文员，请问你的简历怎么写？你投往各单位的简历一样吗？

二、任务实施

不同单位有不同的行业性质，虽然岗位名称可以一样，都叫办公室文员，但是具体的要求会有所差别。因此，针对不同单位，简历的写法就应该作相应的调整。

1．寻找诉求点

求职应该具有的正确态度只有一个：我所提供的价值满足应聘岗位的要求。求职者必须把求职当成“一买一卖”的“交易”。工作，就是单位给你薪水，而你给他要的服务。你投简历，表明已经认可单位所愿意出的薪水，否则就不要投。那么，写简历时所有的内容其实就是围绕一个主题：你为什么值这个薪水。这个主题就是简历的诉求重点。

2．筛选价值点

简历是广告，这是我们始终要强调的。从广告的角度来说，你应该尽可能多地宣传你的优点，而尽可能少地暴露你的缺点。但这不意味着你可以把缺点美化成优点，那是虚假广告。宣传你的优点，找出自身价值，找出自身价值与岗位的匹配，然后再投简历。

好好筛选自己的能力，提炼出“拿得出手”的价值点。然后去对应哪些岗位需要这些价值点。如果能够匹配，说明这个岗位是给你预备的，再去投简历，而不能胡子眉毛一把抓地乱投。把简历当广告，字数一点一点地删减，这个删减的过程实际就是你提炼价值点的过程。

3．简练的表达

简历就是广告。你看过一个广告播放1个小时的吗？你看过一个广告说了半个小时你还不知道他想告诉你什么吗？广告播出有成本，招聘方看简历也有时间成本。如果你能很简洁地告诉他你的价值在哪里，你就帮他节省了成本，那么你的面试就有希望了。

所以，写简历只有一个秘方，那就是：用100字描述清楚一个价值点。换位思考一下，如果您是招聘官，什么样的简历最吸引你呢？最简单易行的方法就是：用简洁、精短的语言告诉招聘方，你的个人能力和素质与你所应聘的职位是怎样建立匹配的。

三、知识链接

1．简历的基本结构

一份标准的简历主要由四个部分组成：基本情况、教育背景、工作经历和其他情况（如个人特长爱好、其他技能、著作论文及自我评价）等。（见“通用简历模板”）

2．简历的写作要求

（1）要简短　写一两页就足够了。原因在于：一位忙人根本无暇顾及你那份超过两页纸的简历，而且言简意赅也显示了一个人的表达能力。

（2）消灭语言和常识错误　如果一份简历中出现装订错误、语法错误、标点符号错误，或常识错误，那是不太可能获得面试资格的。因为，一个单位不会用一个粗心的人，虽然人不免会犯错。所以，在递出简历之前，找一个擅长校对的人，请他帮你仔细检查一遍。

（3）让你的简历看上去很舒服　简历的总体形象将会影响雇主对你的看法。因此，所写的简历一定要布局合理，整个页面干净利索而且看上去很专业，能够充分利用整张纸的空间。

（4）强调成就，使用有分量的词　在简历中，千万不要简单地列举你所担任过的职务，而是强调你都干了些什么。一定要重点强调你能干某项工作的特别技能以及你所取得的成就和证书。

➘ 通用简历模板

个 人 简 历

个人概况：

求职意向：__________________

姓　　名：__________________	性　　别：__________________
出生年月：_____年___月___日	健康状况：__________________
毕业院校：__________________	专　　业：__________________
电子邮箱：__________________	联系电话：__________________
通信地址：__________________	邮　　编：__________________

教育背景：

求学经历：

____年—____年__________________大学__________专业

主修课程：

____

英语水平：

* 基本技能：听、说、读、写能力
* 标准测试：国家四级……

计算机水平：

编程、操作应用系统、网络、数据库……

专业技能：

……

获奖情况：

____

实践经历

____年___月—____年___月于___________公司___________工作

个性特点：

______________________________（请描述出自己的个性、工作态度、自我评价等）

另：

（如果你还有什么要写上的，请填写在这里。）

＊ 附言：（写出你的希望或总结性的一句话）

四、探讨分享

案例

刘春玲

××大学×楼××号（邮编××××××）　chunling@×××.com　+86-138××××××××

求职意向	会计类	
教育背景	××大学 经济学院 国际经济与贸易专业本科 *GPA：4.5/5　　班级排名：15/100* ● 全部课程学习为英文讲授。 ● 在牛津大学经济政策研究所中国部×××指导下，写作毕业论文“外国直接投资对中国金融改革的影响分析”。	2001年9月—2005年7月 北京
工作经历	参与××大学中国国情研究中心2003年北京地区经济发展跟踪调查　项目助理 ● 此项调查始于1996年，现为我国规模应用最大的经济年度调查。 ● 协助资深专家设计问卷，采集样本量高达5000个，是同类调查样本量的2倍。 ● 参与完成研究报告，并成为北京市政府制订来年经济政策的主要依据。 ● 带领本组成员开展6个城区12个居民小区的问卷调查工作，走访了120位居民，被评为表现突出小组。 ● 懂得了如何与人协作高效地完成任务，学到了人际沟通、交往的能力。	2003年12月—2004年1月 北京

	<u>肯德基餐厅北京××分店　兼职收银员</u> ● 主要负责现金收支项目的管理与账目申报工作。 ● 负责接待前来就餐的外国客人。 ● 学习到现金流管理的相关知识，基本熟悉餐厅的运作和业务流程。 ● 培养了与人交流及英语口语表达的能力。	2003年10月—2003年12月 北京

获奖情况				
	“学习成绩优秀”奖学金	（奖励前5%的学生）	2次	2001年—2004年
	“爱心”奖学金	（奖励前1%的学生）	1次	2002年—2003年
	全国优秀班集体	（奖励前0.1%的班级，在班级中任生活委员）	1次	2003年
	校运动会女子400米接力项目第三名	（20支参赛队伍）	1次	2002年
	班级乒乓球比赛第二名	（40名参赛选手）	2次	2001年

技能

<u>专业技能</u>：
熟练运用计量分析工具Eviews进行数据整理、模型构建及前景预测。
熟悉财务软件SPSS的使用，如数据的编辑和分析处理。
正在准备参加2005年9月的CPA考试。

<u>IT技能</u>：熟练操作MS Office Software，如Word、Excel、PowerPoint等办公软件。

<u>英语技能</u>：CET-4，CET-6。
能与人流利地进行英语对话，具有良好的英语阅读和写作能力。

个人爱好　*读书，旅游，乒乓球*

讨论

请分析这份简历的优点和不足之处。

情境三　公司的规章制度

一、情境设定

刚进公司，领导叫你先熟悉一下单位的规章制度。人事主管给你一本厚厚的《制度汇编》。你翻开第一页，读到这样的文字：

重要提示：

一个不遵守制度的人是一个不可靠的人。制度只能对君子有效。对于小人，任何优良制度的威力都将大打折扣，或者是无效的。我公司的合格员工应使自己变成君子，而不是小人。

看了这个重要提示，你有些什么想法？你觉得公司制定规章制度的目的是什么？作为公司的一名员工，你从这些规章制度当中认识到什么？哪些是你可以做的，哪些是你不该做的？你

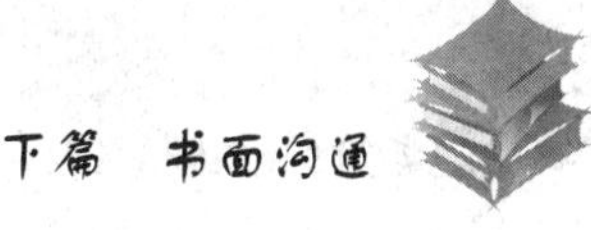

的权利是什么？你的义务又是什么？如果让你制定公司的规章制度，你会考虑哪些细节问题？

二、任务实施

公司要建立一套健全的规章制度，正如一个人要有健全的四肢及协调性一样。制度是企业发展的根本，一个企业如果没有健全的制度，其发展空间是非常狭隘的。更重要的是，企业形象正是在一系列看似繁杂的制度中体现出来的。因此，建立一套健全并行之有效的制度是企业发展的法宝。

进入公司的第一天，就应该详细了解公司的章程、岗位的工作规程等。还要知道，作为一个公司的员工，你有什么权力，同时承担什么样的义务。简单地讲，就是哪些事你可以做，哪些事你不可以做。

1．公司章程

企业的规章制度很多，包括企业章程、员工守则、管理制度、岗位职责等。了解公司的规章制度，首先要了解的是公司章程。公司章程其实是公司从诞生到解散的整个过程中的运行依据。可以说，没有公司章程，公司就不成为公司。公司章程主要确定了企业名称、地址、法定代表人等有关公司的基本信息、宗旨、经营范围、注册资本及出资方式、股东和股东会、董事会、监事会、经营管理机构、财务与会计、利润分配、公司解散和清算、职工、工会及附则等构成。公司章程的写作要求准确、完整、严谨。

2．其他规范性文书

公司其他的规章制度有对某项事务活动作出的具体规定的规则，有对成员的行为、办事程序所作的规定的制度，还有其他称为规程、守则、准则、通则等的文书。

公司的其他规章制度，主要规定什么行为是允许的，什么行为是不允许的，什么样的行为该进行怎样的处理。它们详细规定与公司有关的一切人事的行为规范，是公司日常运行所必不可少的根据。因此，这些文书的写作考虑的一个关键的要素就是准确周密，也就是说，把尽可能发生的行为及其处理办法都考虑周到。

三、知识链接

1．公司规章制度的功用

俗话说：没有规矩，不成方圆。企业规章制度的制定，不是为了阻碍员工的发展，限制员工的自由，而是在于保障劳动者享有的权利和督促劳动者履行劳动义务。规章制度不能被简单地看做是捆绑和约束劳动者的，它对用人单位实行劳动管理也给予了必要的引导和限制。用人单位只有依据法律规定和合法制定的规章制度才能对劳动者进行管理，并提出相应的工作要求。当劳动者违反了用人单位依法制定的规章制度时，用人单位就可以根据规章制度的内容和要求，对劳动者作出相应的处理。

2．公司规章制度类别

规章制度是一个总称，包括规则、规定、章程、制度、办法、细则、守则、标准、公约等。

规章制度的内容，可以分为编、章、节、条、款、项、目。比较完整的结构大致包括序言、主体、附文三部分。序言又称总则或总纲。主要说明制定这个制度的目的、意义、根据、对象以及有关原则精神、适用范围等。主体又称分则。根据规章制度的不同，说明有关要求、职权、标准以及奖惩等具体事项。附文又称附则，是规章制度主体内容的补充说明，如生效日期、制定与修订权、解释权以及有关事项的说明。

四、探讨分享

案例

××集团公司员工守则

（集团人事[200×] ×号 200×年×月×日印发）

总　　则

一、《员工守则》的适用范围

公司所有员工。

二、《员工守则》的约束力

《员工守则》是依法制定的公司员工的基本规范，是员工在公司从业的行为指南，是员工与公司签订的劳动合同的组成部分。

三、违反《员工守则》应承担的责任

员工如果违反了《员工守则》，将受到相应的纪律处分，直至解除劳动合同。

道 德 规 范

一、忠诚企业

公司是员工体现自身价值的平台，员工须忠诚于公司。

二、诚实守信

诚实守信是员工从业的要求，员工应"当老实人、说老实话、办老实事"。

三、爱岗敬业

热爱自己的岗位，在本职岗位工作中应"严、细、实、恒"。

四、遵章守纪

各项规章制度和工作纪律是保障公司整体协调运行的必要条件，员工须始终做到遵章守纪。

五、遵守公德

公司服务于社会，员工应遵守职业道德，遵循社会公德，提高个人品德，倡导家庭美德。

行 为 规 范

一、工作纪律

1. 遵守组织纪律，听从工作指挥和安排，并按照规定程序下达指令、请示汇报。
2. 遵守岗位纪律，履行岗位职责，提高工作效率与质量，积极完成各项工作任务。
3. 遵守其他工作纪律，杜绝一切不利于工作的言行。

二、工作秩序

1. 不进行任何扰乱工作秩序、妨碍他人工作的活动。
2. 保护工作环境和公共设施，不进行任何破坏工作环境和公共设施的活动。

三、员工关系

1. 既要重视个人发展，更要注重团队绩效。

2. 服从上级，关爱下级，同事间坦诚相待，相互尊重。

3. 尊重和包容他人的个性，尊重他人隐私，彼此间充分理解和信任。

4. 公平参与竞争。

四、学习培训

1. 始终坚持学习，并自觉接受公司组织的培训，提高自身素质和能力。

2. 结合工作需要，不断提高技能操作水平，或专业技术水平、经营管理水平，并接受公司关于培训效果的检查和考核。

3. 参加有特殊要求的培训时，应与公司签订培训协议。

五、公司资源

1. 保护公司财产，未经批准，不能将公司财产赠与、转让、出租、出借、抵押给其他单位和个人。

2. 节约使用公司资源，节俭办好公司各项事务。

六、业务活动

1. 遵守业务法规

熟知并严格遵守与员工岗位有关的国际、国内经营法律法规和惯例，使业务活动受到法律保护。

2. 履行业务职责

熟知并认真履行自己的业务职责，不得超越职权范围从事下列活动：

1）以公司名义进行考察、谈判、签约、招投标、竞拍等。

2）以公司名义提供担保、证明。

3）以公司名义对外发表意见、信息。

4）代表公司出席公众活动及其他活动。

七、利益调节

公司一般不干涉员工在工作以外的个人行为和活动，但如果员工的个人行为和活动损害或可能损害公司利益和形象时，则须立即停止该行为或活动。在进行以下行为或活动时要特别谨慎：

（1）兼职　员工不得从事损害公司利益或影响公司形象的兼职。

（2）投资　员工不得从事有损公司利益的投资。

（3）涉及亲属的业务　在处理业务时，如涉及员工的亲属，员工应按规定回避或报告。

八、廉洁自律

1. 按规定接受廉洁自律教育，并从中获得认知和警示。

2. 仔细阅读和认真理解廉洁自律有关规定，并作为行为指导。

3. 严格约束自己，避免违反廉洁自律有关规定的行为。

4. 有关廉洁自律的进一步信息，员工可以查阅相关的法规制度，也可向直接上级或监察部门咨询。

工 作 礼 仪

一、举止得体

要礼貌、规范，体现公司员工的素质与风范。

二、着装规范

员工在工作期间应按照劳动保护的规定和岗位要求着装。当员工出席会议、从事商务或外事活动时，应按要求着装。

三、语言文明

要尽量使用普通话；使用文明语言，不讲粗话、脏话。

HSE（安全、环境与健康）要求

一、HSE方针

安全第一，预防为主；全员动手，综合治理；改善环境，保护健康；科学管理，持续发展。

二、HSE目标

追求最大限度地不发生事故、不损害人身健康、不破坏环境，创国际一流的HSE业绩。

三、HSE责任

工作中须采取必要措施，最大限度地减少安全事故，最大限度地减少生产、业务活动对环境造成的损害，最大限度地减少工作和工作环境对员工和他人健康造成的伤害。

保 密 要 求

一、知识产权

1. 遵守公司知识产权保护方面的规定，保护员工在任职期间知悉或者持有的任何属于公司的知识产权。

2. 因履行职责或利用公司资源取得的发明创造、作品和开发的计算机软件等都属公司所有，员工有义务提供必要的信息资料，协助公司取得和行使知识产权。

3. 在未经公司书面同意的情况下，不能以任何方式使第三方获取属于公司的商业秘密。

4. 员工在与公司签订劳动合同时，要与公司签订“保密和竞业限制协议”。在未经许可的情况下，不可私自制作、复制、储存、保管、销毁商业秘密。

二、信息披露

1. 真实、准确、客观、及时、完整地记录公司生产、经营、试验及财务等相关信息。不得伪造、改动、隐藏、销毁相关信息。不得指使、胁迫他人伪造、修改相关信息。

2. 不得将内部信息披露给他人，包括公司外部人员、家庭成员以及不应该了解该方面信息的内部员工。

三、信息安全

1. 遵守国家相关的法律、法规和公司的信息安全管理制度。

2. 认真学习计算机使用安全常识，接受信息安全培训，增强计算机安全意识，妥善保管所使用的计算机及其附属设备，防止设备及其存储信息丢失、损坏。

附 则

一、修订与解释

本《员工守则》由公司授权有关职能部门组织编写与修订，并负责解释。员工对《员工守则》存在疑问，可以向直接上级、人事部门或其他相关主管部门进行咨询。

二、实施时间

本《员工守则》从200×年×月×日开始实施。

讨论

1）分析这篇《员工守则》的结构特点。

2）分析这篇《员工守则》在内容、语言等方面的可取与不足之处。

实训拓展

一、日常关注

1．到网上搜索一封求职信或一份简历，提炼出这封信或简历的优点和缺点，在课堂上和同学们分享。

2．观察一家公司有没有制定规章制度，制定了哪些规章制度？

二、分步拓展

1．以下是一些求职信中出现的语句，你觉得这样写妥当吗？如不妥，请修改。

1）本人谨以最诚挚的心情，应聘贵公司的工程师一职，因为贵公司一贯尊重人才，所以盼望得到贵公司的考虑和录用。

2）本人于6月5日要放假回家，敬请人事经理务必于6月1日前复信为盼。

3）贵公司的××总经理要我直接写信给你。

4）再也没有谁像我一样适合这份工作了。

5）在薪水方面，我觉得至少不应该少于每月五千元。

2．指出下面这封求职信在措辞和语气方面的不足，并试着修改。

××公司：

我的运气真好啊！就在我即将毕业之际，贵公司正式开业投产了，首先我向贵公司表示热烈的祝贺！

我是全国闻名的××工业学校的应届毕业生。在校四年来，我德智体全面发展，各学科成绩一贯优异，专业基础知识扎实，动手能力强，除长期担任小组长外，还有多种爱好和特长：能讲善辩，能歌善舞，能写善画，各项球类都有一定的水平。大家夸我是“全才”，当然我不能因此而骄傲，但是，实事求是地说，我还真有两下子：说、拉、弹、唱、打球、照相，样样精通。至于水平嘛，都称得上OK！

到贵公司服务是我梦寐以求的事，我真希望美梦成真！企盼这一天的早日到来！

我有能力胜任各方面的工作。不知贵公司能否答应，恳请立即回复为要，以免误事。

顺致最崇高的敬意！

×××
××××年××月××日

三、综合实训

制定一份《寝室文明公约》或《××实训室操作规程》。

任务二

举办一次会议

任务要求

1）知道会议通知内容是什么，要让人知晓什么。

2）能准确区分会议记录和会议纪要。

3）能提炼会议精神，撰写会议纪要。

情境一　发一个会议通知

一、情境设定

假设你是××集团的一名秘书人员，董事长要你起草一份关于召开国内首届低压电器交流会的通知。你应该怎么写？

二、任务实施

会议通知看起来似乎只包括会议召开的时间、地点等要素，比较简单，但事实上，它在写作上还是有不少讲究的。

1．谁来参加会议

首先要考虑的是，会议通知要让哪些人“知”？也就是确定会议通知送达的对象。这是首先要解决的问题。会议通知的对象可能就是参会人员本人，但也可能是参会人员所在的单位或主管。那种认为会议通知的对象就是参会人员的认识至少是不全面的。

2．会议通知什么

其次，会议通知都要让这些人“知”些什么？这是会议通知的核心要素。会议通知是知晓性文书，它的重点在于一个“知”字，那么“知”些什么就是我们重点考虑的内容。不只是会议名称、会议召开的时间地点、会议主要内容、参会人员，还需告知需带文件、准备材料等。

3．还要提醒什么

除了这些，还要考虑一些细节问题。

不在本地的会议，需要安排食宿，要告诉参会人员规格和费用；为方便参会人员到达会议召开的地点，可以提供交通线路；由于时间和地域的差异，气候条件的不同，需要温馨提示参会人员的衣着。这些都可以放在会议通知中加以补充说明。这些细节充分反映了发文单位的人性化考虑，反映出发文机关的文化素养。

三、知识链接

会议通知的格式主要包括标题、正文及落款三部分。

标题有完全式和省略式两种。完全式包括发文机关、事由、文种，如《××（单位或部门）关于召开××会议的通知》；省略式，直书《会议通知》。

正文包括通知的对象，会议内容、参会人员，会议召开的时间、地点和会期，以及报到的时间、地点，会议费用和会议要求等。

落款包括发文单位和时间。

四、探讨分享

案例

关于召开电力企业安全生产工作座谈会的通知

×安监函字〔2011〕60号

各县（市区）安监局，各供、发电企业：

为深入学习国务院23号和省政府77号文件精神，全面总结交流供、发电企业安全监管工作经验，推进企业安全标准化和基层班组建设，强化企业安全管理工作基础，提升企业安全管理工作水平，预防和减少各类事故的发生，经研究，决定召开全市电力企业安全生产工作座谈会，现将有关问题通知如下：

一、会议内容

1. 宣传贯彻国务院23号和省政府77号文件精神，介绍企业安全标准化基本规范。
2. 部分县（市区）安监局和电力企业介绍安全管理工作经验和班组建设工作做法。
3. 市局领导讲话。

二、参加人员

各县（市区）安监局分管局长，供发电企业分管负责人。

三、时间地点

2011年7月5～6日，会期两天，7月5日上午9时前，在××市七星宾馆总台报到（详见××市七星宾馆路线图，七星总服务台电话：83××××××）。

四、会议要求

1. 各供、发电企业要认真准备2011年度上半年工作总结，在报到时交会务组。
2. 进行大会经验交流发言的单位，要将交流发言材料（电子版）于7月2日前发至××@jn.gov.cn。
3. 各县（市区）和供、发电企业负责人要按要求准时参会，会议期间不得请假。报名回执表请于6月30日前报市安监局。
4. 会议食宿统一安排，费用自理。

联系人：魏××　传真：××××××××

联系电话：××××××××　135××××××××

附件：1. 电力企业安全生产工作座谈会报名回执表

2. ××市七星宾馆路线图

××市安全监督管理局

二〇一一年六月二十三日

情境二　做一份会议记录

一、情境设定

今天一上班，你就听到公司的章经理和吴高工在为昨天的部门工作会议上有没有说过某句话而争论不休。

章经理对吴高工说：“你肯定说过！”

吴高工否认说：“我肯定没说过！”

他们看到你来了，异口同声地问你：有没有说过？

你怎么回答？

二、任务实施

俗话说：口说无凭，立字为证。有没有说过，只要看一下会议记录就可以了。会议记录是对会议的实录。因此，有没有会议记录，事关重大。

开会是为了解决实际问题而进行的一项重要工作。如果会议没有记录，工作就没有比对，进展就无法掌控和监督，那么工作的效率就会低下，甚至目标还会模糊。因此，一定要重视做好会议记录。

1. 会议记录的基本要求

在会议进行过程中，由记录人员把会议的组织情况和具体内容记录下来，就形成了会议记录。“记”有详记与略记之别。略记是记会议大要，即会议上的重要或主要言论。详记则要求记录的项目必须完备，记录的言论必须详细完整。若需要留下包括上述内容的会议记录则要靠“录”。“录”有笔录、录音和录像几种，对会议记录而言，录音、录像通常只是手段，最终还要将录下的内容还原成文字。笔录也常常要借助录音、录像，作为最大限度地再现会议情境的保证。

记录人员在开会前要提前到达会场，并落实好用来作会议记录的位置。安排记录席位时要注意尽可能靠近主持人、发言人或扩音设备，以便于准确清晰地聆听他们的讲话内容。从某种程度上讲，记录人员比一般与会人员更为重要，安排记录席位要充分考虑其工作的便利性。

会议记录就是把会议的基本情况、报告、发言、决议等内容记录下来，帮助我们今后了解情况。会议记录是进一步研究工作、总结经验的重要材料。因此会议记录要求：

（1）要点不漏　记录的详细与简略，要根据情况决定。一般地说，决议、建议、问题和发言人的观点、论据材料等要记得具体、详细。一般情况的说明，可抓住要点，略记大概意思。

（2）真实准确　要如实地记录别人的发言，不论是详细记录，还是概要记录，都必须忠实原意，不得添加记录者的观点、主张，不得断章取义，尤其是会议决定之类的东西，更不能有丝毫出入。真实准确的要求具体包括：不添加，不遗漏，依实而记；清楚，首先是书写要清楚，其次是记录要有条理，突出重点。

（3）始终如一　始终如一是记录者应有的态度。这是指记录人从会议开始到会议结束都要认真负责地记到底。

（4）注意格式　格式并不复杂，一般有会议名称；会议基本情况，包括时间、地点、出席

人数、主持人、缺席人、记录人；会议内容，这是会议记录的主要部分，包括发言、报告、传达人、建议、决议等。

凡是发言都要把发言人的名字写在前面。一定要先发言记录于前，后发言记录于后。记录发言时要掌握发言的质量，重点要详细，重复的可略记，但如果是决议、建议、问题或发言人的新观点要具体详细地记录。

会议记录一般不宜公开发表，如需发表，应征得发言者的审阅同意。

2．会议记录的重点

会议记录应该突出的重点有：

1）会议中心议题以及围绕中心议题展开的有关活动。

2）会议讨论、争论的焦点及其各方的主要见解。

3）权威人士或代表人物的言论。

4）会议开始时的定调性言论和结束前的总结性言论。

5）会议已议决的或议而未决的事项。

6）对会议产生较大影响的其他言论或活动。

3．会议记录的写作技巧

一般来说，会议记录的写作技巧有四条：一快、二要、三省、四代。

（1）快　即记得快。字要写得小一些、轻一点，多写连笔字。要顺着肘、手的自然去势，斜一点写。

（2）要　即择要而记。就记录一次会议来说，要围绕会议议题、会议主持人和主要领导同志发言的中心思想，与会者的不同意见或有争议的问题、结论性意见、决定或决议等做记录，就记录一个人的发言来说，要记其发言要点、主要论据和结论，论证过程可以不记。就记一句话来说，要记这句话的中心词，修饰语一般可以不记。要注意上下句子的连贯性，一篇好的记录应当独立成篇。

（3）省　即在记录中正确使用省略法，如使用简称、简化词语和统称。省略词语和句子中的附加成分，例如，“但是”只记“但”。省略较长的成语、俗语、熟悉的词组，句子的后半部分，可画一曲线代替。省略引文，记下起止句或起止词即可，会后查补。

（4）代　即用较为简便的写法代替复杂的写法。一可用姓代替全名；二可用笔画少易写的同音字代替笔画多难写的字；三可用一些数字和国际上通用的符号代替文字；四可用汉语拼音代替生词难字；五可用外语符号代替某些词汇，等。但在整理和印发会议记录时，均应按规范要求查补。

三、知识链接

1．会议记录者的功能

许多传统的观点认为会议记录者是会议中最“简单”的角色，其实这种观点已经落后了。会议记录者在现代会议中是仅次于会议主持人的一个重要角色。

（1）记录和维持议程所设计的程序　这一功能主要表现在会议的事后跟踪这个部分。会议记录者在会议的过程中主要负责记录、维持会议的议程所设计的程序，可以起到“和事佬”的作用。

简单来说，会议记录者可以以一个旁观者的角度来观察会议中是否存在一些误区，同时可以从旁对主持人作出提醒。例如，可以清楚地观察在会议中哪些人发言过长，哪些人尚未发言，并对这些情况做好相关记录，以此来提醒主持人。当然，最主要的观察预防功能体现在他可以

警醒主持人避免走入以下三大会议误区：

1）社会性懈怠。社会性懈怠是一个心理学上的名词，它指的是一种群体的无所谓状态。以会议为例，许多会议决议的产生通常都要使用“全体通过”这个名词，其实这个名词代表的意义并不是真正的全体意见一致，而是一种群体性的漠视结果。大多数人对于主持人或发言者提出的问题不感兴趣或是不予理睬，听之任之，从始至终好像是在一种参会状态，实际是处在一种参与的假象中。

对于这种会议误区，身在其中的主持人和对答者均不易察觉，只有站在第三者角度上的会议记录者可以清楚看到。因此，可以针对此种情况适时作出提醒，避免会议作出少数人的决议，从而失去了开会的真正价值。

2）从众心理。从众心理就是大家都用一种声音说话。参会者之所以会用一种声音说话，不是因为站在真理的角度上，而主要是因为规范性的从众压力。例如，某个小团体或是很有权威的某个人的影响力很强，他们的想法因为他们的影响力而对很多个体产生一种强大的压迫力，迫使许多个体同意其决策。这种误区也需要类似会议记录者这样的第三者来观察发现，并帮助大家。

3）团体极化。团体极化指的是会议的讨论有时会趋于极端化，或者极好或者极坏。无论是哪种情况，都不利于形成客观的决议。

会议记录者的客观立场能够帮助克服这种误区。

自检

会议中非常容易出现社会性懈怠，即许多参会者始终没有进入会议状态，始终不发表意见，因此，往往影响会议决策的客观性。

如何克服这种情况？

（2）协助主持人做好会议总结与归纳　比较落后的工作方法是指派秘书或普通文员去做会议记录，现在则流行指派那些有潜力做主持人的员工去做这项工作。因为这样做可以帮助公司培养后备人才（这里专指那些将来可以去做主持人的人才）。而且，在这个问题上，主张要由不同的员工轮流担任会议记录者，而不是由固定的部门秘书来专职担任，因为这一做法有助于锻炼一群人，而不是一个人。

2．会议记录者应具有的才能

一名会议记录者需要同时具有多项才能：

1）反应快。对于大家提到的问题，能够迅速反应。

2）写字快。做会议记录，写字速度当然有一定要求。

3）知识面广。在做会议记录时，经常会听到一些专业术语，没有相对广的知识面，对这些专业术语，你可能既听不懂，也不会写。这属于一个会议记录者的硬件能力。

4）记忆力特别强。会议记录者要能记住发言者所说事情的前因后果，遇到一个很复杂又冗长的问题时，更需要超强的记忆力，否则，很可能记到最后已经不知发言者所云了。

5）组织能力强。

6）倾听能力强。

7）总结能力强。

四、探讨分享

例文一

××区干部培训中心第×次办公室会议记录

时　间： 2005年3月4日 15:30～17:00

地　点： 培训大楼第×会议室

出席人： 刘××（主任）、杨××（教务长）、张××（办公室主任）、吴××（办公室秘书）及各培训部主要负责人

缺席人： 王××、张××（外出开会）

主持人： 刘××（主任）

记　录： 吴××（办公室秘书）

一、报告

1. 杨××报告中心基本建设进展情况。（略）

2. 主持人传达区人民政府《关于压缩行政经费的通知》（以下简称《通知》）。（略）

二、讨论

我中心如何按照区人民政府《通知》的精神抓好行政经费的合理开支，切实做到既勤俭节约，又不影响正常的培训教学、科研等活动的开展。

三、决议

1. 利用两个半天时间（具体时间由各培训部自己安排，但必须安排在本周内）组织有关人员集中传达学习《通知》精神，提高认识，统一思想。

2. 各培训部负责人在认真学习的基础上，利用下周政治学习时间向群众传达、宣讲。

3. 各培训部责成有关人员根据《通知》的压缩指标，重新审查和修改本年度行政经费开支预算，并于两周内报主任办公室。

4. 各培训部必须严格控制派出参加外地会议及外出学习人员的人数，财务科要严格把关。

5. 利用学习和贯彻《通知》精神的机会，对全中心员工普遍开展一次勤俭节约、艰苦朴素的传统教育。

主持人：（签名）

记录人：（签名）

例文二

××市劳动者协会征询协会活动会议记录

时　间： 20××年8月12日上午8时

地　点：××市个体劳动者协会办公室

出　席：宋××（市个体劳动者协会秘书长）

陈××（市个体劳动者协会团委书记）

王××（劳保旧物商店经理）

王××（个体户）

杨××（邮政街轻工市场 8 号摊主）

姜××（西湖灯光夜市场 21 号摊主）

张××（老友货架式自选商场经理）

马××（个体户）

缺　席：马××（明记餐厅负责人，感冒请假）

苏×（靓靓发廊负责人，出国旅游未归）

列　席：吕××（××日报记者）

主持人：宋××

记录员：徐××

议　题：如何组织个体劳动者活动。

会议记录：

宋××：各位女士、先生，大家好（有人说话：“没女士”），今天请大家来，是征求大家意见，如何开展市个体劳动者协会活动，我市个体劳动者协会成立一年多了，还未开展过活动（有一人插话：“什么协会？我不知道有这个协会。”大家笑），现在请大家随便发言。

陈××：我先来介绍一下市劳动者个体协会吧。这个协会成立于 20××年春节期间，现有会员 423 人。刚才主持会议的宋××同志是协会的秘书长，我叫陈××，是协会的团委书记。协会的会长是宋××，银都大酒店的董事长，他今天太忙没能到会。在座的都是个体劳动者，有兴趣的可以自愿入会。今天要研究的是协会该搞些什么活动。我们很想把协会办好，开展受大家欢迎的活动，所以请大家来谈谈。

（会场冷静。有人说：“胜哥先讲，你见多识广，你不讲，我们都不敢讲。”“讲吧”“讲吧”。）

王××：讲就讲，我做个体生意，没组织太自由了，又想有个组织管管。人一年中有一半时间在外，在外时想回家，回家又闲得受不了。我爱好文艺、体育，可没有地方施展，没办法，就到舞厅穷泡，到点回家睡觉。

王××：我也如此，一星期到舞厅两三次，说实在的，真没啥意思。离开学校，就没参加过什么活动。今年一年，就公安局给我们开过一次会，告诉不能收赃物。听说市里有个劳协是我们的“头”，可谁都不知道它在哪里。

马××：我毕业干个体 6 年了，6 年多没处交团费，恐怕早就自动退团了吧。（众人又笑）

王××：我家 7 口人，6 个党员，就我一个“白丁”。（记者问：你想入党吗？）入党？去哪入啊？没人管，完全靠自己管自己。

宋××：确实如此。目前，全市个体从业人员近 17 万，但个体劳动者协会只有 7 个工作人员。各区劳协仅挂个牌子，干部基本都是工商人员兼任，有的连办公室都没有，党团组织关系也一直没有理顺，工商部门每年拔给劳协那点经费，仅够一年两次会议费用。

杨××：没钱可以从会费中集资。向大家说清楚，增加会费，专款专用，相信大家不会有意见。（众人又议论纷纷。）

姜××：建议除搞文体娱乐旅游茶话会这些休闲联欢会外，还搞些讲座，如政策法律讨论。我过去在一家厂子里拣点钢铁，公安局把我收容了8个月，犯了啥法我到现在也不知道。（有人插话说，肯定犯了《婚姻法》，大家哄堂大笑）真的，除了《婚姻法》之外，我不知道还有什么法。我们很关心与我们有关的政策变不变。

张××：我建议搞些精彩的业务讲座。听说美国有个卡耐基，开设推销术培训班，求学的经理老板相当多。我们协会也可以请专家、行家来传授业务技术。准受欢迎。（众人："好！"）

宋××：今天的会开得很好，大家的发言十分热烈，还提了不少很好的建议。

归纳起来，协会计划做如下几件事：

1）健全协会组织，由在座各位担任各区协会分会长，回去宣传协会，发动更多个体劳动者入会，做好登记工作。

2）9月9日重阳节搞一次协会文体活动。具体事宜由筹办组策划。

3）每月中旬举办一个讲座，地点在市一文化宫，凭会员证入场。

4）明年"五四"举行卡拉OK大奖赛。具体事宜由筹办组策划。

主持人：宋××

记录员：徐××

讨论

1）比较以上两篇会议记录，归纳出会议记录的基本结构。

2）以上两篇会议记录在形式上有什么差别，是否符合会议记录的写作要求，为什么？

情境三　整理出一份会议纪要

一、情境设定

会议结束后，经理叫你整理一份会议纪要。会议纪要？难道有会议记录还不够吗？为什么还要会议纪要呢？会议记录和会议纪要有什么不一样吗？

二、任务实施

1．做好撰写前准备工作

做好会前与会后的准备工作是十分重要的，因为它在一定程度上会影响你对会议精神的理解和纪要撰写的质量。具体而言，会前要深入了解会议召开的目的，尽可能地把会议材料详细地阅读一遍，以全面把握要研究事项的前因后果，尤其要弄清会议讨论决定的主要问题，这样在听会过程中就能做到心中有数，深入理解会议精神，又快又准地做好会议记录。

会后要及时对会议记录进行整理，对有关数据及专门术语进行认真核对，特别是对会议主持人所作的提示性和总结性发言要对照会议材料认真梳理，以理清会议议定事项之间的内在逻辑关系，为正式动笔撰写纪要做好充分准备。

2．科学把握撰写节奏

快速地写出纪要，不仅是提高工作效率的要求、高效快捷作风的体现，也是纪要时效性的

必然要求；反之，如果不及时撰写，就可能对其中一些内容记忆模糊乃至遗忘。因此，作为纪要撰写人员，必须树立一种能快则快的意识，以一种时不我待的精神快速拟文、快速送审。

俗话说："心急吃不了热豆腐。"在整体求快的同时，也要讲究写作的节奏。这是因为写作纪要是一项硬功夫，追求准确、便于执行是关键，切不可一味求快而不得要领、马虎应付。因此，对纪要中的每一个句子、每一个词语甚至每一个标点符号都要认真推敲，确保表述不产生偏差和歧义。

3．准确反映会议内容

撰写纪要不像写讲话稿那样可以随意发挥，关键是要把会议议定的事项准确清楚地表述出来。补写纪要也不同于做会议记录强调原原本本，而是要求在会议记录的基础上准确体现会议精神。因此，会议纪要的写作要做到虚实结合。

（1）实　会议纪要对会议实质性内容的表述要明确、有条理，不含歧义，不拐弯抹角，不模棱两可。特别是对与会各方应承担的义务、责任和享有的权利，涉及资金的列支渠道、比例、时限等，要写得清清楚楚、明明白白，以便于执行、检查和落实。

（2）虚　表述会议精神，要体现出一定的理论色彩。特别是撰写贯彻上级指示精神、研究执行措施的会议的纪要，不应仅列出一、二、三、四几个干巴巴的议定事项，而要通过"会议认为"、"会议强调"、"会议指出"等形式，把会议精神从理论的高度加以阐述，把理说透、把理说明，以体现会议应有的说理特征。只有这样，才能达到统一思想的目的，才有利于下级理解并执行会议精神。

4．切实发挥参谋作用

纪要的首要功能是"记"，主要任务是把会议议定的内容记清记准，不出差错。但如果就此认为会议纪要就是领导怎么说就怎么写，那就大错特错了。纪要撰写人员不能仅仅停留在简单的记录层次上，而是要充分发挥主观能动性，积极为领导出主意、提建议，才能体现参谋助手作用。对会议确定的事项，要在忠实于会议精神的前提下进行必要的大脑过滤，做到认真思考、主动服务，想领导之所想、谋领导之所谋；尤其是要练好补、校、谋三项功夫，努力使参谋参在点子上、谋在关键处。

所谓补，就是要善于把会议上领导没有说完整的话、没有表述完整的意思补充完整，使没有参加会议的人也能看懂会议纪要的内容，有一种身临其境的感觉；所谓校，就是对领导明显的口误或不符合规范的说法，要按照规范要求大胆校正；所谓谋，就是对会议议定的一些可能有错误、不符合政策或执行起来可能产生不利后果的事项，积极慎重地提出参谋建议，供领导在审发纪要时参考、定夺。

当然，要做好上述三项工作，需要不断加强学习，提升自己的素质；另一方面也要十分注意摆正位置，做到到位而不越位，对于超越职权范围的事情不擅作主张，尤其要注意的是未经请示不能随意更改领导的原意。

三、知识链接

1．会议纪要和会议记录的区别

（1）性质不同　会议记录是讨论发言的实录，属于事务文书。会议纪要只记要点，是法定行政公文。

（2）功能不同　会议记录一般不公开，无须传达或传阅，只作为资料存档；会议纪要通常要在一定范围内传达或传阅，要求贯彻执行。

（3）载体样式不同　会议纪要作为一种法定公文，其载体为文件，享有《中国共产党机关公文处理条例》《国家行政机关公文处理办法》所赋予的法定效力。会议记录的载体是会议记录簿。

（4）称谓用语不同　会议纪要通常采用第三人称的写法，以介绍和叙述情况为主。在会议记录中，发言者怎么说的就怎么记，会议怎么定的就怎么写，贵在“原汤原汁”不走样。

（5）适用对象不同　作为公文的会议纪要，具有传达告知功能，因而有明确的读者对象和适用范围。作为历史资料的会议记录，不允许公开发布，只是有条件地供需要查阅者查阅、使用。

（6）分类方法不同　会议纪要种类很多。按其内容，可分为决议性纪要、意见性纪要、情况性纪要、消息性纪要等；按会议的性质，可分为常委会议纪要、办公会议纪要、例会纪要、工作会议纪要、讨论会纪要等。而会议记录通常只是按照会议名称来分类，往往以会议召开的时间顺序编号入档。对会议纪要的分类，有助于撰写者把握文体特点，突出内容重点，找准写作角度；对会议记录的分类则主要是档案管理的需要。

2．会议纪要的写作格式

会议纪要通常由标题、正文、主送、抄送单位构成。

（1）标题　标题有两种情况：

1）会议名称加纪要或者会议的机关加内容加纪要，如《全国农村工作会议纪要》、《省经贸委关于企业扭亏会议纪要》。

2）用主副式标题，如《抓住机遇，扩大开放——沿长江五市对外开放研讨会纪要》。

（2）正文　会议纪要正文一般由两部分组成。

1）会议概况。主要包括会议时间、地点、名称、主持人，与会人员，基本议程。

2）会议的精神和议定事项。常务会、办公会、日常工作例会的纪要，一般包括会议内容、议定事项，有的还可概述议定事项的意义。工作会议、专业会议和座谈会的纪要，往往还要写出经验、做法、今后工作的意见、措施和要求。

3．会议纪要的写作要求

1）要正确地集中会议的意见。没有取得一致意见的，一般不写入纪要。但对少数人意见中的合理部分，也要注意吸收。

2）例会和办公会议、常务会议的纪要，重点将会议所研究的问题和决定事项逐条归纳，做到条理清楚，简明扼要。

3）会议纪要用“会议”作主语，即“会议认为”“会议确定”“会议指出”“会议强调”“会议听取了”“会议讨论了”等。

4）会议纪要写成后，可由会议主办单位直接印发，也可由上级领导机关批转。有的会议纪要还可由会议主办单位加按语印发。

四、探讨分享

案例

××公司安全生产委员会会议纪要

2006年12月30日，公司召开了安全生产委员会（以下简称安委会）会议，会议由公司经理、安委会主任刘×同志主持，安委会副主任初××、范××、赵××、赵××、张××、陈

××，委员严×、魏××、胡××、何××、陈××、李××、师××、周××、秦××、彭××及安委会办公室相关人员等26人参加了会议。现将会议主要内容纪要如下：

1. 会议认真学习了蒋××总经理在集团公司冬季安全生产领导干部会议上的讲话，并结合公司实际，重申了落实公司冬季安全生产防范措施的重要性。

2. 会议听取了安委会办公室关于“公司2006年安全生产形势分析”和“公司2006年安全环保工作”的汇报；认真讨论并原则通过了“公司2007年安全环保工作安排意见”。

3. 会议研究审定了2007年将实行的四项安全管理制度。一是建立监督组织机构，实行专人专职进行安全监督检查；二是实行安全风险抵押金制度；三是对事故单位实行黄牌警示制度；四是落实领导干部建立安全生产联系点制度。以上四项制度的实施，将另行发文安排。

4. 会议研究讨论了公司年度安全生产先进单位、设备管理先进单位考核评比的基本原则。具体考核评比办法将另行发文通知。

会议认为，2006年公司以“安全环保基础年”为主题，通过广泛开展“岗检”和“质量安全环保万里行”、“百日安全集中整治”、“安全生产警示日”等一系列活动，公司安全组织机构建设进一步加强；安全生产责任制的落实质量明显提高；安全管理规章制度日臻规范完善；较大事故隐患得到全面治理；较好地落实了风险控制，提高了超前预防能力；实施了达标计划，基层管理质量不断提升；规范了维护程序，车辆安全系数有了明显提高。安全生产形势整体保持了稳定发展、不断好转的态势，初步形成了以“六化、六统一”为主要特征的特色管理体系，基本体现了专业化公司独特的管理风格，得到了自治区、集团公司安全生产先进单位验收组的肯定。

会议认为，公司安全环保工作虽然取得了明显成效，但仍然存在着一些不容忽视和亟待解决的问题，安全生产的压力并未减轻，安全生产形势依然十分严峻。会议对安全规范管理还不到位、队伍素质亟待提高等六个方面的问题进行了认真研究和深入剖析，并提出了解决办法。

安委会主任刘×同志对公司2007年安全环保工作提出了8个方面的具体要求：

1）深入持久地贯彻落实蒋××总经理在集团公司冬季安全生产领导干部会议上的讲话精神，达到领导层、管理层、执行层思想认识的高度统一，为做好2007年的安全工作打牢思想基础。

2）继续深入开展“安全环保基础年”活动。以“活动”为主线，全面梳理公司安全环保工作的不足，及时解决安全环保工作中存在的问题。抓好基础管理，重点抓好组建时间不长和新组建单位的基础建设及安全工作。

3）强化安全生产责任制的落实与考核。明确安全管理责任主体和责任人、监督责任主体和责任人、执行责任主体和责任人。各业务板块的主体责任管理要具体化、规范化，要完善考核制度，严肃责任追究。

4）抓好HSE体系的实施与应用。2007年，运输主业单位要全部建立起符合体系要求、适合实际、便于操作的HSE管理体系；兼营业务单位要建立符合行业标准和HSE体系基本要求的HSE实用型体系。着力抓好七个完善：完善体系、完善内控、完善教育、完善覆盖、完善执行、完善奖惩、完善团队。将生产经营的全过程置于严格的受控管理之中。

5）突出道路交通、施工作业现场专项整治。开展道路交通、施工作业现场专项整治活动。道路交通整治的重点是危险化学品运输车辆及相关防范措施；施工作业现场整治的重点是作业标准和落实监督责任。

6）全面推进安全生产应急管理工作。构建全员参与的应急管理体系，形成统一指挥、反应灵敏、协调有效、运转高效的应急管理机制。大力普及应急知识，最大限度减轻“天灾”造成的损失，减少“人祸”的发生。

7）加强全员培训。管理人员培训要突出安全管理理论和技能的系统性、职业性，丰富监管经验，提高监管能力，操作岗位员工培训要突出岗位特点和安全技术规范，强化应知应会考核，达到应知的掌握、应会的熟练，提高各级管理人员和岗位员工的安全素质。

8）全面推进标杆车队、标杆车间（班组）建设。在2006年取得初步成果的基础上，2007年全面推进标杆车队、标杆车间（班组）建设工作，以此推动“三基”工作的落实。

讨论

分析这篇会议纪要在格式安排、语言表达等方面的优点，并尝试进一步完善。

实训拓展

一、日常关注

1．观察学校发布的一则会议通知，看看是否明确交代了通知事项。

2．到网上搜索会议记录和会议纪要各一份，看看有没有将这两种文体混淆的情况。

二、分步拓展

指出并修改下列这则会议通知的不足之处。

县教育局关于召开会议的通知

各学校:

为总结经验，加快我县教育改革的步伐，县教育局决定在本月下旬召开教育工作会议，现将有关事项通知如下:

1. 参加会议人员为各校主要负责人。

2. 参加会议人员应认真准备有关教学改革情况及今后的打算的材料，以便在会上汇报或交流。

3. 会议结束后，将布置下学期的工作安排，请及时传达。

4. 参加会议人员应自带生活用品，上交伙食费。

5. 请于25日5时到县教育局报到。

以上通知，希遵照执行。

××教育局
2010. 3

三、综合实训

1．××省经济贸易委员会决定召开全省经济工作会议，出席对象为各市经贸委主任。请代该省经贸委拟写一份会议通知。会议召开时间、地点、主要议题等内容可虚拟。

2．认真参加班级或者学校组织的会议，做一份规范的会议记录。

3．把情境二中的例文二改为规范的会议纪要。

任务三

公司搬迁新厂区

任务要求

1）区别公告和启事的适用范围，能写作规范的启事。

2）能进行开幕词和欢迎词的写作。

3）了解闭幕词和欢送词的写作要求。

4）清楚贺词与贺信的写法。

情境一　公告还是启事

一、情境设定

为了适应市场需要，使公司得到更大发展，进一步满足客户的需求，公司将于近日搬至新厂区。领导安排你写一篇应用文，就公司搬迁新厂区广告新老客户。

二、任务实施

接到这个任务之后，首先要考虑的是采用哪个文种。广而告之搬迁事宜，那就应该用公告了。

其实，你错了。你混淆了公告和启事这两种文体的适用范围。

公告是知照类公文，前面提到的会议通知、会议纪要都是知照类公文。除此之外，行政公文中的通报、意见、通告和函都属于知照性公文。

公告适用于向国内外宣布重要事项或者法定事项。主要有两种，一是宣布重要事项，如最近我国将在东海进行地对地导弹发射训练；二是宣布法定事项，如宣布某项法规或规章，宣布国家领导人选举结果。公告一般是由较高级别的国家行政机关或者经过特别授权的机关制发的，基层单位不能滥用公告。现在，有些报纸上常见到××单位迁移地址、××公司聘请×××为法律顾问，也用“公告”，其实这都是滥用“公告”。

启事是指将自己的要求，向公众说明事实或希望协办的一种短文。通常张贴在公共场所或者刊登在报纸、刊物上。机关、团体、企事业单位和个人都可以使用，具有公开性、广泛性、实用性、随意性的特点。

可见，公告和启事这两种文体，一种严肃庄重，一种轻松随意，切不可混淆。

三、知识链接

1. 公告的写作

公告包括标题、正文、签署和日期等。

（1）标题　规范的公告标题由发文机关加事由加文种组成，如《中共中央、全国人大常委会、国务院关于宋庆龄副委员长病情的公告》；也可以由发文机关或事由加文种组成，如《中华人民共和国国务院公告》；有的也可以只写“公告”二字。

（2）正文　直述公告缘由，宣布事项。内容必须是真正的要事，要高度概括；大多是消息性，一般不提出执行要求。

（3）签署　写明公告发布机关全称。公告标题系发文机关名称加文种的，也可不写公告发布机关名称。

（4）日期　公告的日期一般标在签署下一行。

2. 启事的写作

（1）标题　在第一行中间用比正文大的字写上文种“启事”，或说明事项内容和文种，如“招生启事”、“征稿启事”、“招聘中学教师启事”等。还有一种是写明启事单位名称加内容、文种，如“北京显像管厂聘请法律顾问启事”等。

（2）正文　在第二行空两格空两行处写正文。正文因启事所说明的事项不同而异。总的要求是要说得有条理，清楚明白，简明扼要。正文后可以写上“此启”或“特此启事”的结束语，现在一般启事都不写这些套话了。

（3）落款　在正文后偏正右边，写上启事单位名称，如“××公司”、“××（人）”。单位名称已写入标题的，后边就不必再写了，只写联系地址、电话号码、邮政编码、联系人。下一行写上写作日期。

3. 启事与启示

“启事”，是为了公开声明某事而登在报刊上或墙上的文字。这里的“启”是“说明”的意思，“事”就是指被说明的事情。而“启示”的“启”，则是“开导”的意思，“示”是把事物摆出来或指出来让人知道。“启示”是指启发指示，开导思考，使人有所领悟。可见“启事”和“启示”的含义截然不同，两者不能通用。无论是“征文启事”，还是“招聘启事”，都只能用“事”字，而不能用“示”字。

四、探讨分享

案例

用友软件股份有限公司搬迁公告

亚太本土及中国最大管理软件供应商用友软件股份有限公司，已于2007年3月22日起迁往用友软件园（详细地址见图17），特此通知各位客户、合作伙伴和各界朋友，并敬请您在未来继续加强紧密合作，给予用友软件更多支持。

借此乔迁之际，用友软件衷心感谢各位新老客户、合作伙伴和各界朋友给予的大力支

持，使用友软件发展为亚太本土及中国最大的管理软件供应商。我们相信，在世界一流的国际化的用友软件园，用友将为广大用户和合作伙伴提供更完善、更体贴的服务，开展更高效、广泛的业务合作；用友软件将在此成长为世界级的管理软件和移动商务服务提供商。

用友软件园地址：北京市海淀区北清路68号

总机电话：62436688

客户专线：4006600588

邮　　编：100094

公司网站：www.ufida.com.cn

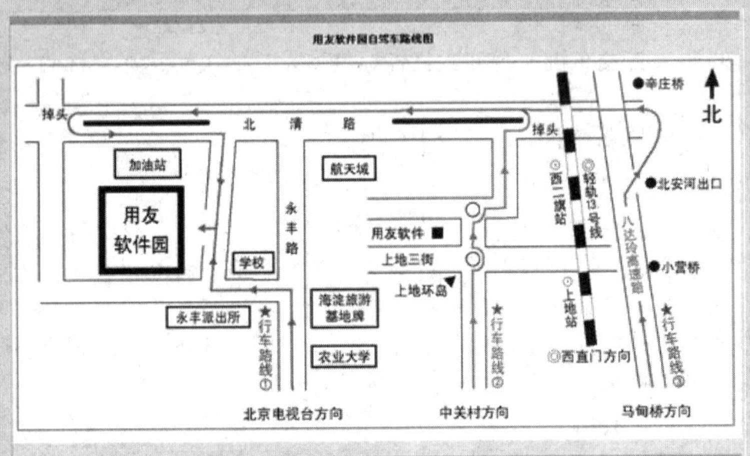

图17　用友软件新园区地理位置示意图

讨论

1）上面这份“公告”文种选择有没有错误？

2）你认为这篇文章写作的重点是什么？在写作中应该怎么把握重点？

情境二　迁址仪式上准备什么

一、情境设定

公司就要搬迁新址，领导决定举行一个迁址仪式。那么，迁址仪式要准备些什么呢？首先要准备开幕词。

那么，开幕词该怎么写呢？

二、任务实施

1．开幕词

开幕词不仅是宣布开幕，它还应该包括以下内容：会议的筹备和出席会议人员情况；会议召开的背景和意义；会议的性质、目的及主要任务；会议的主要议程及要求；会议的奋斗目标

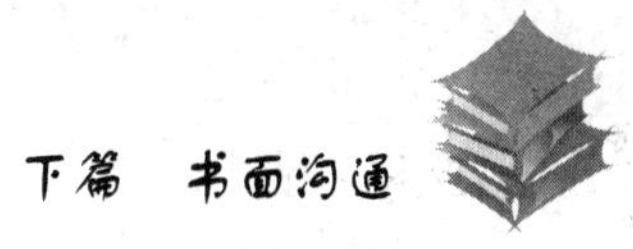

及深远影响等。

开幕词是在一些大型会议开始时，由会议主持人或主要领导人所作的开宗明义的讲话。它有宣告性、提示性、指导性等意义。

写作开幕词要注意：一要简明。开幕词要简洁明了、短小精悍，最忌长篇累牍、言不及义，多使用祈使句，表示祝贺和希望；二要口语化。它的语言应该通俗、明快、上口。

2．闭幕词

办任何事情都不能虎头蛇尾，大会有一个隆重的开头，也应该有一个郑重的结尾。会议是否能给人圆满的印象，闭幕词起着重要的作用。

闭幕词与开幕词相对应，是会议结束时由主要领导人向全体会议代表所作的总结性讲话。致闭幕词的领导人，与致开幕词的领导人一般不能是一个人，通常与致开幕词者身份相当或略低。

闭幕词的主要内容是对会议做概括性的评价和总结，并向与会者提出贯彻落实大会精神的要求，向与会单位提出奋斗目标和希望。

三、知识链接

1．开幕词的写法

开幕词通常由标题、称谓及正文三部分组成。

标题通常有三种写法：一是用会议名称作标题；二是前边再加上领导人姓名；三是用提示内容或主旨的标题，在后面通常加上副标题。

称谓一般写在标题下行顶格，称呼通常用“同志们”、“朋友们”、“各位代表”等。

正文一般包括开头、主体和结尾。开头写宣布开幕之类的话。主体部分在写作中一定要把握会议的性质，郑重阐述会议的特点、意义、要求和希望，以及会议本身的情况如议程等。要概括说明、点到为止；行文则要明快、流畅，评议要坚定有力，富于鼓舞力量。最后是结尾，一般都是“祝大会圆满成功”之类。

2．闭幕词的写法

闭幕词的标题，与开幕词的写法类似，常见的写法是“××××大会闭幕词”或“×××在××大会上的闭幕词”。偶尔也有主副标题的写法，将主要内容或主要观点概括成一句话做标题，再用“××大会闭幕词”做副标题。

时间在标题之下正中，加括号注明会议闭幕的详细日期。

称谓一般也跟开幕词相一致。

正文部分：闭幕词的开头，一般要用简洁的语言说明大会经过全体代表的努力，已经胜利完成使命，今天就要闭幕了。闭幕词的主体主要是对大会进行概括总结，并提出贯彻大会精神的要求和希望。其中概括总结的部分，要列举会议完成的任务和取得的成果，不能过于空泛笼统。提出要求和希望的部分，也要突出会议精神，体现会议宗旨。闭幕词的结尾通常比较简单，最常见的说法是：“现在，我宣布，××××大会闭幕。”

3．欢迎词的写作

欢迎词，是指客人光临时，主人为表示热烈的欢迎，在座谈会、宴会、酒会等场合发表的热情友好的讲话。

节庆活动欢迎词正文写作的惯用章法为：

首先，表示欢迎。这是节庆活动欢迎词正文的开头部分，一般要用简洁的文字交代致辞的背景，即什么活动开幕了，然后用热情的话语对来宾表示欢迎，也可以向来宾或者有关方面（人士）兼表祝愿或者感谢。

其次，阐释意义。为什么要举办节庆活动，目的何为，意义何在，这是节庆活动欢迎词中一般应当予以交代的。

再次，展示优势，也可以说树立形象。这是节庆活动欢迎词正文的重心所在。当前利益重要，长远利益更重要。

最后，表达祝愿。这是节庆活动欢迎词正文的结尾部分，一般用简洁的句子祝愿活动圆满成功，或者祝愿来宾生活愉快，并另起段落以“谢谢大家”、“谢谢各位”这样的礼仪结语结束全文。

4. 欢送词的写作

欢送词是指客人应邀参加了活动，主人为表达对客人的欢送之意，在一些会议或重大庆典活动、参观访问等结束时的讲话。

欢送词一般由标题、称呼、正文和结尾构成。详细写法不再叙述。

四、探讨分享

例文一

开 幕 词

背景：2009年2月24日，“共创一个智慧的地球”IBM论坛2009在北京隆重开幕。此次论坛邀请众多顶级专家及学者，针对当今国际经济形势，分析中国企业的机遇与挑战；并从新锐洞察、智慧运作、动态架构、绿色未来等几个方面，分享建设“智慧的地球”的具体路径。以下是IBM大中华区首席执行总裁钱大群致开幕词：

“共创一个智慧的地球”IBM论坛开幕词

首先我代表IBM公司欢迎各位领导、各位尊敬的伙伴、客户、媒体界的朋友们以及IBM的同仁们，各位在百忙之中参加今天这样一个很重要的活动。各位都很忙，今天能参加我们的活动，非常感谢你们所花的时间。

今天是IBM论坛2009召开的日子。前面主持人在互动中已经谈到这是IBM主持的第八届，这是IBM在中国一年一度最重要的活动。为什么说是最重要的活动？我们通常在这样的场合和我们尊敬的领导和业界一起交流IBM在未来最重要的理念。在第一届举办的时候，IBM在中国提出电子商务，虽然在那个时代互联网的应用不很广泛，如何转变为E-business的观念才刚刚开始。几年前，当我们看到经济转型的时候，就是在这个论坛IBM又提出了创新这个主题。大家在今天的环境中非常关心整个全球经济有很大的变化，大家都在思索着往前走的时候，不管是企业，还是社会、政府，都应考虑如何打造一个更成功的社

会、或者是企业、或者是一个星球。今天谈到智慧的地球的理念不是一个口号，而是我们思维的方向是什么。

今天的安排很丰富，在开始的时候我们邀请到世界知名经济学家周其仁教授针对经济的发展以及今天面临的挑战、未来发展的举措发表见解，接下来由我本人向各位阐述一下IBM提出来的“智慧的地球”的观念是什么、代表的意义是什么。接下来是各行各业的专家一起做一些讨论，批评也好、建议也好，他们的看法，对这样的一些主题都是有价值的。这是今天早上的安排。今天下午的时候我们分两组，一组是针对在智慧的社会里很多的建设进行一些讨论，另外一组是针对如何建立更成功的企业进行讨论。我们非常欢迎各位。今天的主题是这样的，以及这样的安排，希望各位踊跃地参加。

例文二

欢　迎　词

女士们、先生们：

值此×××厂30周年厂庆之际，请允许我代表×××厂，并以我个人的名义，向远道而来的贵宾们表示热烈的欢迎。

朋友们不顾路途遥远专程前来贺喜并洽谈贸易合作事宜，为我厂30周年厂庆更添了一份热烈和祥和，我由衷地感到高兴，并对朋友们为增进双方友好关系作出努力的行动，表示诚挚的谢意！

今天在座的各位来宾中，有许多是我们的老朋友，我们之间有着良好的合作关系。我厂建厂30年能取得今天的成绩，离不开老朋友们的真诚合作和大力支持。对此，我们表示由衷的感谢！同时，我们也为能有幸结识来自全国各地的新朋友感到十分高兴。在此，我再次向新朋友们表示热烈欢迎！并希望能与新朋友们密切协作，发展相互间的友好合作关系。

“有朋自远方来，不亦乐乎。”在此新朋老友相会之际，我提议：

为今后我们之间的进一步合作，

为我们之间日益增进的友谊，

为朋友们的健康幸福，

干杯！

例文三

欢　送　词

尊敬的女士们、先生们：

首先，我代表×××，对你们访问的圆满成功表示热烈的祝贺。

明天，你们就要离开××了，在即将分别的时刻，我们的心情依依不舍。大家相处的时间是短暂的，但我们之间的友好情谊是长久的。我国有句古语："来日方长，后会有期。"我们欢迎各位女士、先生在方便的时候再次来××作客，相信我们的友好合作会日益加强。

祝大家一路顺风，万事如意！

讨论

阅读上面的例文，体会各类致辞的写作。

情境三　怎么祝贺别人迁址

一、情境设定

自己公司刚忙完迁址，听说同行业的一个兄弟单位也要迁址。记得上次他们也派代表到我们公司参加迁址仪式，并表示祝贺。这回，领导也要回访对方。领导叫你写两份材料，一份贺词，一份贺信，如果有时间亲自参加就带贺词去，如果没时间去，就寄一份贺信去。

你知道贺词和贺信的写法吗？

二、任务实施

贺词和贺信都是表示祝贺，但是贺词和贺信有所不同，贺词是口头表达，贺信是书面表达，在写作上要区分开来。

贺词是指在社会活动中为欢庆佳节、迎送宾客或者为举办其他隆重庆典时，领导人向公众表示节日祝贺或者主客双方分别向对方表示欢迎、祝贺、答谢所使用的讲话稿。它是一种公关礼仪性应用文体。

贺词适用的范围十分广泛。国际交往，国内各种场合的集会、宴会、喜庆活动等，客人应邀来访或者参加活动，主人表示欢迎和欢送，都经常用贺词来表达各自的衷心祝愿之情。贺词的运用，可以促进彼此之间的联系，在公关活动中起着联络感情、增进友谊、促进交流和加强合作的作用。

贺词的结构形式常见的有两种：一种是"点睛"式，多用于祝寿词或特殊场合的祝贺词、祝酒词。即用一两句精粹的词语，把自己美好的祝愿表达出来，有时也可以引用诗词或名言，借以表达自己的心意。另一种是文章式结构，全文由开头和正文构成。

三、知识链接

1. 贺信的写法

贺信一般由标题、称谓、正文、结尾和落款五部分构成。

（1）标题　贺信的标题通常由文种名构成，如在第一行正中书写"贺信"二字。

（2）称谓　顶格写明被祝贺单位或个人的名称或姓名。写给个人的，要在姓名后加上相应的礼仪名称，如"同志"。称呼之后要用冒号。

（3）正文　贺信的正文要交代清楚以下几项内容：

1）结合当前的形势状况，说明对方取得成绩的大背景，或者某个重要会议召开的历史条件。

2）概括说明对方都在哪些方面取得了成绩，分析其成功的主观、客观原因。这一部分是贺信的中心部分，一定要交代清楚祝贺的原因。

3）表示热烈的祝贺。要写出自己祝贺的心情，由衷地表达自己真诚的慰问和祝福。要写些鼓励的话，提出希望和共同理想。

结尾要写上祝愿的话，如“此致——敬礼”、“祝争取更大的胜利”、“祝您健康长寿”等。

（4）落款　写明发文的单位或个人的姓名、名称，并署上成文的时间。

2．贺词的写作

贺词短小、精练、热烈，总的来说还是应该做到主旨鲜明集中，感情真挚热烈，语言平实得体，富于感染性、启发性和鼓动性。

贺词属于演讲词的范围，除文稿本身的写作要求外，还有一个演讲技巧问题，其中包括仪表、仪态要自然大方，口语表述要清新、流畅，语势要波澜起伏等。这就对讲话者提出了更高的要求，即不仅要有一定的文字修养，还要具备一定的社交能力，如礼节礼仪、口头表达、即席发挥能力等。

四、探讨分享

例文一

贺　信

中华人民共和国教育部贺信

中央广播电视大学：

值此建校30周年之际，谨向你校以及全国所有广播电视大学的师生员工和广大校友致以诚挚的问候和热烈的祝贺！

30年前，邓小平同志亲自倡导并批示创办了覆盖全国城乡的广播电视大学，开创了我国远程教育事业的新纪元。30年来，广播电视大学认真贯彻党的教育方针，坚持面向基层、面向行业、面向农村、面向边远和民族地区，多层次、多形式的办学方向，致力于满足社会成员多样化学习需求，追踪现代教育技术和媒体技术发展，不断推进教学内容、手段和方法的改革，创新性地开展远程开放教育实践，积极探索适合中国国情的开放式人才培养新模式，培养了数以百万计的应用型高等专门人才，为国家经济社会发展作出了重要贡献。

希望你们继续高举邓小平理论和“三个代表”重要思想伟大旗帜，深入学习实践科学发展观，主动适应社会需要和学习需求，进一步深化教育改革，加强内涵建设，优化学习资源，提高教学质量，增强办学实力，为构建我国终身教育体系和建设学习型社会，为建设人力资源强国作出新的更大的贡献。

中华人民共和国教育部

二〇〇九年五月三十一日

例文二

贺　词

亲爱的朋友们：

首先向您和您的家人及亲人们致以新年的祝福！

即将过去的2008年是极不平凡的一年，这一年里我们共同经历了许多以前只有在书本和电影中才会看到的历史大事件；对我个人来说，这一年也必将是永远铭记在心的一年。

在今年的7月，我和家人们承受了亲爱的妈妈离开的痛苦，她瘫痪在病床上34年，却给我们家庭和兄弟姐妹带来无穷的精神力量。虽然妈妈离去，她把我们家人、亲人和乡亲们的心拉得更近了。在我们最悲痛的时刻，得到了朋友们极大的安慰和关爱，让我和家人度过了那些心痛的日子。也是在那痛苦的日子里，我沉思生命的意义，思考人生的短暂和灵魂的永恒。

今年5月，汶川大地震让我们再次看到了物质世界的不稳定和脆弱，人们经过千辛万苦创造的物质财富顷刻化为乌有，人的肉体生命在大的灾难面前也不堪一击。但我们也看到，这次大灾难同时强烈地唤醒了沉睡在人们心中的爱、同情心以及服务和奉献的精神，这种精神一直在传播。

“毒奶粉事件”给我们巨大的打击，让世人震惊，它让我们看到，没有诚实作为基础，没有精神文明的进步，再多的物质财富都是建立在沙滩上的大楼，没有根基，随时可以灰飞烟灭。

在过去短短一年时间中，我们曾认为坚不可摧的、被我们崇拜、确信了近一个世纪的华尔街土崩瓦解了，人们对旧体制失去了信心和安全感。这让我们更加清楚地看到，失去正义原则的指导、失去了中庸之道、精神和物质不能平衡发展的社会是举步维艰，难以持续进步的。

这些考验的来临都是不期而遇的，2008是我们多年来一直盼望的盛会之年。我们大家一起分享了奥运会带给我们的喜悦和自豪，“同一世界，同一梦想”的主题，让全世界的人们看到了人类一家的曙光；而同在这一年，奥巴马当选为美国总统，成为了不同种族、不同肤色的人们团结一体的象征。

在伊拉克的战火和中东、非洲不断传来的死亡等坏消息中，我们听到了战争结束的最后期限，我们看到了战争的黑暗终将离去，世界和平的阳光终将普照人间，我们看到了新世界的曙光正从旧世界的尽头升起。

有两种力量让我们迈向新世界。一种是破坏的力量，一种是建设的力量，这两种力量缺一不可。我们既不要在危机的痛苦中沮丧，也不要被短暂的物质繁华所蒙蔽。让我们成为建设力量中的一分子，每天为新世界的建设努力工作。当我们惊讶地看到一座以单一的物质发展为基础的旧世界建筑坍塌时，回过头来，另一座新的以精神和物质共同为基础的新世界建筑正迎向我们。

新世界一定有新的企业形态，旧企业形态中对利润的极端追求、对环境的大量破坏等弊端正像癌细胞一样吞噬着我们的社会和地球，也是造成社会和经济动荡的根源之一。几百年来，数不清大大小小的经济危机，总在制造泡沫、泡沫膨胀、泡沫破裂的怪圈里走不出来，其根源在于这些都是在旧的体制、旧的企业形态上徘徊。新的企业形态要在创造物质财富的同时也创造精神财富。

新的一年，我们会一起经历全世界前所未有的、最根本的、深刻的改变。对我们最大的挑战不是来自经济萧条和物质财富的减少，只要不浪费、不贪婪，经济萧条不会打垮我们。我们面临的真正挑战是我们过去所有的偏见、狭隘的忠诚和有限的团结，缺少诚实、缺少团结和正义才是我们面临的最大危机。

让我再一次以圣人巴哈欧拉的一句话来结束我们的贺信："人类只有牢固地团结起来，而且只有到那个时候，才能享受真正的幸福、和平与安全。"

在新一年里的每一天，我们会为您及您的家人和所有人的幸福、快乐、爱而祈祷！

SOHO 中国有限公司　张欣　潘石屹

2008 年 12 月

讨论

请分析这两则贺词和贺信在写作风格上的不同。说说后者给你的启发。

实训拓展

一、日常关注

1. 上网浏览一则公告或启事，看看是否符合文体要求。
2. 关注新闻或影视作品中涉及开幕或闭幕、欢迎或欢送、贺信或贺词等是怎么表述的。

二、分步拓展

说说你看了下列这则婚礼贺词后有哪些想法。

梁启超在徐志摩婚礼上的贺词

今天我来这里做这场婚礼的主婚人，我心里是一万个不愿意！我今天来是为了说几句不中听的话，让社会知道这种恶例不足取法，更不值得鼓励。徐志摩——你这个人生性浮躁，以至于学无所成。做学问不成，做人更是失败。你的离婚再娶就是用情不专的证明。陆小曼——你和徐志摩都是过来人，希望你今后恪遵妇道，检讨自己的行为和个性。离婚再婚，都是你们各自性格的过失所造成的。希望你们今后不要一错再错，自误误人，不要以自私自利作为行事的准则，不要以荒唐享乐作为人生追求的目的，更不可以把婚姻当做儿戏，以为可以高兴了就结，不高兴了就离，让父母汗颜，朋友不齿，让社会看笑话，让大家（徐志摩打断：先生，给父母高堂留点面子吧！）……总之我希望这是你们两个人最后一次结婚。这就是我的祝福，我说完了。

三、综合实训

毕业 10 年后同学们又相聚一堂，召开同学会。毕业 10 年，大家都经历了很多，无限感慨。假设你是同学会的主持人，要在同学会正式开始时致辞，你该怎么写呢？

任务四

公司推出新产品

任务要求

1）能区别请示和报告这两种容易混淆的文体。

2）学会产品说明书的写作。

3）明了广告文案的基本格式与写作要求。

情境一 请示还是报告

一、情境设定

为了扩大公司的经营范围，优化调整产品结构，培育更多的经济增长点，推进企业的快速发展，增强市场竞争力，经充分的市场调研和科学论证后，公司计划于今年推出新产品。

新产品推出之前，要先报请集团公司批准。领导安排你写一则公文，递交上级有关部门。你准备选用什么文体？

二、任务实施

推出新产品，公司要先上报给集团领导，应该使用“报告”吧？你心里这么想。可是当你写好了报告，送给领导审阅时，领导却责问道：怎么使用“报告”？你有权力自己做决定吗？那还要领导干什么？

你被领导训得一头雾水，回来琢磨：难道是要先请示，再报告？是不是请示是未做而请指示，报告是做了而告知？

1．请示与报告的区别

在公文处理时，经常能够看到请示与报告不分、或者类似“请示报告”杂糅的现象，其实请示与报告是两种性质完全不同的文种。

《国家行政机关公文处理办法》和《中国共产党机关公文处理条例》都明确地规定：请示，适用于向上级机关请求指示、批准；报告，适用于向上级机关汇报工作，反映情况，提出意见或者建议，答复上级机关的询问。二者不能混为一谈。

请示与报告都属于上行文，都具有反映情况、提出建议的功用，但也有其明显的不同。

（1）行文目的不同　请示的目的是向上级机关请求对某项工作、问题作出指示，对某项政策界限给予明确，对某事予以审核批准时使用的一种请求性公文，侧重于提出问题和请求指示、批准。报告的目的是让上级机关了解下情，掌握情况，便于及时指导，侧重于汇报工作，陈述意见或者建议。

（2）行文时间不同　请示必须事前行文；报告可以在事前、事后或者事情发展过程中行文。

（3）内容要求不同　请示的内容要求一文一事；报告的内容可一文一事也可一文数事。

（4）报送要求不同　请示一般只写一个主送机关；受双重领导的单位报其上级机关的请示，应根据请示的内容注明主报机关和抄报机关，主报机关负责答复请示事项。报告可以报送一个或多个上级机关。

（5）处理结果不同　请示属于“办件”，是指上级机关应对请示类公文及时予以批复。所以请示的结束用语必须明确表明需要上级机关回复，一般用“妥否，请批复”或“特此请示，请予批准”等形式。

报告属于“阅件”，一般不给本单位答复。因此，报告的结尾多用“特此报告”等形式，一般不写需要上级必须予以答复的词语。

2．请示与报告的相似点

请示与报告虽然文种不同，但两者之间仍有某些相同之处。

（1）行文方向一致　两者都是上行文，都是下级机关向上级机关呈送的报请性公文。因此，请示、报告的主送单位都是上级机关。

（2）表达方式相似　请示、报告都是用具体的事实和确凿的数据行文，不得言过其实、弄虚作假，混淆上级机关视听。但是要求对有关事实叙述得清楚明白，并非记流水账式地罗列材料，而是对有关事实进行系统的归纳和概括。

（3）用语要求相同　请示、报告都是处理问题、指导工作的依据，使用语言时都要求准确清晰，一目了然。

3．请示事项要明确

请示的标题通常由发文机关、事由和文种组成，也可以省略发文机关，由文种和事由组成，但是事由的写作必须要明确清晰，以提高工作效率。

每份请示只能有一个主送机关。除了上级领导直接交办的事项外，不得直接呈送领导者个人。

正文缘由是请示事项能否成立的前提，也是上级机关批复的根据。需要写明请示的原因、目的，包括“请示什么”、“为什么请示”两部分。要善于用事实说话，但又要有很强的说服力。

请示事项应该说明请求上级批准什么、指示什么或帮助什么。如果是请示批拨物质、资金，应写明需要的金额、品名、规格及数量等；如果是请求对某一项工作的指示或处理某项问题的批准，应提出自己的意见或处理办法；如果有两种以上的方案或意见，应表明自己的倾向性意见。

请示事项的表述需要注意语气得体。有的请示中会出现类似“经研究我公司决定……”这样的句式，显得生硬，既然已经决定，还需要请示吗？如果没有权力决定，你又决定了，那不是越权吗？其他如“大家一致认为……”这样的句式，也不恰当，可以改为“拟……”或者“认为……”等句式。

三、知识链接

报告的结构与通常的公文结构一致。报告的标题和通知一样，一般由发文机关、事由和

文种组成，但有时也可以省略发文机关，由事由、文种组成，如《关于招商工作有关政策的报告》。标题要明显反映报告专题事由，突出其专一性。

正文缘由，概括说明全文主旨，开门见山，对一定时间内各方面工作的总体情况（如依据、目的等），对整个工作的估计、评价等作概述，以点明主旨。常用“现将情况报告如下”等过渡句。

主体，内容要丰富充实。作为正文的核心，将工作的主要情况、主要做法，取得的经验、效果等，分段加以表述，要以数据和材料说话，内容力求既翔实又概括。报告的主体部分篇幅一般较长，可采用条文式结构，条理要有逻辑性。最后可写工作上存在的问题，提出下一步工作的具体意见。

结语，可写“请审阅”或“特此报告”等作为结束语。

四、探讨分享

例文一

请　示

关于调整市区自来水到户销售价格的请示

××市物价局：

2003 年，按照省政府办公厅《关于进一步加快水价改革意见的通知》（苏政办发 [2003] 6 号）要求，我局于 2003 年 8 月 28 日在银都大酒店组织召开了听证会，听证会通过了我局提出的“十五”水价改革方案，后经市政府同意，并报物价局批准实施。按这一计划，我局分别于 2003 年和 2005 年实施了前两步计划。后来随着经济形势的变化，通货膨胀形势趋紧，为了稳定水价，控制物价涨幅，我局一直没有实施第三步计划。现在，我市居民消费价格指数已经持续 8 个月回落，在这种形势下，我们认为实施“十五”水价改革方案第三步计划的时机已经基本成熟。

按照 2003 年××市物价局《关于调整××市城市自来水价格的批复》（×市价发 [2003] 176 号），“十五”期末我市市区自来水价格将达如下水平：

（单位：元/吨）

项目 用水类别	基本水价	污水处理费	省水处理费	水资源费	到户价合计
居民生活用水	1.25	1.20	0.02	0.03	2.50
工业用水	1.55	1.20	0.02	0.03	2.80
经营用水	1.85	1.20	0.02	0.03	3.10
特种用水	2.05	1.20	0.02	0.03	3.30

但是，由于在水价改革过程中，我局按上级规定，对工业和服务业用水价格实施了并轨，并先后两次按规定将水资源费调整到 0.20 元/吨，同时鉴于我市自来水运营成本不断增加的实际，市局在 2005 年批复我市实施“十五”水价改革方案第二步计划时，对基本水价进行了适当调整。因此，现在如果实施第三步计划，已不可能完全按照 2003 年批准的计划来实施，结合我局对××市自来水有限公司的成本监审结论，参照周边县（市）已实施的价格水

平，我局提出如下水价调整方案：

一、居民生活用水价格上调0.08元/吨。到户结算水价由2.37元/吨调整为2.45元/吨，其中基本水价由1.35元/吨调整为1.40元/吨，上调0.05元/吨；污水处理费由0.80元/吨调整为0.83元/吨，上调0.03元/吨。

二、工业服务用水价格上调0.13元/吨。到户结算水价由2.67元/吨调整为2.80元/吨，其中基本水价由1.65元/吨调整为1.70元/吨，上调0.05元/吨；污水处理费由0.80元/吨调整为0.88元/吨，上调0.08元/吨。

三、特种用水价格上调0.18元/吨。到户结算价格由3.37元/吨调整为3.55元/吨，其中基本水价由2.20元/吨调整为2.35元/吨，上调0.15元/吨；污水处理费由0.95元/吨调整为0.98元/吨，上调0.03元/吨。

基本水价调整后，综合水价为1.70元/吨。

执行时间拟从2009年7月1日以后抄见表量起执行。

本方案上报市政府后，市政府领导十分重视，先后两次召集我局和市城管局、市房管局、市财政局、市水利局及自来水公司等单位专题会商，并经市委、市政府主要领导同意后上报。

以上请示妥否，请批示。

二〇〇九年六月二十九日

例文二

报　告

××市人民政府关于治理××河水质污染问题的报告

××省人民政府：

省政府转来××××××委员会提出的关于××河水质污染状况的报告，经市政府调查研究，对报告中提出的有关问题及解决方案报告如下：

一、解决××河水质污染问题的关键是尽快建成污水处理厂。现在××河的污染主要是××区排放的污水所致。××区的排放量为25万吨，污水比较集中，因污水处理厂未能及时建立，致使污水直接排入××河，造成了××河的污染。

为解决××河的污染，市政府已抓紧××区污水处理厂建设，争取在19××年建成。××区污水处理厂原设计概算为8 316万元，按现行价格估算约为1 100万元，已于19××年×月开工，建成了8项附属设施，计完成投资200万元。市政府今年安排的300万元投资已全部落实，××区城环局正在组织实施。

根据××河河道以南人口密集区的地下水污染和环境问题，在污水处理厂未建成之前，利用现有污水管道，把污水引到某区污水处理厂以西，污水直接排入污水处理厂的出口，这就避开了污染区。

二、电热厂的粉煤灰也是污染源之一。对于电热厂储灰厂的选址，必须考虑到对地下水和环境的污染。选址已责成××区电热厂抓紧做工作，争取尽快报市政府有关部门审批。对南储灰厂渗漏对地下水的污染，主要采取截流集中排放的措施，以减少对地下水的污染。

××市人民政府

二〇××年×月×日

讨论

1）以上两则请示和报告的写作原因和目的各是什么？

2）评论《关于调整市区自来水到户销售价格的请示》的缘由和事项之间的逻辑性。

情境二　给新产品写说明书

一、情境设定

新产品推出来了，可是怎样给新产品编写说明书呢？为此，营销部伤透脑筋，怎样使新产品的说明书看起来简短、通俗而又内容完备呢？

二、任务实施

我们在生活中已经见过不少的说明书，对产品说明书的概念似乎也比较麻木，因为说明书太常见、太普通了，为什么要专门去学习怎样写说明书呢？

产品说明书的写作是产品设计过程的最后一个环节。学会阅读和制作产品说明书是为了让我们分别站在产品设计者和使用者的角度来看待产品的使用及维护问题。

1. 客观体现产品的特点

产品说明书必须准确反映产品的使用价值，对产品负责，对用户负责，不能虚构夸张，欺骗用户。

产品说明书应突出产品的设计特点，抓住设计特点进行介绍。这样，不仅可以让用户更好地了解产品，而且便于用户更好地使用产品。以儿童玩具为例，新材料、新工艺、新技术不断应用于儿童玩具，使得玩具种类和花样日益增多。针对不同玩具的设计特点，强调相应的使用说明及安全忠告等显得尤为必要。

1995年3月，北京某餐厅发生一起卡式炉爆炸事故。经调查，燃气罐使用不当引发了此次事故。该燃气罐的英文说明书提及“Never refill gas into empty can”（空罐绝不能再次充气），而其中文说明书却翻译为“若本罐使用无损坏，可再次充气”。事主按照中文说明书意思，对燃气罐进行了再次充气，所充进的非专用燃气导致了燃气罐的爆炸，在场的一位17岁少女脸部被严重烧伤。

2. 突出用户的重点需求

产品说明书应便于用户阅读，充分考虑到用户的阅读需要。一方面，不同类型的产品，用户有不同的阅读需要。例如，就家电产品说明书而言，用户需要知道产品安装方法、使用方法、常见问题的处理以及日常的维护与保养；就医药产品说明书而言，用户可能更需要知道适应证、用法用量、不良反应、注意事项、禁忌、有效期和贮藏方法等。

有的说明书过于简单，使用户不知所言；有的说明书太长，使用户看得不得要领，都是不适应用户需求的。

3. 表达通俗简洁而有条理

说明书的主要作用在于方便用户，让用户看得懂；因此说明书在语言表达上应准确无误，同时不要滥用科学术语和行业用语，避免“说而不明”。为了方便国外消费者阅读，有的说明书还要译成外语。为了帮助介绍产品结构等，说明书还需要配有图示。

在内容安排上，应鲜明醒目，条理清楚，使用户一目了然。

三、知识链接

产品说明书是生产单位向市场、用户介绍和推荐产品的一种重要宣传工具，它可以使经销单位了解产品，帮助用户熟悉产品，从而占领市场；同时，它还能提供有关科技情报和资料，供科研部门及企业的科技人员掌握有关科技动态。它的主要特点是内容的科学性和实用性，既要准确客观，又要通俗明白。

产品说明书的结构包括：

（1）标题　标题一般采用“产品牌号+名称+文种”的形式。

下面需要标注型号、商标、批准生产文号等。

（2）正文　开头简要概括产品概况。

主体详细介绍产品有关知识：一是性能、特点、功用；二是原料组成或基本结构；三是规格或指标（主要参数）；四是产品使用方法；五是保养和维修；六是注意事项，如三包“包修、包换、包退”条件等。

主体部分可以采用条款式、对话式、表格式的写法。

结尾一般介绍附件、备件和其他需要说明的内容。

（3）落款　主要注明生产厂家和经销商、地址、电话号码、邮政编码、网址等。这是对消费者负责的表示。

如果说明书比较长，需要加封面、目录、封底等，一起装订成册。

四、探讨分享

案例一

Portolano 开关产品说明书

产品说明书

物品属性：开关

品　　牌：Portolano

产品技术指标：

1. 额定电压：110V～250V
2. 额定功率：100W/300W/1 000W
3. 频　　率：50～60Hz
4. 静态功耗：0.5mW

产品特点：

功率大、功耗小、天然防爆；外观设计新颖前卫，别致美观、极具装饰性。

使用说明：

用手触摸面板触摸区（金属部分），开关状态切换。开关关闭时，夜间指示灯点亮。

产品的安装：

1. 将火线接入接线盒（L1、L2）。
2. 将固定架后面所附的两个安装螺钉取下。

3. 用两个安装螺钉将固定架固定在墙内的暗盒上（箭头所指有两个突出点的边向下）。
4. 面板缺口对准固定架上的突出点合上即可。

安装建议：

从美学上考虑，请将艺术类开关安装在1.5米高度。

保用承诺：

Portolano系列触摸开关使用期限为三年，在保用期限内若发现电路质量问题（不包括人为使用不当），可凭“合格证”到我公司或代理经销处免费更换或维修。

注意事项：

1. 必须由专职电工安装、拆卸，并事先断开电源。
2. 本产品只能在标志的额定电流、电压内使用。
3. 不能短路或过载使用，否则会损坏本产品。
4. 本产品只能在湿度<90%的环境中使用。
5. 适用温度为0℃～40℃。
6. 必须将火线接入开关，否则本品不能正常工作。
7. 本产品配套使用的接线暗盒须为86和120型，且86型暗盒的内径不得小于72×72mm。
8. 遥控开关不配遥控器，电视及影视系统的遥控器都能使用，只适用控制于白炽灯。

案例二

海尔MI-2270EG微波炉使用说明书（节选）

封面

使用说明书

Haier

MI-2270EG (N)

家用微波炉

目录

专用号：0050501901

VC532007

- 使用前请仔细阅读本说明书
- 请注意保存
- 微波炉外观、颜色或图案如厂家有改动见实物为准
- 本产品只适合中国大陆使用，如要到其他国家或地区使用请与本公司联系定制。

使用方法

使用方法

微波火力设定和加热

微波烹调火力设为5档：100%、70%、50%、……10%，连续按 微波火力 键，显示屏循环显示P100、P70、P50、P30、P10，用户可先行设定微波烹调火力，后设定烹调时间，按“启动+30秒”键后，微波炉开始工作，最大烹调时间为30分钟。

例 用70%微波火力烹调10分钟

1. 微波炉通电，处于待机状态，屏幕显示： 0′00″
2. 按动“微波火力”键两次，屏幕显示： P 70
3. 调节“时间/重量调节‘+’或‘-’”键至屏幕显示： 10′00″
4. 按“启动+30秒”键，微波炉开始工作。 9′59″
5. 工作终了，蜂鸣器鸣叫，提醒用户。

注意：1. 在微波炉待机状态下（屏幕显示0 00），直接按“启动+30秒”键，微波炉将以100%微波火力工作30秒，（显示屏从0 30倒计时）。
2. 若连续按启动键，则工作时间以30秒为单位累加，最长时间不超过5分钟。
3. 在快速启动后烹调时可随时增加烹调时间，工作过程中每按一次剩余时间增加30秒。

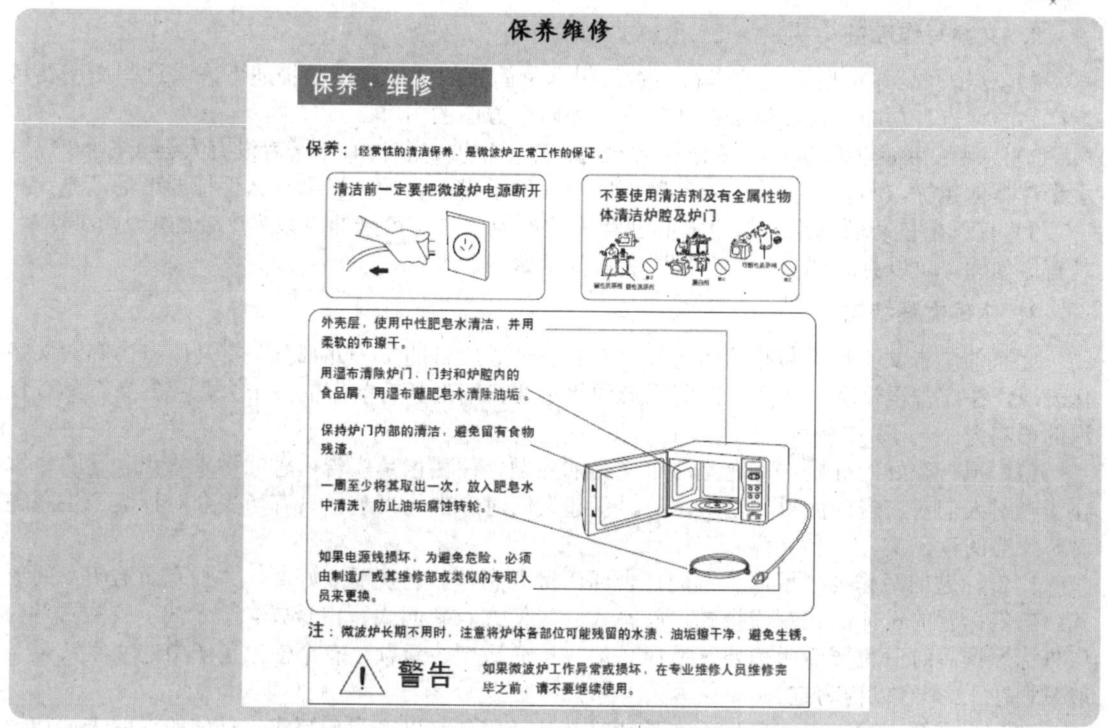

保养维修

保养 · 维修

保养：经常性的清洁保养，是微波炉正常工作的保证。

清洁前一定要把微波炉电源断开

不要使用清洁剂及有金属性物体清洁炉腔及炉门

外壳层，使用中性肥皂水清洁，并用柔软的布擦干。

用湿布清除炉门、门封和炉腔内的食品屑，用湿布蘸肥皂水清除油垢。

保持炉门内部的清洁，避免留有食物残渣。

一周至少将其取出一次，放入肥皂水中清洗，防止油垢腐蚀转轮。

如果电源线损坏，为避免危险，必须由制造厂或其维修部或类似的专职人员来更换。

注：微波炉长期不用时，注意将炉体各部位可能残留的水渍、油垢擦干净，避免生锈。

警告　如果微波炉工作异常或损坏，在专业维修人员维修完毕之前，请不要继续使用。

讨论

1）比较以上两则产品说明书的结构方式。

2）以这两则产品说明书为例，思考产品说明书如何站在用户的角度介绍产品。

情境三　新产品要做广告了

一、情境设定

新产品要上市了。怎样为新产品做广告呢？

二、任务实施

“广告的效果 50%～75%来自于广告文案。”这是美国最权威的调查机构经过科学测试得出的结论。在这个信息爆炸的时代，要想使自己的广告不断顺应市场经济的浪潮，并能标新立异、独占鳌头，其中事关重要的就是要认真研究广告文案的突出特点和写作的方式方法。

那么，什么是广告文案？是不是广告设计的脚本呢？广告文案要怎么写？

1. 了解广告文案

广告文案是指已经完成的广告作品的全部的语言文字部分。“语言”是有声语言，包括人物对白、画外音；文字是平面媒体中的文字部分、电子媒体文案中的脚本及字幕。

2．文案写作准备

1）分析产品与市场调研的资料，然后用尽量简短的文字将产品描述下来。这些文字要包括产品的特点、功能、目标消费群和精神享受四个方面的内容。

2）思考：我应该向消费者承诺什么？这一点很重要，若没有承诺就没有人会买你的产品，承诺越具体越好。不要作出连你自己都不能相信的承诺，你的承诺靠什么保证要考虑清楚。

3）有一个核心的创意。这个核心创意一是单纯；二是可延伸成系列广告的能力很强；三是有原创性，可以打动那些对产品漠不关心的消费者。

3．明确文案结构

完整的广告文案通常包括广告标题、广告正文、广告随文等几部分，它是广告内容的文字化表现。在广告设计中，文案与图案图形同等重要，图形具有前期的冲击力，广告文案具有较深的影响力。

（1）拟一个好的标题　标题是广告文案的主题，往往也是广告内容的诉求重点。它的作用在于吸引人们对广告的注目，留下印象，引起人们对广告的兴趣。只有当受众对标语产生兴趣时，才会阅读正文。

广告标题的写作要体现广告主题，表现消费者利益，诱发受众好奇，并且有简洁明快的形式。广告标题的设计形式有情报式，问答式、祈使式、新闻式、口号式、暗示式、警醒式等。广告标题撰写时语言要简明扼要、易懂易记、传递清楚、新颖、有个性，句子中的文字数量一般掌握在12个字以内为宜。

（2）正文要有冲击力　广告正文是针对产品及服务，以客观的事实、具体的说明来增加消费者的了解与认识，以理服人。广告正文撰写时，内容要实事求是，通俗易懂。不论采用何种题材式样，都要抓住主要的信息来叙述，言简易明。

现代广告教父大卫•奥格威指出广告正文写作的原则有：

1）要直截了当地用准确的语言来写作。

2）不要用最高级的形容词、一般化字眼和陈词滥调，要讲事实且把事实讲得引人入胜。

3）要经常运用用户经验来谈广告信息。

4）向读者提供有用的咨询或者服务，而不仅仅单纯地介绍产品本身。

5）尽量避免文学派的广告。

6）避免唱高调。

7）用消费者的通俗语言写作文案。

8）不要贪图写作获奖广告文案。

9）衡量优秀广告文案人员的标准是看他们使多少新产品在市场上腾飞，而不是用文字娱乐读者。

（3）广告附文　广告附文具有补充广告正文的遗漏、直接地促进销售行为的实施、加强受众的固定性记忆和认知铺垫的特殊功能。

广告附文需要对正文不便提及的问题做一些辅助性的补充，如产品在哪里销售、消费奖励是什么内容、销售的时间等。这些问题以及对这些问题的补充交代，直接地为消费者实施消费做实际的指导。因此，这个指导必须具有可操作性。此外，附文的写作尤其需要信息准确，表现上也尽量有创意。

4．设计鲜明而上口的广告口号

广告口号又称为广告语、广告标语，是为了加强受众对企业、产品或者服务的印象而在广告中反复使用的一种简明扼要的口号性语句。它可以出现在文案的任何部位，但因为鲜明而上口的特点，经常与广告标题出现互转的现象。

广告口号常有的形式有联想式、比喻式、许诺式、推理式、赞扬式、命令式。广告口号的撰写要注意独创有趣，易读上口，鼓动性强，适应媒体。

三、知识链接

1．广告的本质

广告的本质有两个：一个是从广告的传播学方面来讲，广告是广告业主达到受众群体的一个传播手段和技巧；另一个指广告本身的作用，是对商品的促销。总体说来，广告是面向大众的一种传播。

所以，成功的广告是让大众都接受的一种广告文化，而不是所谓的脱离实际的高雅艺术。广告的效果，从某种程度上决定了它是不是一个成功的广告。脑白金的广告可说是成功的，因为它的礼品定位对工薪阶层是非常有效果的，其销售业绩很好地说明了这一点。

2．广告创意

随着我国经济持续高速增长、市场竞争日益扩张、竞争不断升级，商战已开始进入“智”战时期，广告也从以前的所谓“媒体大战”、“投入大战”上升到广告创意的竞争。“创意”一词成为我国广告界最流行的常用词。

“创意”——“Creative”的英文原意是创造、创建、造成，“创意”从字面上也可理解为“创造意象之意”。从这一层面进行挖掘，广告创意就是介于广告策划与广告表现制作之间的艺术构思活动。即根据广告主题，经过精心思考和策划，运用艺术手段，把所掌握的材料进行创造性的组合，以塑造一个意象的过程。简而言之，即广告主题意念的意象化。

3．广告创意的原则

（1）广告创意的独创性原则　所谓独创性原则，是指广告创意不能因循守旧、墨守成规，而要勇于且善于标新立异、独辟蹊径。独创性的广告创意具有最大强度的心理突破效果。与众不同的新奇感是引人注目的，且其鲜明的魅力会触发人们浓烈的兴趣，能够在受众脑海中留下深刻的印象，令其长久地被记忆。这一系列心理过程符合广告传达的心理阶梯的目标。

（2）广告创意的实效性原则　广告创意能否达到营销的目的，基本上取决于广告信息的传达效率，也就是受众的理解。在进行广告创意时，要善于将各种信息符号元素进行最佳组合，使它易于被受众正确理解，而广告创意中的意象组合和传达应该与广告主题、广告的长期战略目标相吻合。

4．封面、封底等特殊制式的广告文案

封面、封二、封三、目录对页和封底等杂志版面，都属于指定版面。

（1）封面和封底的杂志广告，因为位置显著，瞩目度高，因而对广告的版面设计和文案写作有特殊要求。

封面的广告应以精美的画面吸引受众，画面信息应与杂志的专业性有一定的内在联系，并具有审美价值，使人在情感愉悦中接受信息。文案只能以品牌或广告名称，以及简洁凝练的广告语形式出现。

封底与封面同样重要，也应以图形为主、文案为辅。文案的语言不仅要考虑到杂志的特殊受众，而且要考虑杂志受众之外无意中注意的其他受众，因此要适当淡化专业性，更接近于大众。

（2）封二、封三和目录对页的杂志广告，受众瞩目度仅次于封面和封底，也是很重要的版面形式。广告多以图文并茂的形式加以表现，文案的作用更为重要。使用于平面广告的各种文体、表现形式和表现手段，都可以针对特定目标受众运用于文案写作。

讨论

毛姆的广告的成功因素是什么？

案例一

大卫·奥格威的劳斯莱斯汽车广告文案

"这辆新款的劳斯莱斯汽车时速达到60英里时，最大的噪声来自它的电子钟"

是什么使劳斯莱斯成为世界上最好的汽车？一位知名的劳斯莱斯工程师回答道："其实没有什么奥秘，无非是对细节的一丝不苟。"

1.《汽车》杂志的技术主编报告："在以每小时60英里的速度行驶时，最大的噪声来自它的电子钟。三个消音装置把声音的频率在听觉上过滤掉了。"

2. 每个劳斯莱斯的引擎在安装前都先以最大气门开足7小时，而每辆车子都在各种不同的路面上试车数百英里。

3. 劳斯莱斯是为自己驾驶的车主而设计的，它比国内制造的最大型车短了18英寸。

4. 本车配有机动方向盘、机车刹车及自动排档，驾驶与泊车都易如反掌，无需雇用司机。除驾驶速度计以外，在车身与车盘之间没有金属衔接，整个车身都是封闭绝缘的。

5. 汽车安装完成后要在测验室里经过一周的精密调试，分别经受98种严格考验。例如，工程师们用听诊器来细听轮轴所发出的声音。

6. 劳斯莱斯保修三年。从东岸到西岸都有经销网及零件站，服务不成问题。

7. 劳斯莱斯引擎冷却器从未更改，除了亨利·莱斯在1933年去世时，把首写字母RR从红色改成了黑色。

8. 制造汽车车身前先上5层底漆，每次都用人工磨光，之后又上了9层漆。

9. 移动方向盘柱上的开关，就能调节减震器以适应路面的情况。

10. 镶贴胡桃木的野餐桌可从仪器板下拉出，另外两个可从前座旋转出来。

11. 你还可以选择其他配件，如咖啡机、电话自动记录器、床、冷热水盥洗器、电动刮

胡刀和电话。

12. 有三种不同的制动系统，两种水力制动器、一种机械制动器。劳斯莱斯汽车非常安全——而且十分灵活。它可在时速 85 英里时安静地行驶，最高时速可超过 100 英里。

13. “本特利”汽车也由劳斯莱斯公司生产。除了引擎冷却器之外，两车完全一样，由同一个工厂的同一批工程师精心打造。对驾驶劳斯莱斯不感兴趣的人不妨购买一辆“本特利”。

价格：如广告画面所示的车子，若在主要港口交货，售价是 13 995 美元。

如果希望感受驾驶劳斯莱斯或本特利的超凡体验，请与对页列出的经销商接洽。

劳斯莱斯公司：纽约洛克菲勒广场 10 号。

讨论

请分析这篇劳斯莱斯汽车广告文案的结构。

案例二

smart 汽车的广告文案

这一系列的插图广告标题均为“大心脏，小汽车”，左图文案意为“我将带你去威灵顿，途中不喝一滴水”。右图文案意为“我排得少，因为我个子小”。

讨论

比较这两个广告中的文案与案例一文案的差异。

实训拓展

一、日常关注

1．请注意观察各类产品说明书，看看它是否把必要的信息都交代清楚了。

2．观看电视或网络上的某则广告，请将它的口号或创意记下来，在课堂上和同学分享。

二、分步拓展

下列这则公文有多处错误或不足之处（不涉及眉首和版式），请列举并修改。

关于×××实业有限公司改换名称的报告

市政府、市工商局：

随着公司业务发展的需要，经公司总经理办公会研究决定，将×××实业有限公司改为×××有限公司。以上报告妥否？请批准！

××实业有限公司

2011年3月5日

抄报：市劳动局、市税务局

三、综合实训

1．假设你要在淘宝网上开店，请为自己的宝贝写一份说明书。

2．根据下列文字材料的内容，为青岛啤酒拟写一份报纸广告的文案。

青岛啤酒是历史悠久的名牌产品。1963年和1979年曾经被评为全国名酒。1980年又获金质奖章。1989年获出口产品金质奖。青岛啤酒含有充足的二氧化碳，注入杯内，即见细腻洁白的泡沫泛起，细小如珠的气泡一串串不断从杯底上升，泡沫浓厚，挂杯持久，入口苦味适中，清爽甘洌，具有独特风格，是啤酒中的佳品，在海外市场上名列前茅。青岛啤酒的主要原料崂山矿泉水，是非常适宜于酿造啤酒的软水，它含杂质极少，经过过滤加工，对啤酒味道的柔和起了决定性的作用，这是青岛啤酒厂独有的原料。其次，酿制青岛啤酒所用的大麦是从大麦产区调拨来的优质大麦，把这种大麦加工成麦芽，酿出的啤酒富有光泽，并有浓厚的麦芽香。此外，青岛啤酒所用各种酒花等原料多属优质，生产出的啤酒晶莹澄澈，有爽口微苦味和酒花香，并能延长啤酒的保存期。

任务五

做一次市场调研

任务要求

1）能进行初步的调查问卷的设计。

2）能撰写比较完备的调查报告。

3）明晓合同制定的要求，可以运用规范的合同语言。

情境一　做一份调查问卷

一、情境设定

新产品投放市场后，公司进行了一系列的宣传，包括在报纸杂志、电视、互联网投放大量的广告。公司领导想知道消费者对产品有哪些意见，满意不满意，有哪些地方需要改进。

你该怎么做，才能获得这些信息？

二、任务实施

问卷设计是由一系列相关的工作过程所构成的。为使问卷具有科学性、规范性和可行性，一般可以参照以下程序进行。

1．确定调查目的

在问卷的设计过程中，首要的任务是确立评估的目的，即设计问卷是基于何种需求，如市场环境分析、产品研究、了解消费者情况、内部员工满意度等。目标应当尽可能精确、清楚，如果这一步做得好，下面的步骤会更顺利、更有效。

2．问卷资料的收集整理

根据调查主题的范围，将所需问卷资料一一列出，分析哪些是主要资料，哪些是次要资料，哪些是调查的必备资料，哪些是可要可不要的资料，并分析哪些资料需要通过问卷来取得，需要向谁调查等，对必要资料加以收集。同时要分析调查对象的各种特征，即分析了解各被调查对象的社会阶层、行为规范、社会环境等社会特征，文化程度、知识水平、理解能力等文化特征，需求动机、行为等心理特征，以此作为拟定问卷的基础。

在此阶段，应充分征求有关人员的意见，以了解问卷中可能出现的问题，力求使问卷符合实际，能够充分满足各方面分析研究的需要。可以说，这一阶段是整个问卷设计的基础，是问卷调查能否成功的前提条件。

3．初步设计问卷

这一阶段需要根据收集到的资料，按照设计原则设计问卷初稿。主要是确定问卷结构，拟定并编排问题。在初步设计中，首先要标明每项资料需要采用何种方式提问，并尽量详尽地列出各种问题，然后对问题进行检查、筛选、编排，设计每个项目。对提出的每个问题，都要充分考虑是否有必要，能否得到答案。同时，要考虑问卷是否需要编码，或需要向被调查者说明调查目的、要求、基本注意事项等。这些都是设计调查问卷时十分重要的工作，必须精心研究，反复推敲。

一份完整的调研问卷通常由问卷的名称、被调查者的基本情况、调查问卷的主体内容、作业证明的记载、问卷说明等内容构成。

（1）问卷的名称　问卷的名称概括地说明调研主题，使被访者对所要回答的问题有一个大致的了解。问卷的名称要简明扼要，但又必须点明调研对象或调研主题。

例如，“学生宿舍卫生间热水供应现状的调研”，而不要简单采用“热水问题调查问卷”这样的名称。这样无法使被访者了解明确的主题内容，妨碍接下去回答问题的思路。

（2）被调查者的基本情况　这是指被调查者的一些主要特征，如个人的姓名、性别、年龄、民族、职业等。这些是分类分析的基本控制变量。在实际调研中要根据具体情况选定询问的内容，并非多多益善。如果在统计问卷信息时不需要统计被调查者的特征，就不需要询问。这类问题一般适宜放在问卷的开头或末尾。

（3）调查问卷的主体内容　调查问卷的主体内容是一份调查问卷最主要的内容，它包括：人们的行为，包括对被调查者本人的行为或通过被调查者了解他人的行为；人们的行为后果；人们的态度、意见、感觉、偏好等。

1）问卷编排。问卷不能任意编排，问卷每一部分的位置安排都具有一定的逻辑性。合理排序一方面便于被调查者顺利地回答问题；另一方面也便于调查者在调查结束后对资料的整理和分析。排序可以考虑以下几方面：一是问题的性质和类别；二是问题的难易程度；三是问题的时间顺序；四是被调查者的心理承受能力。

2）提问形式。问卷设计中的措辞必须准确清晰，充分考虑到应答者回答问题的能力和意愿；应避免诱导性的用语。问卷的提问形式主要有两种：

① 开放式问题。开放式问题是一种应答者可以自由地用自己的语言来回答和解释有关想法的问题类型。也就是说，调查人员没有对应答者的选择进行任何限制。

② 封闭式问题。封闭式问题是一种需要应答者从一系列应答项作出选择的问题，是现代问卷调查中常用的问题形式。封闭式问题的具体方式有填空式、选择式、排序式、量表式等。

（4）作业证明的记载　调查问卷左上角需要有问卷编码，便于问卷的数据录入和问卷查核。在问卷的最后，要求附上调查人员的姓名、调查日期、调查的起止日期等，以利于对问卷质量进行监察控制。这就是所谓的作业证明。

（5）问卷说明　对于需要被调查者自己填写的问卷，应在问卷中说明告知如何填写问卷。例如：

说明：

问卷答案没有对错之分，只需根据自己的实际情况填写即可。

问卷的所有内容需个人独立填写，如有疑问，敬请垂询您身边的工作人员。

您的答案对于我们改进工作非常重要，希望您能真实填写。

4．试答和修改

一般来说，所有设计出来的问卷都存在着一些问题，因此，需要将初步设计出来的问卷在小范围内进行试验性调查，以便弄清问卷在初稿中存在的问题。在问卷评估过程中，需要了解所提问题是否是调查目标所需的信息，哪些问题多余或遗漏；问题的顺序是否符合逻辑；问卷的长度是否影响答题意愿；问卷的内容是否影响到被调查者的隐私或虚荣；有无语句不通、字体排版等问题。

如果发现问题，应做必要的修改，使问卷更加完善。试调查与正式调查的目的是不一样的，它并非要获得完整的问卷，而是要求回答者对问卷各方面提出意见，以便于修改。

5．付印装订

精确的打印指导、空间、数字、预先编码必须安排好，监督并校对。有时问卷可能进行特殊的折叠和装订。

三、知识链接

1．调查问卷的功能

一份完整的调查问卷具有以下几项功能：

1）能正确反映调查目的，问题具体，重点突出；能使被调查者乐意合作，协助达到调查目的。

2）能正确记录和反映被调查者回答的事实，提供正确的情报。

3）统一的问卷还便于资料的统计和整理。

2．调查问卷设计的原则

调查问卷设计时应注意如下原则：

（1）针对性　问卷上所列问题应该都是针对调查目的的，是必要的，可要可不要的问题不要列入。

（2）通俗性　调查要得到被调查者的密切合作，就必须充分考虑被调查者的身份背景。不要提出对方不感兴趣的问题；尽量不多使用专业术语，也不能将两个问题合并为一个，以至于得不到明确的答案。使人感到困惑的问题会让你得到“我不知道”的答案。

在询问问题时不要转弯抹角。如果想知道顾客为什么选择你的店铺买东西，就不要问：“你为什么不去张三的店铺购买？”你这时得到的答案是他们为什么不喜欢张三的店铺，但你想了解的是他们为什么喜欢你的店铺。根据顾客对张三店铺的看法来了解顾客为什么喜欢你的店铺可能会导致错误的推测。

利用问卷做面对面访问时，要注意给回答问题的人足够的时间但又不至于打扰别人太长时间。一般应控制在20分钟内回答完毕。

（3）客观性　问题的词义要清楚，有利于使被调查者作出真实的选择，否则容易误解，影响调查结果。因此答案切忌模棱两可，使对方难以选择。避免用引导性问题或带有暗示性的问题，诱导人们按某种方式回答问题。

调查员要保持中立，不影响被调查者答题，对任何答案也不要作出负面反应。如果别人回答，从未听说过你的产品，那说明他们一定没听说过。这正是你为什么要做调查的原因。

四、探讨分享

案例

北京市大学生消费情况调查问卷

以下资料我们只做调查，保证绝不泄漏您的任何信息，望您能认真地填写以下问题：

学　校：＿＿＿＿＿＿＿＿　专　业：＿＿＿＿＿＿＿＿＿＿　年　级：＿＿＿＿＿

性　别：＿＿＿　户　口：农村□　城市□　原　籍：＿＿＿＿＿

1. 您的日常开支来源的*具体金额*:

父　母: ______________ 元/月□　元/年□

贷　款: ______________ 元/月□　元/年□

打　工: ______________ 元/月□　元/年□

奖学金: ______________ 元/月□　元/年□

其　他: ______________ 元/月□　元/年□

2. 您的支出情况:

学习方面（具体金额）:

学　费: ______________ 元/年

辅导班及考试费（含学习资料）: ____________ 元/年

其　他: ______________ 元/年

生活方面（具体金额）:

餐饮费用: ______________ 元/月

通信（手机费及电话费）: ____________ 元/月

住宿费用: ______________ 元/年

交通（出行、乘车等）: ______________ 元/年

服装、日用品及化妆品: ______________ 元/年

电子消费类产品（手机、计算机等数码产品）*总计* ______________ 元

其他（如KTV、旅游等休闲娱乐活动）: ______________ 元/年

其他方面消费: ______________ 元/年

结余（可以为负数）: ____________ 元/年

3. 在对于下列产品的消费上，您选择的是国产商品还是进口商品?

	国产商品	进口商品
计算机	□	□
手机	□	□
MP3	□	□
随身听	□	□
CD机	□	□
化妆品	□	□
日用品	□	□

4. 如果您选择进口商品，主要原因是:

A. 品牌效应　B. 质量稳定，值得信赖　C. 两者都有　D. 其他

5. 如果国产的商品与进口商品的质量相当，您是否会优先选择购买国产商品?

A. 会　B. 不会

6. 您对自己现在的消费状况满意吗?

A. 很满意　B. 不满意　C. 没考虑过，无所谓

7. 您心目中理想的消费状态和结构是:

A. 够花就行　B. 有较细的消费计划

C. 每月都有盈余可供自己支配　D. 其他

8. 您认为周围同学的消费水平对您的影响程度如何?

A. 有很大程度的影响

B. 有较小影响，具体的购买行为还是取决于自己

C. 没有影响

9. 您的学校是否对您进行过有关消费观念方面的指导？

A. 经常　　B. 偶尔　　C. 从未有过

讨论

1）请分析这篇调查问卷各部分问题的类型与编排。

2）讨论这篇调查问卷的调研目的与问卷内容之间的契合度。

情境二　写一份调查报告

一、情境设定

完成了问卷调查，你收回了多份调查问卷。面对这么多资料，你该怎么处理？从这些回答中，你会得出一个什么结论？

二、任务实施

不同类型的调查报告，具体内容有所不同。但基本写法是相通的。

1. 确定主题

主题是调查报告的灵魂，对调查报告写作的成败具有决定性的意义。因此，确定主题要注意：报告的主题应与调查主题一致；要根据调查和分析的结果，重新确定主题；主题宜小，且宜集中；与标题协调一致，避免文不对题。

2. 取舍材料

对经过统计分析与理论分析所得到的系统的完整的调查资料，在组织调查报告时仍需精心选择，不可能也不必全部都写上去，要注意取舍。如何选择材料呢？要在现有材料中，比较、鉴别、精选材料，选择最好的材料来支持作者的意见，使每个材料都能以一当十。选材中要注意：

（1）选取与主题有关的材料　去掉无关的、关系不大的、次要的、非本质的材料，使主题集中、鲜明、突出。

（2）注意材料点与面的结合　材料不仅要支持报告中某个观点，而且要相互支持，形成面上的“大气”。

3. 布局和拟定提纲

这是调查报告构思中的一个关键环节。布局就是指调查报告的表现形式，它反映在提纲上就是文章的骨架。拟定提纲的过程实际上就是把调查材料进一步分类、构架的过程。构架的原则是：围绕主题，层层进逼，环环相扣。提纲或骨架的特点是它的内在的逻辑性，要求必须纲目分明、层次分明。

调查报告的提纲有两种，一种是观点式提纲，即将调查者在调查研究中形成的观点按逻辑关系一一罗列写出来。另一种是条目式提纲，即按层次意义表达上的章、节、目，逐一地一条条写成提纲。也可以将这两种提纲形式结合起来制作提纲。

4. 起草和修改

这是调查报告写作的行文阶段。要根据已经确定的主题、选好的材料和写作提纲，有条不紊地行文。在写作过程中，要从实际需要出发选用语言，灵活地划分段落。在行文时要注意：

1）结构合理，包括标题、序言、正文、结尾和落款等部分。

2）报告文字规范，具有审美性与可读性，如“制定优惠政策，引进急需人才；运用竞争机制，盘活现有人才”（文章段落的条目观点）。

3）通读易懂。注意对数字、图表、专业名词术语的使用，做到深入浅出。语言要具有表现力，准确、鲜明、生动、朴实。

报告起草好以后，要认真修改。主要是对报告的主题、材料、结构、语言文字和标点符号进行检查，加以增、删、改、调，从内容和形式上，不断完善。在完成这些工作之后，才能定稿向上报送或发表。

5. 调查报告的结构

一般来说，调查报告的内容大体有标题、序言、概况介绍、资料统计、理性分析、总结和结论或对策、建议，以及所附的材料等。由此形成的调查报告结构，就包括标题、序言、正文、结尾和落款。

（1）标题　调查报告的标题有单标题和双标题两类。

所谓单标题，就是一个标题。其中又有公文式标题和文章式标题两种。公文标题由“事由+文种”构成，如《关于邯郸钢铁总厂管理经验的调查报告》。文章式标题有的是说明调查的内容，如《市蔬菜的品种结构问题》；有的是标明作者通过调查所得到的观点，如《调整教育政策，增加教育投入》。

所谓双标题，就是两行标题，即一个正题、一个副题。正题往往结实调查的内容或观点，副题说明调查的范围与文种，如《为了造福子孙后代——××县封山育林调查报告》。

（2）序言　序言又称引言、前言，主要是简洁明了地介绍有关调查的情况，或是提出全文的引子，为正文写作做好铺垫。常见的序言有：

1）简介式序言。对调查的课题、对象、时间、地点、方式、经过等做简明的介绍。

2）概括式序言。对调查报告的内容（包括课题、对象、调查内容、调查结果和分析的结论等）做概括的说明。

3）交代式序言。即对课题产生的由来做简明的介绍和说明。

（3）正文　正文是调查报告的主体。它对调查得来的事实和有关材料进行叙述，对所作出的分析、综合进行议论，对调查研究的结果和结论进行说明。正文的结构有不同的框架。

按照内容表达的层次组成的框架有：“情况—成果—问题—建议”式结构，多用于反映基本情况的调查报告；“成果—具体做法—经验”式结构，多用于介绍经验的调查报告；“问题—原因—意见或建议”式结构，多用于揭露问题的调查报告；“事件过程—事件性质结论—处理意见”式结构，多用于澄清事件是非的调查报告。

（4）结尾　结尾的内容大多是调查者对问题的看法和建议，这是分析问题和解决问题的必然结果。

（5）落款　调查报告的落款要写明调查者单位名称和个人姓名，以及完稿时间。如果标题下面已注明调查者，则落款时可省略。

三、知识链接

1．SPSS 统计软件

数据是一些表象，结论隐藏其中。对数据进行分析，就是要透过表象看本质。当然，现在可以利用一些计算机软件帮我们分析数据，借助计算机软件的强大功能帮助我们快速地对数据进行处理，然后让结论逐渐水落石出。SPSS 是目前使用比较普遍的统计软件。

SPSS 是 Statistical Product and Service Solutions 软件英文名称的首字母缩写，意为“统计产品与服务解决方案”。SPSS 操作界面如图 18 所示。

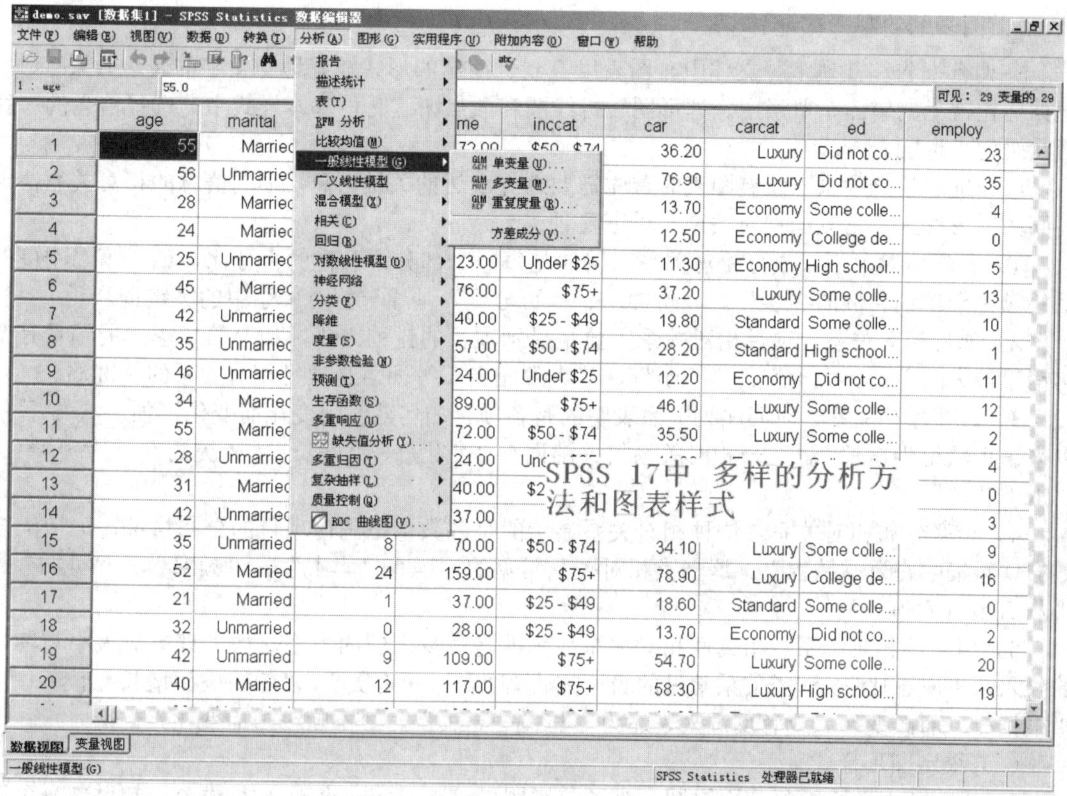

图 18　SPSS 操作界面

SPSS 是世界上最早采用图形菜单驱动界面的统计软件，它最突出的特点就是操作界面极为友好，输出结果美观漂亮。它将几乎所有的功能都以统一、规范的界面展现出来，使用 Windows 的窗口方式展示各种管理和分析数据方法的功能，以对话框展示出各种功能选择项。用户只要掌握一定的 Windows 操作技能，粗通统计分析原理，就可以使用该软件为特定的科研工作服务。

SPSS 的基本功能包括数据管理、统计分析、图表分析、输出管理等。SPSS 统计分析过程包括描述性统计、均值比较、一般线性模型、相关分析、回归分析、对数线性模型、聚类分析、数据简化、生存分析、时间序列分析、多重响应等几大类，每类中又分好几个统计过程，比如回归分析中又分线性回归分析、曲线估计、Logistic 回归、Probit 回归、加权估计、两阶段最小二乘法、非线性回归等多个统计过程，而且每个过程中又允许用户选择不同的方法及参数。SPSS 也有专门的绘图系统，可以根据数据绘制各种图形，如图 19 所示。

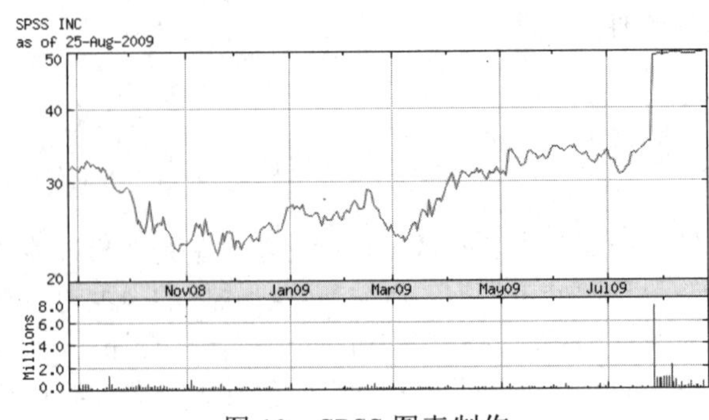

图 19　SPSS 图表制作

2．图表的绘制

在调查报告和其他多种文体中，图表以直观、简洁的形式较好地与文字的表达效果互补。但如何在常见的饼图、条形图、柱形图、折线图和散点图这几种基本样式中，选择恰当的一种形状强化表达呢？

（1）确定信息关系　绘制图表时首先需要选择表达的关键信息，根据信息的相对关系决定不同的图形样式。常见的相对关系有以下几种：

1）成分相对关系。成分相对关系表明的是每一个部分占总体的百分比，如“第二季度的销售额占全年销售额的 30%”。“份额”、“百分比”是成分相对关系中的关键词。

2）项目相对关系。项目相对关系主要是显示项目的排列方式，如“第二季度的销量是全年销量最大的”。“大于”、“小于”、“大致相当”等词语是项目相对关系的关键词。

3）时间序列关系。时间序列关系表明的是各项目如何随时间变化而变化，如“从 1 月份以来销售额稳步增长”。这一相对关系的关键词有“变化”、“增长”、“提高”、“下降”、“上下波动”等。

4）频率分布相对关系。这种相对关系显示的是各数值范围内项目的分布情况，如“大多数的饮料集中在夏季销售”。这一类相对关系常见的词语有“集中”、“频率”、“分布”、“从 X 到 Y”等。

5）相关性相对关系。相关性相对关系显示的是变量之间的关系，如“订单的大小与客户的收入水平成正比”。这类关系常见的表达方式有“与……有关”、“随……而增长（下降）”、“根据……而改变”。或者反过来表述为“与……无关”、“不随……而变化”。

（2）决定图形样式

1）成分相对关系最好使用饼图。为了使饼图更直观，应该少于 6 种成分，超过部分可以列为“其他”项。饼图内的项目从 12 点方向开始按照顺时针由主到次排列。饼图比 100%条形图或柱形图更具优势的是，它能清晰地展示整体。一旦需要比较两个或以上的整体时，就应该选择 100%的条形或者柱形图。

2）项目相对关系可以用条形图来表示。纵向维度使用标示过的项目，顶端（底端）使用刻度尺，或者在条形尾部标注数值。绘制条形图要注意的是：条间宽比条宽小，用对比色强调重要项目。

3）时间序列相对关系最好的阐释是柱形图或折线图。如果图表中的点比较少可以用柱形图，如果点数超过 10 个，最好使用折线图。此外，柱形图比较强调数量的级别，折线图强调的是角度的运动和图像的变化。

4）最能阐释频率分布图表的是阶梯状柱形图或折线图。一般垂直维度表示的是项目的频率数据或百分比，水平维度表示的是各个范围内的分布情况。

5）相关性相对关系最好使用条形图或者成对条形图。

无论哪种相对关系或者图表，都应在图表下方加上标题，注明图表的主题。

四、探讨分享

案例

第三届“挑战杯”首都大学生学术科技作品竞赛参赛作品

北京大学生消费情况调查研究

摘　要：在国民经济快速发展的新时期，社会消费水平快速增长。本次调查是以大学生这样一个特殊的社会群体为对象，着重考察其日常消费情况。调查发现目前大学生消费情况呈现出这样两个主要特征：一是人民生活水平的提高带动了大学生消费水平的提高，表现为数量和结构两方面的变化；二是大学生群体内部的消费情况存在明显差异。

关键字：大学生　消费情况　消费结构　消费倾向

基于中华全国学生联合会及相关监测机构共同完成的调查报告显示：中国大学生平均年消费超过万元。我们展开了此次调查。

调查目的：了解大学生消费现状及消费心理，分析差异及其产生的原因。

调查对象：北京市在校大学生及历年毕业的大学生。

调查项目：消费结构及消费倾向。

调查范围：北京市 35 所高校，其中包括北京大学、清华大学、中国人民大学、北京理工大学、北京交通大学、北京科技大学、北京邮电大学、北京化工大学、北京工业大学、对外经贸大学、中国石油大学、中国政法大学、中国地质大学、中国农业大学、首都师范大学等高校。

调查时间：2005 年 3 月上旬至 2005 年 4 月上旬。

调查形式：调查统计表和调查问卷相结合。

调查方法：采访法（包括发放电子邮件、面谈、电话访问）。

抽样方法：配额抽样（非随机抽样）。

样本概况：共发放问卷 2 090 份，收回有效问卷 1 557 份。其中男生 734 份，女生 823 份；文科 730 份，理科 827 份；比例基本接近 1:1。城市 1 207 份，农村 350 份，比例基本接近 1:4。

据我们调查，现今北京市大学生的学费和住宿费差异很小，因此我们将这次调查分析的重点放在大学生的日常消费情况以及电子类产品的消费情况方面。

在此次调查活动中，我们采用调查统计表与调查问卷相结合的形式，以配额抽样（非随机抽样）的方法来获取在北京就读的来自全国各地的大学生的日常消费信息。采取这样的方式，可以加强我们对样本结构和总体结构在量和质两方面的控制，能够保证样本具有较高的代表性。然后，我们将所收集的信息运用统计的方法重点分析和研究大学生的日常开支情况，探究大学生日常开支的来源渠道以及消费结构和消费倾向，并分析比较不同区域、不同性别、不同专业的大学生的消费差异，另外我们还将大学生对于电子产品的消费现状做了调查和分析，最后提出我们的建议。

此次调查活动集中在北京，因此大学生的消费情况会受到北京整体消费环境的影响。此

外，由于采样的数据有限，调查时间相对较短且较集中，以及在调查过程中部分同学认为调查的项目涉及个人隐私而不配合我们的工作等因素都会对我们的调查分析结果产生一定的影响。基于以上原因，调查分析结果会有一定缺陷，在此特别加以说明。

调查工作流程如图 20 所示。

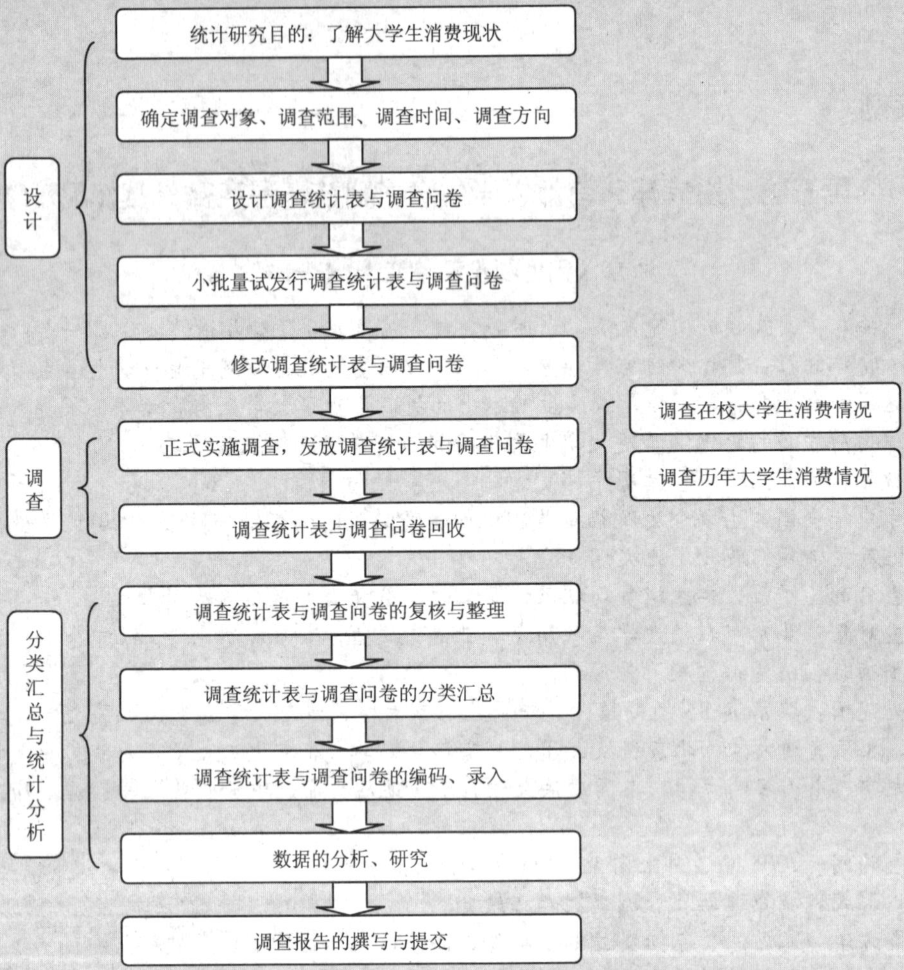

设计：
- 统计研究目的：了解大学生消费现状
- 确定调查对象、调查范围、调查时间、调查方向
- 设计调查统计表与调查问卷
- 小批量试发行调查统计表与调查问卷
- 修改调查统计表与调查问卷

调查：
- 正式实施调查，发放调查统计表与调查问卷（调查在校大学生消费情况；调查历年大学生消费情况）
- 调查统计表与调查问卷回收

分类汇总与统计分析：
- 调查统计表与调查问卷的复核与整理
- 调查统计表与调查问卷的分类汇总
- 调查统计表与调查问卷的编码、录入
- 数据的分析、研究

调查报告的撰写与提交

图 20　工作流程图

一、大学生消费情况研究概述

教育是一种准公共产品。受益人包括受教育者个人、国家和社会。通过投资和收益相结合的原则，可以看出受教育个人负担一定的成本是很合理的，同样社会也应该承担一部分成本，这样更符合当代教育的本质和客观特征。

自从 20 世纪 80 年代末高校开始收费以来，大学生日常开支逐年增长，而且远远高于同期国民收入的增长水平。过去，大学生的消费主要是日常生活开支，这些费用相对于全国人均收入水平来说，还处于较低的水平，而现在大学生的消费结构和数量都发生了很大的变化。就消费结构方面而言：得益于生活水平的提高和社会产品的丰富，当今大学生的消费结构已经不仅仅局限于日常生活开支，还包括一些电子产品的消费，如手机、计算机、MP3、数码相机等。就数量方面而论：包括学费、住宿费、餐饮费用的增长以及其他一些生活成本的提高。究其原因，生活水平提高以及物价上涨是一个方面，但伴随物价水平的上涨而同步增长的其他相关方

面的支出却与学费的快速增长不成比例，这一点在近几年中已经引起了社会有关学者的思考。

大学生的消费作为社会消费中的一个特殊部分，尽管对当前社会总体的消费水平不会有太大影响，但鉴于大学生的消费对今后社会的消费有很大的导向作用，我们的调查分析更多关注的是大学生群体的消费差异和趋势。在数据的调查与分析中我们发现：①大学生消费的增长速度较快；②不同区域、不同性别、不同专业的大学生的消费情况均存在差异；③大学生在电子产品消费方面也存在较大差异。

二、大学生消费情况的具体分析

统计调查表中有这样几个主要内容，大学生的资金来源渠道和消费支出情况，其中资金来源渠道包括父母资助、奖学金、贷款、打工和其他方面；在支出的调查中，有如下几个内容，学费、住宿费、餐饮费用、通信费用、交通费用、辅导班及考试费用、电子产品消费、日用品开支等。这部分调查内容我们主要采用调查统计表的形式，目的是为了获得更为真实的统计数据，以便后期统计分析的准确和科学。调查中我们将平衡的统计表做了隐含处理，以防止填报单位对数据进行主观平衡处理，也便于我们甄别调查数据的有效性。我们还在调查问卷中设计了基本情况表，为我们的分类汇总分析奠定了基础。这些基本上列示了现在大学生的收入来源和消费方向，可以全面系统地考察大学生的收支状况。另外，我们对消费倾向等属于心理意识、倾向判断的问题设计了选择答案的问卷形式，其中涉及了大学生在具体的消费选择中对于进口产品和国产产品的偏好及其原因。

虽然家庭收入水平是影响大学生消费水平和消费结构的主要因素，但区域、专业、性别以及所处环境的不同也不同程度地影响着大学生的消费观念和消费结构，下面我们将所得结论做具体分析。

（一）大学生消费水平增长情况

1. 各时期大学生的学费负担情况比较

我们调查了不同时期大学生的学费负担情况，并进行了汇总，如图 21 所示。很明显，学费增长速度非常快，大大超过了居民家庭人均纯收入尤其是农村居民家庭人均纯收入，这说明培养大学生给家庭带来的经济负担逐渐加重。各时期大学生学费与城镇居民人均收入比例如图 22 所示。各时期大学生学费与农村居民人均收入比例如图 23 所示。

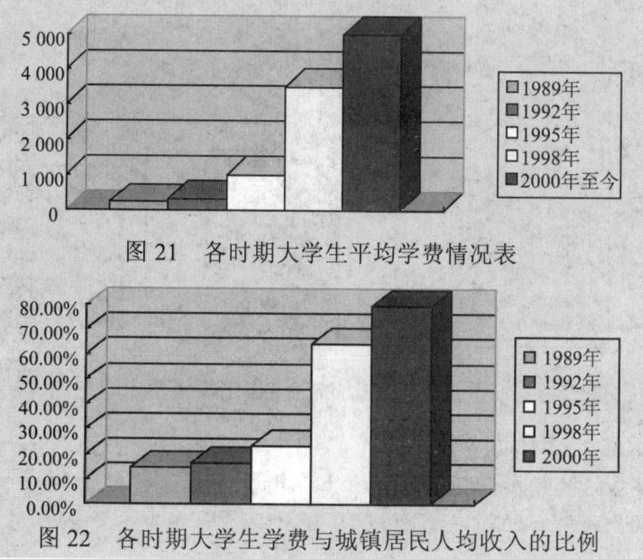

图 21 各时期大学生平均学费情况表

图 22 各时期大学生学费与城镇居民人均收入的比例

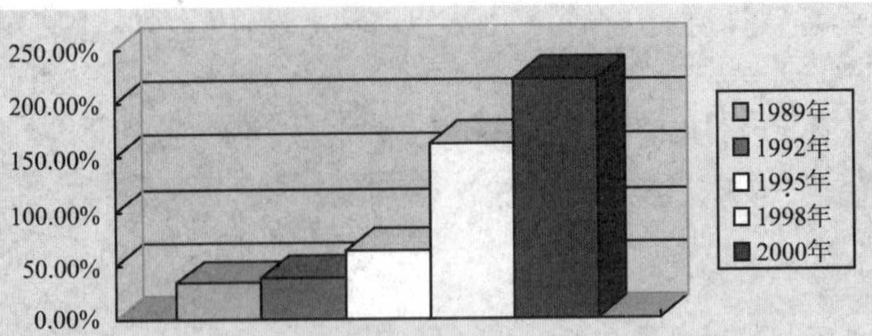

图 23　各时期大学生学费与农村居民人均收入的比例

2. 各时期大学生年平均消费水平与全国年平均消费水平的比较

由于早期大学生的消费主要为日常开支，为了统一口径我们调查的各时期大学生的消费费用均为剔除学费和住宿费用以后的年平均消费金额。

由图 24 可见：1985～1995 年这 10 年大学生消费水平的增长速度明显快于其他时期；由图 25 可知：大学生的消费水平一直都高于全国平均消费水平，其中 1990～1995 年期间甚至达到了全国人均消费水平的 2 倍。主要的原因是：这 10 年中，国内生产总值的增长速度一直较高，同时家庭可支配收入在这一时期也有显著提高。人民生活水平的大幅度提高带动了大学生消费水平的快速增长；另外，由于前期消费水平的基数不同，虽然消费水平的增长速度近几年趋于平缓，消费水平各年增长的绝对数仍呈现增长趋势。

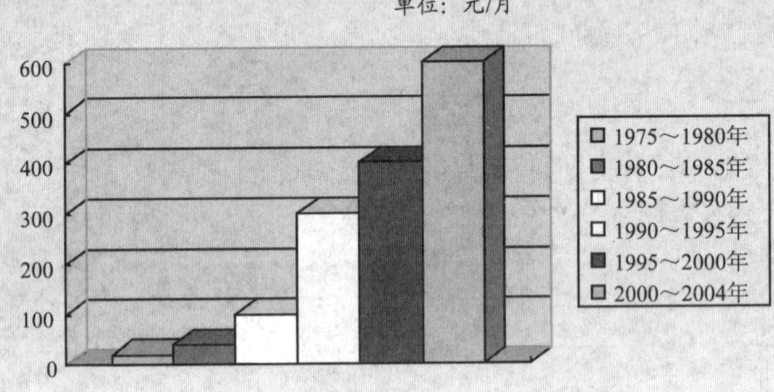

图 24　不同时期大学生消费水平

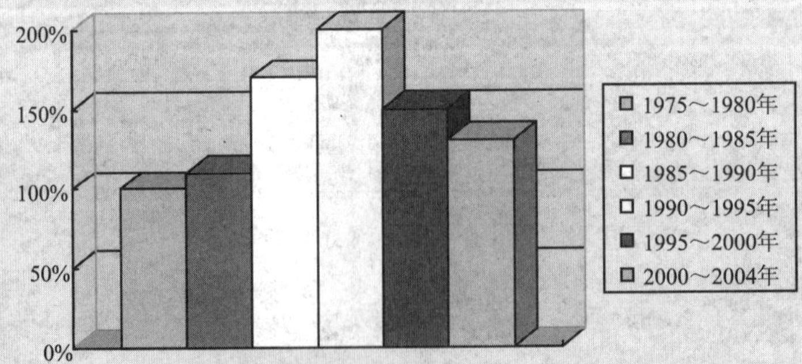

图 25　大学生每年平均消费占全国平均消费水平的比例

（二）现阶段大学生总体消费情况

通过对调查问卷的统计和分析，可以看出在消费资金来源方面的特点是：大学生的日常开支绝大多数来自于父母资助，占总金额的 82.01%，来自贷款、打工等方面的则较少，如

图26所示。究其原因，主要是由现在的社会体制和特征造成的。社会没有提供足够的机会和资源给大学生以帮助他们完成学业。因此，大学生更多的资金来源是父母。大学生对于家庭的依赖性较强，这样会给家庭带来了较大的经济压力。而且，来自父母资助的资金其变异系数仅为0.665 3，说明这部分资金在样本个体间不存在明显差异。

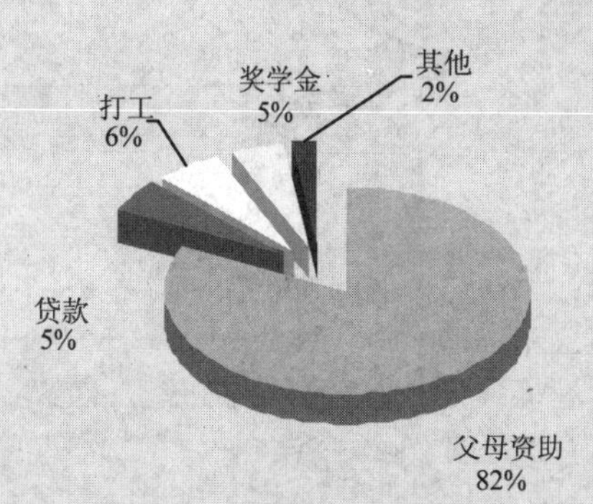

图26 大学生消费资金来源比例图

在消费支出方面，我们可以发现，学费以及餐饮费用占总消费支出金额的很大比重，其中学费占35.36%，餐饮费用占22.56%，且其变异系数分别仅为0.380 8、0.487 8，说明这部分支出在样本个体间的差异极小。

（三）大学生消费情况差异分析

1. 城乡消费差异研究

从来自城市和农村的大学生的消费来源总额可以看出，来自城市大学生的年消费来源的总额比来自农村大学生的年消费来源总额多1 724.72元/年。就此，我们可以推知：来自城市大学生的生活水平高于来自农村的大学生。在消费来源的结构上显示：来自农村大学生的消费来源在贷款、打工、奖学金方面要比来自城市的大学生高1 070.586元/年。其中，来自农村大学生的贷款来源占消费来源总额的14.94%；而来自城市的大学生仅占2.85%。另外，在来自城市大学生的消费来源中，家庭和其他方面的来源要比来自农村的学生高2 795.307元/年。其中，来自城市大学生的家庭和其他方面来源占资金来源总额的87.71%，而来自农村大学生的此项比重仅为65.86%，相差21.85%。这反映了，来自城市大学生对家庭的依赖性更强；来自农村的学生有更强的自主性，生活能力更强，对家庭的依赖性比较小。城市大学生及农村大学生消费资金来源比例分别如图27、图28所示。

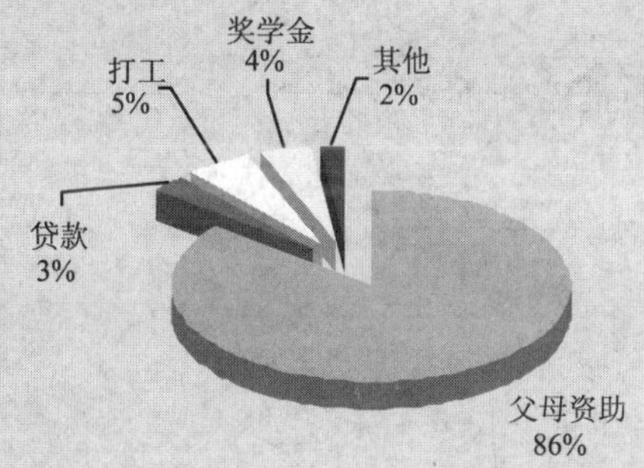

图27 城市大学生消费资金来源比例图

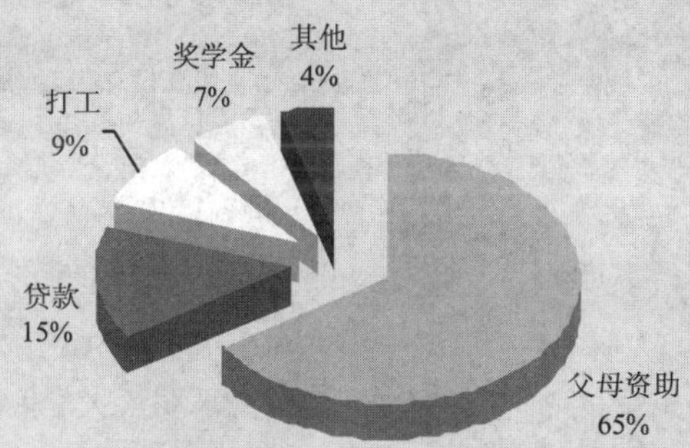

图28 农村大学生消费资金来源比例图

2. 地区消费差异（以下略）

3. 男女大学生的消费倾向和消费结构的比较

从消费来源的渠道上，可以看出女生来自家庭的消费金额所占比例高于男生。在绝对数方面，男生来自父母的消费金额的平均水平与女生相比要低440.38元/年。从比例上分析，男生来自父母的部分占总体来源的79.50%，女生为84.24%，高于男生5%。而来自其他渠道的金额，男生则高于女生，其中，男生为247.15元/年，女生为140.77元/年，高出女生106.38元/年。此外，大学生的消费金额在贷款、打工、奖学金等其他来源方面，男生的平均水平均高于女生，合计高出3.47%，这进一步说明男生的资金来源渠道广于女生，如图29所示。

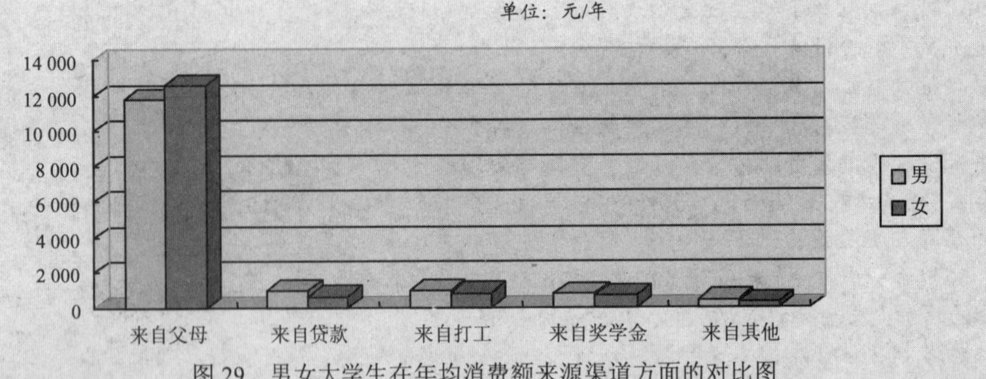

图 29　男女大学生在年均消费额来源渠道方面的对比图

在支出方面，从图 30 中可以看出男女生在各个方面都存在明显差异。

在调查中发现，大学生在我们所涉及的领域中都有相应的消费行为。在对比中看出，男生在餐饮方面和学习方面的消费高于女生，其中餐饮方面比例高出 6.92%，学习方面比例高出 1.2%；而女生在服装、日用品、交通、通信等方面的消费高于男生，特别是服装及日用品方面的支出，比男生高出 4.45%。这些差异基本上都是由男女生理特征和先天行为差异造成的，都是我们可以接受的。

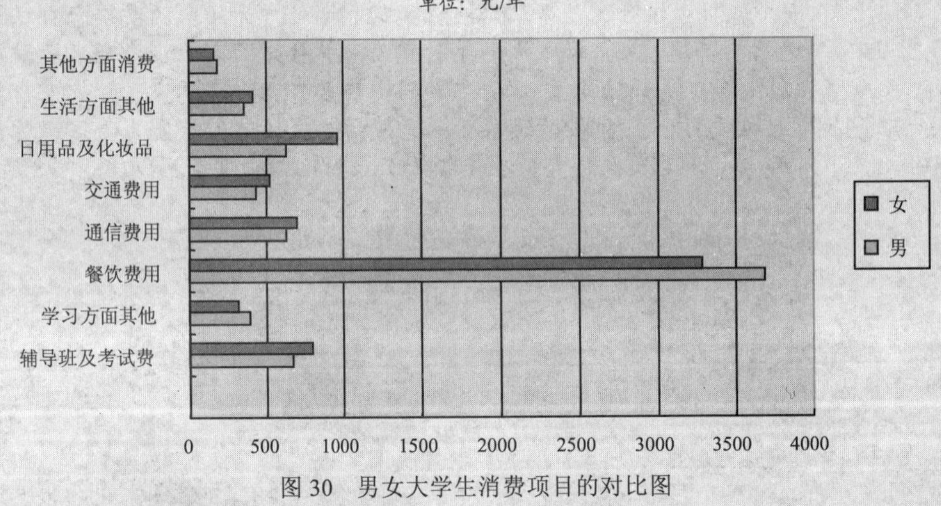

图 30　男女大学生消费项目的对比图

4. 不同专业大学生消费结构的比较（以下略）

（四）电子产品消费情况分析（以下略）

（五）对消费倾向等属于心理意识、倾向判断问题的分析

1. 从对大学生消费意向的调查中看出，电子消费类产品的购买主要倾向于进口产品，而国产产品仅在日用品方面占有优势。部分产品消费意向比例见表 2。

表 2　部分产品消费意向比例

	计算机（%）	手机（%）	MP3（%）	随声听（%）	CD 机（%）
国产产品	44.28	27.47	49.88	30.99	27.30
进口产品	55.72	72.53	50.12	60.01	80.07

在这一现象的原因调查中发现，在对于国产和进口商品的选择上，46.50%的人认为选择进口商品的主要原因是进口产品“质量稳定，值得信赖”，43.93%的人认为进口产品的品牌效应和质量稳定都是主要原因，如图 31 所示。

同时，82.40%的人表明如果国产产品与进口产品的质量相当，自己会优先购买国产产品。

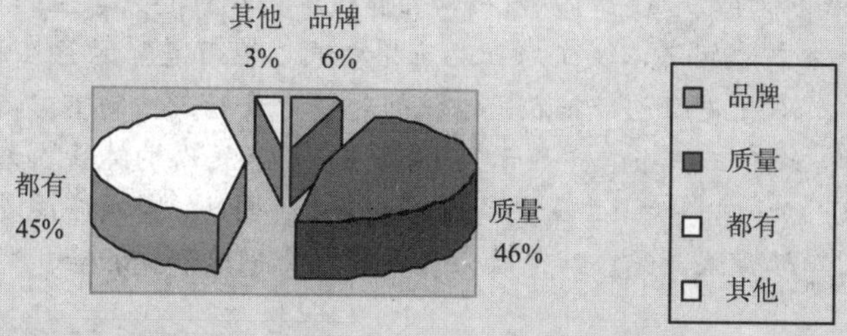

图 31　选择进口产品的原因分布图

2. 调查表明，31.21%的人不满意自己的消费现状；41.17%的人表示自己从未考虑过自己的消费状况是否合理。这说明大学生在消费方面还需要一定的指导，但与此同时，我们的调查却显示 65.96%的大学生认为自己的学校从未对其进行过消费方面的指导。此外，仅有 22.80%的人认为周围同学的消费水平对自己没有影响，如图 32 所示。就此，我们推知：在缺乏学校有效指导的情况下，大学生消费状况很大程度上取决于周围同学的消费水平，这极有可能导致攀比和自卑心理的产生，影响大学生身心的健康发展。因此，关于消费方面的教育空缺现象应该引起各学校的高度重视。

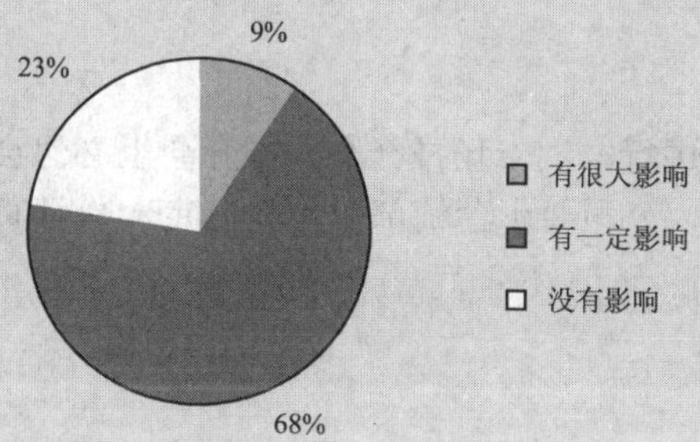

图 32　消费水平受影响程度比例分布图

三、讨论和建议

在此次的调查过程和后期的统计分析中，我们对前期的调查活动和后期的讨论研究做了一些总结，并对调查结果提出自己的建议。

（一）在进行问卷调查的过程中，我们发现很多接受调查的大学生尤其是理科生对自己的消费状况并不清楚，甚至很混乱。这说明：一是目前大学生的财商意识有待提高；二是文科学生接触社会的机会多于理科学生，对消费方面问题的思考更深入。从我们调查的情况可以看出，各学校对大学生所进行的消费方面的教育很少甚至没有，因此我们认为学校很有必要经常对大学生进行消费理财方面的教育，提高大学生的财商意识，从而更好地提高大学生适应社会的能力，为今后的就业及生活打下坚实的基础。

（二）从大学生对电子产品的选择上，我们发现大学生所选择的进口电子产品明显多于国产产品，调查得知其选择进口产品的原因主要是大学生普遍认为进口产品质量好，信誉高（品牌）。因此，通过这次调查可以看出，国产的电子消费产品的质量和信誉确实存在一定的问题，今后应积极发展民族工业，提高国产产品的质量，同时更要提升国货的知名度和信誉，在消费市场上形成良好的品牌效应，使国货真正经得起考验，走向世界，赢得世界的认可，彻底改变世界对中国产品“地摊货”的印象；另一方面应同时加强对大学生的爱国主义教育，支持民族工业，在大学生心中树立强烈的民族意识和国家意识，对今后国家的稳定和繁荣有积极的推动意义。

（三）在对城市和农村的调查中可以看出，来自城市和农村的大学生的消费水平有很大的差异，这主要是由于城乡二元经济以及工农产品价格之间“剪刀差”的存在，使得城乡居民的收入一直存在较大差异。尽管政府已经把农民增收问题作为政府工作的重中之重，但2005年“两会”期间温家宝总理的政府工作报告中显示，2004年农村家庭人均纯收入为2 936元，而同期城镇居民家庭人均纯收入为9 422元，二者仍存在很大差距。因此，国家应该进一步落实农村工作，加快解决“三农”问题的步伐，缩小城乡收入差异，努力创建和谐社会。

讨论

1）请分析这篇调查报告的结构类型。

2）体会调查报告材料的应用与分析的方法。

情境三　起草一份合同

一、情境设定

新产品推向市场，公司要进行一次专场推介会，推介会上必然会达成相当的交易量。为了保证货款安全，规范商业行为，公司要求营销部门预先制定一份订货的格式合同。如何才能制作出规范的订货合同？

二、任务实施

合同乃法律文书之首，在大量的经济活动当中，负责分清双方责任、安排履行程序，是促进和保障合作成功的基本工具。

要起草一份严谨的合同，首先要明白合同的严谨性体现在哪些方面。评价一份合同的好坏有多个标准，如目的正当，内容、形式和程序有效，各方权利与义务关系均衡，具有可操作性，结构合理并且体例适用等。概括而言，衡量一份合同是否严谨有如下三方面的标准。

1．合法性

合同的合法性是合同质量和价值的前提条件，具体内容包括：合同各方缔约目的在合同各个条款当中有相应的条款恰当地反映；合同主体合法，没有混淆；交易标的合法、清晰、明确，有可以客观计量和评价的标准或方法；双方的权利和义务内容表达真实、完整；合同履行正常和异常两种途径的责任分摊方式和处理程序规定明确等。

2．商业性

合同的价值还体现在合同内容是否能够实现合同目的，即确保各方能够获得令其满意的经济利益，包括了双方利益是否达至平衡、合同内容是否可以得到切实执行以及合同双方容易控制合同风险等具体内容。

3．专业性

为确保合同的商业性，合同应该体现出体例严谨、内容齐全、用词精确、表述有序等专业性特点。例如：

1）关于违约责任：双方均应恪守合同，如有一方违约，应赔偿对方损失。

这一条款的规定不够明晰，如谁违约、违约程度如何、怎么赔偿等问题都没有作出应有的规定，在合同的履行过程中一旦发生争议，就难以根据合同内容处置。

2）全部建筑费用150万元，所有建筑材料由乙方负责采办。

这一条款的规定也不明确，如建筑费用包括哪些部分，是材料费、人工费还是管理费，还是包含所有的费用。

三、知识链接

为了强化合同的法律约束力，各职能部门根据合同法规定了一些合同的范本，称为格式条款。订立合同时，双方当事人在达成协议后逐条填写即可，使用起来十分方便，常用于经常性的经济活动往来，方便在经济活动中重复使用。

除此以外，还有一种非格式条款，是将双方商量好的内容写成条款，因此每一份合同的内容都是唯一的，它常适用于那些非常规性的活动往来。

但无论是哪一种，合同的基本写作格式都包括标题、当事人名称、正文和结尾四个部分。

（1）标题　合同的标题一般由合同的性质和文种组成，即标题就要标明该合同是哪一类合同，如“购销合同”、“技术合同”等。有的标题中还可点明标的物，如“施工机械设备租赁合同”。为了进行合同的登记，标题上方或下方还应写明合同的编号。

（2）当事人名称　当事人的名称写在标题的下方，先顶格书写“订立合同单位”或“订立合同人”，后面并列写上双方当事人的名称，要使用全称，再用括号注明规定的简称，如“以下简称甲方或供方”、“以下简称乙方或需方”。

（3）正文　正文是合同的主要内容，它分引言和主体两部分。

引言首先点明签订合同的目的、依据和签订过程、签订方式，通常的写法比较固定，比如“为了××××，根据××××××，经双方协商同意，特签订本合同，以资共同恪守”。

主体部分另起一段，逐条写明双方协议的具体条款。格式条款通常事先印好，项目比较固定，只要往里填充具体内容即可；非格式条款内容可多可少，根据需要而定。

正文的主体部分是保证经济合同双方当事人合法权益的主要依据，必须明确讲清双方当事人须共同解决的问题、达到的目的，以及由此而产生的各自的权利和义务。它们的内容根据合同法的规定主要包括：

1）标的。合同的标的就是合同关系中确定的双方当事人权利和义务共同指向的对象。它可以是物，如购销合同中出售的商品；可以是行为，如运输合同中承运人将旅客和货物运达目的地的行为；还可以是技术和成果，如技术合同中的技术、出版合同中作者的作品。

2）数量与质量。数量是标的在量的方面的限度，是标的的计量。合同中必须明确地规定标的的数量、计量单位和计量方法。数量通常用数字和计量单位来表示，有时有的商品还应写明数量的正负尾差、合理磅差、自然减量和增量的计量方法。

质量是标的在质的方面的规定，是标的的内在素质和外观形态的基本要求，即质的规定性。它不仅指标的物的优劣，还包括产品的品种、规格、型号等的标准，标的的质量标准力求规定详细、具体、明确，有规定标准的，如国际标准、国家标准等，按当事人双方认可的标准执行；没有规定标准的，由双方当事人协商确定。

3）价款或报酬。价款或报酬，是标的的价值。价款指商品交易中买方付给卖方的代价，包括单价和总金额，如购销合同中买卖商品的价款；报酬指接受服务一方付给提供服务一方的报酬，如雇用合同中的劳动报酬。价款和报酬要合理公平，有政府规定价或指导价的，执行国家政府的规定价和指导价；没有政府规定价或指导价的，由双方当事人参照合同履行地的市场价格协商定价。

价款或报酬一般都以货币数量来表示。合同中还要明确价款或报酬的给付方式、银行账号等。

4）履行合同的期限、地点和方式。履行合同的期限是合同当事人实现权利、履行义务的时间界限，包括合同有效期限和履行期限，超过期限未能履行合同，就应当承担由此产生的后果。

履行合同的地点指合同履行时的具体地点，包括交货、验货或承建工程的具体地点，必须规定具体、明确，不能产生歧义。

履行合同的方式指当事人以什么方式来履行合同，包括时间方式和行为方式两方面。时间方式指的是一次性履行完毕还是分期履行；行为方式指当事人交付标的物的方式，如标的物的交付、运输、验收、价款结算等的方式。

5）违约责任。违约责任指当事人一方或双方因为自己的过错，造成合同不能履行或不能全部履行而应承担的责任。合同法规定当事人不履行合同义务或者履行合同义务不符合约定的，应当承担继续履行、采取补救措施或赔偿损失等违约责任。

违约责任的条款应先定义在合同履行中可能出现的违约情况，然后写明发生了这种情况后，责任方承担什么责任的约定。承担违约责任的主要方式是支付违约金、赔偿金等。违约责任的追究是为了维护合同双方当事人的合法权益，标志着合同的严肃性。

6）其他内容。除了以上五项主要条款以外，凡是法律规定的或按经济合同性质必须具备的条款，以及当事人任何一方要求必须规定的条款，也都可以是合同的条款，比如发生纠纷时解决争议的方法，双方交易过程中的一些特殊要求、合同的生效期限、保管等问题。

（4）结尾　结尾包括署名和日期、附项。

1）署名。即签订合同的双方当事人单位名称、法定代表人的签名和单位盖章。用印要端正、清晰。如果需主管部门或公证机关审批、鉴证，则还需写上主管部门或公证机关的名称、意见、日期，经办人签名，并加盖公章。

2）日期。以签订合同的日期为准。签约日期关系到合同的效力，必须写清楚。

3）附项。一般包括双方当事人的单位地址、电话号码、开户银行、银行账号、邮政编码等项内容。

四、探讨分享

案例一

某购销合同的点评

购销合同 ××购字××号	合同的标题明确标明了合同的类型。 标题下写明合同的编号。
供　方：××市××柴油机厂 需　方：××市××汽车厂	双方当事人的全称名称写在标题的下面。
经双方充分协商，特签订本合同，以资共同信守。	引言点明签订合同的依据。
一、品名、规格、数量、金额、交货日期：	本合同以条款的方式明确了各有关内容。

（续）

商标	品名	型号	单位	数量	单价	金额（万元）	分期交（提）货数量		
							二季	三季	四季
××	柴油机	Z-2 型	台	560	15 000	840	220	200	140
总计金额（大写）					捌佰肆拾万圆				

标的的数量和质量交代清楚。

价格和总金额也以表格的形式标示清楚。

二、产品质量标准：按部颁标准执行。

三、产品原材料来源：由供方解决。

明确质量标准和材料方面的要求。

四、产品验收方法：由需方按质量标准验收。

五、产品包装要求：用木箱包装。

验收方式。产品包装方式。

六、交（提）货方法、地点及运费：由供方托运到需方，运费由需方负责。

履行合同的方式和地点。

七、货款结算方法：通过工商银行托收。

八、违约责任：按《经济合同法》规定的原则执行。如供方因产品规格、质量不符合合同规定，供方负责包修、包换、包退，并承担因此支付的费用；因产品数量短少，不符合合同规定，供方应偿付需方以不能交货的货款总值的百分之五的罚金；因包装不符合要求造成的货物损失，应由供方负责赔偿；因交货日期不符合合同规定，比照人民银行延期付款的规定，多延期一天，按延期交货部分货款总值的万分之三偿付需方延期交货的罚金。如需方中途退货，由需方偿付退货部分货款总值百分之五的罚金；需方未按合同规定日期付款，比照人民银行延期付款规定偿付供方罚金。

违约责任的各种情况限定得非常清楚。

违约责任的承担方式规定得细致明确。

九、供需双方由于人力不可抗拒和确非企业本身造成的原因而不能履行合同时，经双方协商和合同鉴证机关查实证明，可免予承担经济责任。

交代发生意外情况时的处理办法。

十、本合同自签订（或鉴证）日起生效，任何一方不得擅自修改或终止。需要修改或终止时，应经双方协商同意，签订修订撤销合同的协议书，并报告合同双方业务主管部门和鉴证机关备案。

写明合同的生效日期及修改或终止办法。

十一、本合同正本两份，供需双方各执一份；副本四份，送供需双方业务主管部门、鉴证机关、工商银行各一份。

十二、本合同有效期到××××年×月×日截止。

结尾写明合同的正、副本份数；有效期。

供　方：××市××柴油机厂　　需　方：××市××汽车厂

负责人：×××（签章）　　负责人：×××（签章）

代表人：×××（签章）　　代表人：×××（签章）

签订合同双方当事人的签章、电话、账号、地址。

电　话：××××××××　　电　话：××××××××

账　号：××××××××××　　账　号：××××××××

地　址：××市××街××号　　地　址：××市××街××号

鉴证机关（签章）

鉴证时间：××××年×月×日

鉴证机关签章

讨论

你认为上文的点评是否到位，为什么？

案例二

杭州市机动车维修示范合同

合同编号：

杭州市机动车维修合同（示范文本）

甲方（托修方）：______________ 乙方（承修方）：______________

根据《中华人民共和国合同法》、《杭州市机动车维修业管理条例》等法律、法规的规定，甲乙双方在平等、自愿、公平、诚实信用的基础上，就机动车维修事宜达成协议如下：

一、托修车辆基本信息

车牌号码	车辆类型	厂牌型号	颜色	发动机号	VIN代码/车架号	上牌照日期	行驶里程

二、维修类别与项目

乙方应当对承修车辆进行维修前诊断检验，提出需要维修的类别和项目，填写《杭州市汽车维修行业车辆维修预检交接单》、《杭州市汽车维修行业车辆维修委托书》；若是事故车辆，须填写《杭州市汽车维修行业事故车辆修理（拖车、拆检、委托定损、修复）委托书》。

三、维修配件材料

乙方使用的维修配件应当附有产品质量检验合格证明，并粘贴配件经销质保凭证；若甲方自备配件的，乙方应当查验配件产品质量合格证明和配件经销质保凭证。

车辆维修需更换的配件由承修方提供	原厂配件□	副厂配件□	修复配件□
车辆维修需更换的配件由托修方提供	原厂配件□	副厂配件□	修复配件□
承、托修双方混合提供配件应另附清单说明			

四、维修预算金额（概算费用）

1. 工时定额和结算收费执行标准

经向行业管理部门备案后的机动车生产厂家公布的标准□

《浙江省汽车维修行业工时定额和收费标准》□

经向行业管理部门备案后的企业自行制定的标准□

工时单价______________元。

2. 维修预算费用：______________元，其中：工时费______________元；材料费______________元。

五、接车、交车日期

接车日期	年　月　日	接车地点		交车日期	年　月　日	交车地点	

六、验收方式及验收标准

验收方式	托修方当场验收并签字确认□
验收标准	经竣工检验符合：国家标准□、地方标准□、原厂标准□

七、质量保证期

质量保证期	二级维护□、总成修理□、整车修理□ 质量保证期为：车辆行驶________公里或者______日 国家标准：整车修理或总成修理质量保证期为车辆行驶20 000公里或者100日；二级维护质量保证期为车辆行驶5 000公里或者30日（质量保证期中行驶里程和日期指标，以先达到者为准）

八、结算方式

人民币现金结算□　　　　转账支票结算□　　　　其他方式□

九、其他约定

维修过程中追加维修项目			
追加维修工时费和材料费		延长维修期限（天）	
		客户确认签字	

十、承、托修方在本合同履行过程中如发生争议，双方可协商解决或向辖区机动车维修行业管理部门申请调解；协商或调节解决不成的：

1. 向杭州仲裁委员会申请仲裁。□
2. 依法向人民法院起诉。□

十一、本合同正本一式两份，承、托修双方各执一份。本合同经承、托修双方签章后生效。

托修方（签章）: 法人代表或受委托人（签字）: 电　话: 地　址: 签约日期:　　年　月　日	承修方（签章）: 法人代表或受委托人（签字）: 电　话: 地　址: 签约日期:　　年　月　日

讨论

你认为上面这份示范合同有哪些优点？还有哪些可以改进的地方？

实训拓展

一、日常关注

1．观察有关人员在寝室或者街头进行的调查活动。若被要求填写问卷，可借机分析其问卷的设计情况，借鉴他人的成功经验。

2．从网上下载一篇调查报告，试分析其调研目的，看看该调研报告是否有价值。

3．从网上下载或到书店购买格式示范合同文本，学习签订规范的合同。

二、分步拓展

1．下列句子为合同中的部分条文，请将其修改成严谨的合同语言。

1）交货时间：甲方要求乙方于2009年8月10日前完成全部加工物件。

2）交货地点：上海。

3）货物包装标准：袋装。

4）违约责任：乙方不能按期交货，每延期一天，应偿付甲方5%的违约金。

5）某技术合同的成交金额与付款时间、方式：项目开发经费拾万元。甲方在合同签订后向乙方汇出叁万元；乙方交付开发成果鉴定证书后，甲方付清全部余额并汇入乙方开户银行账号。逾期不付，将按加息20%收取滞纳金。

2．根据提供的数据，明确沟通目标，绘制恰当的图表。

1）利用以下数据绘制图表，越多越好。

1月份每个地区的销售百分比

	公司A	公司B
北部	13%	39%
南部	35%	6%
东部	27%	27%
西部	25%	28%

2）绘制能够显示K公司在2010年与其他竞争对手的市场占有率相比较的图表。

2010年行业内各公司市场占有率

K公司	19.3%
竞争对手A	10.1%
竞争对手B	16.6%
竞争对手C	12.4%
竞争对手D	31.8%
竞争对手E	9.8%
合　计	100%

3）绘制能够显示K公司2010年资金回报排名的图表。

2005资金回报率

K公司	8.3%
竞争对手A	9.8%
竞争对手B	15.9%
竞争对手C	22.4%
竞争对手D	14.7%
竞争对手E	19.1%

4）根据以上两题的数据，绘制能验证2010年资金投入与回报关系的图表。

5）以2006年为基数，绘制一张能够显示出K公司在2006～2010年的盈利情况的草图。

K公司净销售额

	单位：百万元	2006年=100
2006年	387	100
2007年	420	109
2008年	477	123
2009年	513	133
2010年	530	137

K公司的收益

	单位：百万元	2006年=100
2001年	24	100
2002年	39	162
2003年	35	146
2004年	45	188
2005年	29	121

三、综合实训

1．根据下面的材料写一份买卖合同。要符合合同的写作格式。

××水果批发公司（以下简称甲方）的代表黄××与××鲜果种植公司（以下简称乙方）的代表蔡××在2007年1月9日签订了一份买卖合同。主要内容是甲方2008年购买乙方种植的水蜜桃2万公斤（单个50克以上）、砀山梨3万公斤（单个100克以上）、苹果4万公斤（单个100克以上）。各分五批交货，由乙方用国家统一的水果纸箱包装，包装费用由甲方负担。乙方要按时将货运到甲方指定的水果仓库（凯旋路61号），运输费由甲方负担。各类水果按质论价，以当地的平均收购价为准，货款在甲方验收货物后立即付款。本合同一式四份，双方各执一份，各自的主管部门各一份。

2．自组团队，开展一次小型社会调查，并撰写调查报告。

任务六

举行一次活动

任务要求

1）能写作规范的计划。
2）能进行简单的新闻通稿的写作。
3）可以进行简报的编写。
4）能写结构规范、重点突出的总结。

情境一 拟订活动方案

一、情境设定

鉴于 2010 年公司产品销售量突出，临近年终，公司为答谢广大新老客户对公司的肯定和厚爱，计划针对终端客户，在城市广场以有奖问答、买就送等形式进行一次针对新产品的大型促销活动，掀起新产品购销的浪潮。

你作为这次活动的主要策划人员，应该制定一份怎样的活动方案？

二、任务实施

《礼记·中庸》中有这样一句话："凡事预则立，不预则废。"意思是说，要想成就任何一件事，必须要有明确的目标、认真的准备和周密的安排。没有准备的盲目行动，只能是忙忙碌碌，却一事无成。预，就是准备；立，则是成功。有了精心的准备，事情就成功了一半。随着竞争的加剧，针对消费者的促销活动在营销环节中的地位已越来越重要。据统计，国内企业的促销活动费用与广告费用之比达到 6:4。

举行一次活动，需要考虑方方面面的问题。因此，活动前一定要进行活动方案的周密策划。正如一份缜密的作战方案在很大程度上决定着战争的胜负一样，一份系统全面的活动方案是促销活动成功的保障。

怎样制定一份完整的详细的活动方案（计划）呢？

1. **分析活动背景**

拟定活动方案首先要对当前的情况进行分析说明，如市场发育、消费者特征、竞争态势，

或者是企业自身存在的优劣等，进而可以明确活动的指导思想。

2．确定活动目的

只有目的明确，才能使活动有的放矢，才有助于活动的控制与评估。经过对市场状况的分析，明确本次活动的目的：是处理库存？是提升销量？是打击竞争对手？是新品上市？还是提升品牌认知度及美誉度？目标要尽可能用数据准确表述。

3．明确活动对象

活动针对的是目标市场的每一个人还是某一特定群体？活动控制在多大范围内？哪些人是促销的主要目标？哪些人是促销的次要目标？这些选择的正确与否会直接影响到促销的最终效果。

4．确定活动主题

这一部分是促销活动方案的核心部分，应该力求创新，使活动具有震撼力和排他性。这部分主要是解决两个问题：

（1）明确活动主题　即把活动目的明确化，提炼活动口号，选择促销手段。是采用降价、价格折扣、赠品、抽奖、礼券、服务促销、演示促销、消费信用，还是其他促销工具？选择什么样的促销工具和什么样的促销主题，要考虑到活动的目标、竞争条件和环境及促销的费用预算和分配。

在确定了主题之后要尽可能艺术化地包装活动主题，淡化促销的商业目的，使活动更接近消费者，更能打动消费者。

（2）确定活动方式　这一部分主要阐述活动开展的具体方式。其中有两个问题是重要的参考因素：首先是确定活动伙伴。以政府做后盾，还是借助媒体来促销？是厂家单独行动，还是和经销商联手？或是与其他厂家联合促销？和政府或媒体合作，有助于借势和造势；和经销商或其他厂家联合可整合资源，降低费用及风险。其次要确定刺激程度。要使促销取得成功，必须吸引尽可能多的目标对象参与。刺激程度越高，促进销售的反应越大。但这种刺激也存在边际效应。因此必须根据促销实践进行分析和总结，并结合客观市场环境确定适当的刺激程度和相应的费用投入。

（3）确定广告配合　一个成功的促销活动，需要全方位的广告配合。选择什么样的广告创意及表现手法，选择什么样的媒介炒作，这些都意味着不同的受众抵达率和费用投入。

5．确定活动时间和地点

促销活动的时间和地点选择得当会事半功倍，选择不当则会费力不讨好。在时间上尽量让消费者有空闲参与，在地点上也要方便消费者，而且要事前与城管、工商等部门沟通好。不仅发动促销战役的时机和地点很重要，持续多长时间效果会最好也要深入分析。持续时间过短会导致在这一时间内无法实现重复购买，很多应获得的利益不能实现；持续时间过长，又会引起费用过高，市场无法保持热度，并且容易降低商品在顾客心目中的身价。

6．做好各项准备

（1）人员安排　在人员安排方面要做到“事事有人管，人人有事做”，无空白点，也无交叉点。谁负责与政府、媒体的沟通，谁负责文案写作，谁负责现场管理，谁负责礼品发放，谁负责顾客投诉，要各个环节都考虑清楚，否则就会临阵出麻烦，顾此失彼。

（2）物资准备　活动各环节事无巨细，大到车辆，小到螺钉，都要逐步按照内容、性质列清，提前准备，确保万无一失，否则必然导致现场的忙乱。

（3）费用预算　一个好的促销活动，仅靠一个好的点子是不够的。对促销活动的投入和产出应有缜密测算，预算要做细。

（4）应急预案　每次活动都有可能出现一些意外。例如，政府部门的干预、消费者的投诉、天气突变导致户外的促销活动无法继续进行等。必须对各个可能出现的意外事件作必要的人力、物力、财力方面的准备。

7．进行效果预估

预测这次活动会达到什么样的效果，以利于活动结束后与实际情况进行比较，从刺激程度、促销时机、促销媒介等各方面总结成功点和失败点。

以上是促销活动方案的基本框架，在实际操作中，应大胆想象，小心求证，进行分析比较和优化组合，以实现最佳效益。有了一份有说服力和操作性强的活动方案，才能让公司支持你的方案，也才能确保方案得到完美执行，使促销活动起到四两拨千斤的效果。

有了好的活动方案，还需要有好的实施和延续。活动中最主要的内容是活动纪律和现场控制，要做到忙而不乱，有条有理。活动开始前与结束后还要及时做好媒体宣传。

三、知识链接

随着消费品市场的发展，各厂商的营销手法日益成熟，各种促销手段也被广泛使用。但在实际的运用过程中，不少厂商发现促销并未能达到预期目的，甚至收效甚微。究其原因，除活动形式缺乏新意外，促销方案的设计缺乏完整性、考虑不周也是影响促销效果的一个最重要的因素。

让我们首先分析在消费者促销活动中哪些因素将影响活动的效果。一个促销活动的主体包括消费者、竞争者和合作者三种，三种主体对于促销活动的反应和采取的行动决定了一个促销活动的效果。下面就消费者、竞争者、合作者对于促销活动的反应进行分析，从而可以清楚地了解哪些因素影响了促销效果。

1．预期消费者的反应

（1）选择合适的时间　促销活动的进行是否在合适的销售时段，以及促销活动的持续时间有多长，是需要重点考虑的因素。促销期太短，大部分消费者还没有得知活动信息活动就已经结束；促销期太长，消费者对于活动积极性下降，边际效益递减。一般快速消费品的促销时间以半个月到一个月为宜。

（2）选择合适的地点　活动场地选择和各个活动地点的分布决定是否恰当，是否将活动安排在人流密集处，也是很重要的因素。例如，某化妆品在某城市进行户外活动时，选择的场地舞台对面就是自行车停放处，消费者根本无法停留，活动的效果可想而知。还有一种常见情况就是出于对租金的考虑选择了人流量小的地点，这其实也是对促销资源的一种浪费。

（3）选择明确的目标对象　促销活动必须有明确的目标对象，这样才能够有效集中资源，使活动投入产出比最大化，不分对象盲目促销是绝对错误的。

（4）具有充分的消费者吸引力　一个活动的成败，对消费者是否有吸引力无疑是最关键的。对于一个具体的活动来说，促销力度、赠品或样品的选择和消费者参与的便利性是吸引消费者的决定性因素。促销力度一定要适度，太大会对今后的销售产生不利影响，太小则缺乏吸引力；而赠品的选择必须有新意，还要符合品牌特性；规则设计应该尽量便于消费者参与，过于复杂，消费者感觉不便则会直接导致参与积极性降低，影响活动效果。

（5）提高消费者促销活动知晓度　一个好的促销活动应该使消费者能够更好地了解活动本身，目前促销活动组织中一个常见的错误是将大部分促销资源投入到对消费者的奖励上，却忽视了对于活动本身的宣传，导致活动力度虽然很大，但知晓活动正在进行的消费者却不多。例

如，某品牌啤酒在进行买赠活动，但是在卖场内外没有相应的DM邮报、活动海报和堆头，包装上没有说明，没有场内导购，更没有任何媒介宣传，仅仅是货架上的一张货架贴，难于引起消费者的注意，活动效果也就非常有限了。

另一种常见错误是在宣传中对于活动规则解释不清甚至产生误导，使消费者有被愚弄的感觉，对活动持有不信任态度，后果可想而知。

（6）提供非价格性的消费者利益点　大部分消费者促销活动最终沦为单纯的价格促销的原因就在于，在促销设计及宣传中只是单纯地向消费者强调了价格因素，缺乏对于产品利益和品牌利益的宣传，从而将消费者的品牌取向误导至价格上，严重地影响了品牌形象。促销现场传达的信息应该是“合算的”，而不应该是“便宜的”。

2．针对竞争者的工作

（1）针对竞争者弱点设计　促销活动的主题设计最好能够针对竞争者的弱点，至少不能与竞争对手重合。当然在进行宣传时不能违反有关法律规定，甚至进行恶意诋毁。

（2）预先评估竞争者可能的反应　促销活动开展后竞争者必然会有某种形式的反应，提前做好准备才能防患于未然，保证活动的顺利进行。

3．合作者

包括企业内外部的合作者，如企业内部各部门、代理机构、中间商、零售终端等，这些都是活动执行的主体，他们的行为决定着活动本身能否顺利进行。以下一些因素也就直接影响了活动的质量：

（1）制定清晰的活动目标　任何一个促销活动都应该有清晰的目标，常见的目标包括销量、试用率、覆盖率等，一个清晰的目标可以用来在活动进行中为执行者指出明确的方向，并用来判断进展情况，以便对于活动进程进行控制和修改。

（2）提供明确的活动指南　在活动开始之前，组织者应该制定明确的活动指南，如执行手册或者活动通知，告诉合作者活动流程、规则，告诉合作者该如何采取正确的行动，另外还有具体的时间安排、需要哪些配套措施以及如何获取相应的资源和支持、如何处理突发情况等，确保合作者充分了解活动的相关情况并给予积极配合。

在活动进行过程中，组织者还应该随时向合作者提供关于活动进展情况的备忘录，并根据出现的问题提出解决方法或进行修改，确保活动的顺利实施，避免造成混乱。

（3）准备完善的配套措施　很多促销活动在开展之前都没有做好充足的配套工作，如相关物料没有准备好、媒体计划无法配合、人员没有到位、铺货率没有达到要求、经销商或零售终端缺乏足够的产品库存等，这些情况都极大地影响了促销活动的顺利进行。

（4）提供合理的合作者利益　由于大量活动是通过中间商或者零售终端直接操作进行的，因此活动应该能给操作者带来一定的利益，如销量的增长、客流量的增加等，或者直接向其支付合理的费用，以鼓励合作者积极参与，达到双赢目标。需要特别注意的是不要随意向中间商和零售商的员工提供好处，一是不合法，二是可能引起中间商和零售商的强烈反感，不利于合作。

（5）具有良好的可操作性和可控制性　活动本身的规则设计应该便于操作，并且便于厂商对于活动进行控制，规则太复杂，操作难度大，合作者觉得麻烦，积极性不高，执行力就大打折扣，效果不佳；规则太简单，漏洞多，则难于控制，使促销资源大量浪费。

根据以上分析，可以制定一个评估表，用于对设计和修改阶段的消费者促销活动方案进行评估，寻找方案中的不足之处并加以修改，以提高促销方案的完整性，保证活动的执行效果，见表3所示。

表3 消费者促销活动效果预期评估表

序 号	影响因素	权 数	得分					分值	改进建议
			很好	好	一般	差	极差		
1	是否选择了合适的时间	5	1	0.8	0.5	0.2	0		
2	是否选择了合适的地点	5	1	0.8	0.5	0.2	0		
3	是否选择了明确的目标对象	5	1	0.8	0.5	0.2	0		
4	活动力度是否足够	15	1	0.8	0.5	0.2	0		
5	赠品/样品选择是否合适	15	1	0.8	0.5	0.2	0		
6	消费者是否便于参与	10	1	0.8	0.5	0.2	0		
7	活动进行中是否有足够的现场布置	15	1	0.8	0.5	0.2	0		
8	活动是否安排了媒介宣传配合	10	1	0.8	0.5	0.2	0		
9	是否提供了除价格以外的消费者利益	5	1	0.8	0.5	0.2	0		
10	是否有针对竞争者弱点的活动设计	5	1	0.8	0.5	0.2	0		
11	竞争者是否会有较强的、影响活动进行的反应	5	1	0.8	0.5	0.2	0		
12	活动是否有清晰的、便于衡量的目标	5	1	0.8	0.5	0.2	0		
13	是否向合作者提供了明确的活动指引，各方是否明确各自的职责	10	1	0.8	0.5	0.2	0		
14	活动的配套措施和准备工作是否完善	15	1	0.8	0.5	0.2	0		
15	参与活动的中间商和零售终端是否有合理的利益	10	1	0.8	0.5	0.2	0		
16	活动是否有良好的可操作性	10	1	0.8	0.5	0.2	0		
17	活动过程是否便于控制	5	1	0.8	0.5	0.2	0		
合　　计（满分150分）：									

上面介绍的是一种行之有效的评估方法，但在具体运用过程中，它解决的是促销设计中的完整性和有效性问题，是构建促销方案的躯体，不可能替代活动创意这个促销的灵魂，不过只有灵魂而没有强壮的躯体，最后的结果也不会理想。

四、探讨分享

案例

××音乐手机国庆节促销方案

一、促销活动目的

旺季抢量，同时强化××音乐手机“完美音质”的形象定位，通过主推音乐手机，提高中高端机型的比重，达到40%以上。

每个节假日对于××品牌来说都是一个彰显品牌实力、品牌风格的重要节日，通过本活动刺激消费，促进销售，提高品牌知名度。

此次活动结束后，紧接着就是圣诞节与元旦的促销活动。由于这几个重要节日相距时间不长，所以可以把此次的促销活动延续到下个活动中去。也可利用较多的顾客人流，宣传圣诞节与元旦的促销活动。

二、促销主题和内容

主题：完美音质，随身畅响，霓光盛彩，缤纷献礼。

内容：2010年10月1～7日，凡购买××音乐手机任意一款，均有便携式旅行小音箱赠送；××品牌VIP顾客凭卡到原发卡店领取精美国庆礼物一份，每卡仅限使用一次。新客户购满2 000元送精美礼品一份。

赠品与礼品数量有限，送完即止。

三、活动对象

××品牌新老顾客，尤其是品牌的VIP顾客。

四、促销活动的方式

（1）开展区域　此次促销活动，全国统一开展。

（2）赠品采购　赠品全部由工厂采购，公司根据各卖场音乐手机完成率核销各商场礼品金额。

（3）礼品费用核销办法　根据卖场促销活动期间的音乐手机销售任务的完成率核销礼品金额，核销金额=完成数量/任务数量×单台礼品价格，完成数量和任务数量的比值最高为100%。

（4）赠品配送方式　赠品必须由促销员控制，赠品的发放数量必须和活动开始之日到结束之日的实销量一一对应。

五、促销活动时间与地点

促销时间：2010年10月1日～7日。

促销地点：北京市各大手机卖场。

六、广告配合

广告与海报、POP形式配合。终端店铺的海报、POP同样以红、绿、白圣诞色为主色调，装饰整个卖场。

××公司市场部需在2010年9月15日前确认北京电视台、北京市公交公司，以便在北京电视台和北京公车上做广告宣传，确保本次的促销活动成功进行。

七、前期准备工作

1. 人员到位

从全国来看，音乐手机80%以上的销售来自于促销员；其余很大一部分的销售来自于经销商的主推。因此，在促销活动前要做好经销商和促销员的工作。

提前招聘好临时促销员，促销员演示样机需配真机。

在国庆期间，业务团队高频度互动，每天短信通报各地销售情况。

赠品有严格的流程控制，促销员每发放一个赠品，都必须相应填写“赠品发放登记表”。

2. 礼品开发

带有××品牌LOGO的各种小产品。

3. 国庆陈列与布置

为突出音乐手机的主题以及整体品牌形象，在促销开展之前，各地务必在大卖场、核心售点、专区中尽可能使用新的背板（音乐手机主题背板）；并且使用1～2节柜台进行专门的音乐手机陈列。

抢占销售卖场的关键陈列位置。各地在10月1日前，要设法得到人流量大、留驻率高的关键陈列位。

（1）陈列所需的物品　节日主题的透明背胶喷画、烛光灯箱。

（2）橱窗的布置　用红色长毛地毯铺在地面上，产生温馨的氛围，让人深切地感受到国庆节就在身边；促销礼品的摆放及地面的红地毯可以更好地衬托国庆节的主题。

（3）收银台的布置　可用红条横挂在收银台旁边，让顾客最直接地感受到节日的氛围。

八、活动的预算

礼品控制在每份100元左右，需要礼品600份左右。礼品所需费用初步统计约为60 000元。

九、活动效果的评估

以苏宁、国美等卖场为促销活动的后期跟踪对象，调查各店促销期间与去年同期销售的对比情况，考核此次促销活动的效果。

讨论

你认为上面这份促销方案写得怎么样，为什么？

情境二　向媒体通报活动情况

一、情境设定

本次活动盛况空前，促销规模和力度都超过以往，因而也引起了媒体的极大关注。公司也想趁这个机会，做一次免费广告，决定召开一次新闻发布会，向媒体通报这次活动的情况，借机自我宣传。

那么，如何撰写新闻通稿呢？

二、任务实施

这是一个资信极为发达的时代。新闻比以往更加讲究时间和速度，也就是更加强调时效性。为了能尽快地写出新闻稿，新闻媒体大多要求被报道的单位提供比较成熟的素材。这个准备供新闻报道的稿子，就是新闻通稿。

1．消息还是通信

新闻通稿基本都是模仿平面媒体的稿件形式来写的，按照基本的形式来分，可以分为消息稿和通信稿。简单地说，可以按照以下标准来对两种文体进行区分：报纸上新闻正文前面有某某报×月×日讯（电头）记者××人，然后才是新闻正文的，就是消息。上来就是文章，最后才署作者名字的新闻，多数是通讯。

企业的新闻通稿就是要模仿这些不同的文体，把需要传达的内容预先写好。对于企业来说，新闻通稿应该准备两篇以上，至少保证一篇消息、一篇通信。消息中应该包括整个事件的过程。通信则是对消息内容的补充，可以是对整个事件的背景情况介绍，也可以是一些花絮或者是企业中参与事件的人物故事等。

2．消息的写作

消息稿一般字数较短，实效性很强，发布起来比较快。何事、何人、何时、何地、何因是消息的五要素。因为在英文当中这每个要素开头的字母都是“W”，所以简称“五个W”。对于企业发布的消息型新闻通稿而言，只要交代清楚了事件发生的时间、地点、人物、事件和起因，就应该算比较完整和成功了。

（1）标题　消息的标题应该揭示新闻的内容或主旨，对于平面媒体来说，它还起着美化版面、引导阅读的作用。

消息的标题可以有一行到三行不等。正题又可称为主题、实题，它一般是用完整的句子、最醒目的形式揭示新闻事实的中心思想、主要内容。副题是正题下一行的标题，因此又被称为子题、辅题、下辅题，起补充新闻的事实、思想，是主题的具体化，一般用于突出意义、扩大影响。正题上一行的标题称为肩题、眉题、领题、上副题，一般写背景、气氛、原因等，语义可不完整，需要与正题搭配使用。

如果标题只有一行，就是单行标题。如果有双行，由正题加引题构成就称主肩式；由正题加副题构成，就称为主副式。只有重大新闻才适合用三行标题。

（2）导语　导语是消息开头的第一段或第一句话，是用最简明的文字表述新闻中最重要、最新鲜、最吸引人的事实。

（3）主体　通过足够的、典型的、生动的、具有说服力的材料，让读者全面了解、掌握新闻的事实。通常按照逻辑顺序或者时间顺序组织材料。

传统的消息的写作，多采用“倒金字塔”结构，也就是以材料的重要程度为序，由重到轻、由主到次安排层次。把最重要、最新鲜、最高潮的事实先写，是典型的虎头蛇尾、头重脚轻的结构。这样的结构方式比较适合于读者随时了解新闻的核心信息，也便于各类媒体进行新闻的快速编辑。

（4）背景材料　背景材料是消息中出现的与新闻事实密切关联的历史或环境材料。通过对主要事实进行烘托、说明、解释或对比，起到深化主题的作用，让读者能更深入了解新闻事实；或者增加消息阅读的知识性和趣味性。可以穿插在新闻主体之中，或附在旁边，如在报纸上经常可以看见的“新闻链接”就是附在旁边的写法。

三、知识链接

新闻通稿原本是一些新闻通讯社的“专利”。他们在采访到一些重要新闻以后，会以一种统一的稿件方式发给全国的需要稿件的媒体。这就叫做通稿。后来，很多企业在对外发布新闻的时候，为了统一宣传口径，也会组织新闻通稿，以提供给需要的新闻媒体。

1. 通稿写作技巧

（1）导语不能把事情说完　记者往往会在通信员原稿基础上进行稿件修改工作。所以对通信员来说，新闻通稿一定要把比较核心的内容分散在整篇文章中，让记者删改起来比较费力。有很多新闻通稿通常会采用三段形式。一段导语、一段新闻主体再加一段背景材料（主要是对企业荣誉介绍等）。这样的结构其实是很不好的，记者往往很轻松地只要保留一段就可以。这样，企业最想突出的企业荣誉就很难得到表现。通常来说，比较讨巧的做法是把企业的概况等新闻背景散放到新闻主体的内容中去，而不要单独成一段。

（2）以企业为个案反映社会关注点或行业特性　对媒体记者而言，“一厂一店”的稿子是最难处理的，这类稿件不仅有广告稿的嫌疑，而且本身也很难做大的处理。所以企业一定要从中找到普遍性的东西，把稿件写成是反映普遍问题的文章，而自己的企业不过恰巧是代表这种现象的一个例子而已。

2. 新闻通稿写作的四个禁忌

（1）把通稿写成广告文案　新闻通稿的作用是通过一种媒介把事情说清楚，而不是免费的广告机会。很多企业的新闻通稿是由广告部门或委托广告公司制作的。由于本身业务的习惯，很多新闻通稿会写成广告文案的方式。通稿中文字唯美缥缈，但具体的时间、地点却没提到。

另外，新闻通稿应尽量少用生僻字和古汉语等，这也是广告人容易犯的一个习惯，为了推出唯美的效果，往往会使用某种风格。事实上，新闻稿件应该越平实越好。

（2）把通稿写成企业公文　公文是公务文书的简称，有时也称为文件，如命令、决定、通知、通报、报告等。公文有公文的语言。很多企业经常会把新闻通稿写成一篇公文。很多的通稿是用“随着”两个字开篇的。用得较多的公文语言模式还有：喜欢用“该”，喜欢用“第一……第二……第三……”，喜欢用“一是……二是……三是……”等。这些字或句式用在公文中是非常合适的，因为公文本身的性质决定了公文的用语必须严谨明了，容不得花里胡哨。但这类字、句式出现在新闻报道中，就使报道显得不伦不类了，既不像公文，又不像报道。

（3）专业语言汇编成通稿　很多新闻通稿，由于主办方为了显示权威和行业特色，往往会使用大量的专业术语和专业称谓。不仅给记者了解信息增加了很多困难，甚至很容易影响刊出效果。毕竟，有不少的编辑和记者在修改稿件过程中，会把很多普通读者看不懂的内容直接删掉。

（4）没有卖点的新闻通稿　一个新闻中的最有吸引力的就是“新闻点”。它是判断事实是否足以构成新闻的标准，它是新闻价值的具化，是媒介从业人员在选择新闻时首先闪过脑海的问题，相关学者将其概括为七个核心要素：重要性、接近性、异常性、显著性、及时性、冲突性和趣味性。企业在拟写新闻通稿时候必须要为新闻找卖点，要保证新闻本身的新鲜度，满足受众的阅读兴趣，体现新闻的社会效应。

新闻细节往往也会成为新闻中富有吸引力的部分，因为新闻报道本身就需要有“人欲知而未知的事实”，细节是最能表明真实情况的资料了。因此企业完全可以在企业对外发布的资料中公开无需保密的细节内容，数字也可以说明新闻材料的真实，而新闻媒体往往可以从数字中找到新闻点。例如，在新闻通稿中需要某个人物时，最好不要很笼统地使用××企业工作人员、某专家、业内人士等称谓，改而描述为“这位自称在行政机关担任领导职务的男性顾客”，或者“半年前刚被提升到副经理职位上的业内人士”等。

四、探讨分享

案例一

国家统计局新闻通稿

9月份全国居民消费价格同比上涨 6.2%

9月份，居民消费价格总水平比去年同月上涨6.2%，其中城市上涨5.8%，农村上涨7.1%；食品价格上涨16.9%，非食品价格上涨1.1%；消费品价格上涨7.4%，服务项目价格上涨2.4%。从月环比看，居民消费价格总水平比上月上涨0.3%。

从八大类别看，9月份，食品类价格比去年同月上涨16.9%。其中，粮食价格上涨6.5%，油脂价格上涨34.5%，肉禽及其制品价格上涨43.0%，鲜蛋价格上涨17.7%，水产品价格上

涨7.5%，鲜菜价格上涨12.0%，鲜果价格上涨4.5%，调味品价格上涨4.1%。

烟酒及用品类价格同比上涨1.7%。其中，烟草价格上涨0.9%，酒类价格上涨3.4%。

衣着类价格同比下降1.0%，其中服装价格下降1.0%。

家庭设备用品及维修服务价格同比上涨1.8%。其中耐用消费品价格上涨1.0%，家庭服务及加工维修服务价格上涨8.2%。

医疗保健及个人用品类价格同比上涨2.6%。其中西药价格下降0.1%，中药材及中成药价格上涨11.0%，医疗保健服务价格上涨2.4%。

交通和通信类价格同比下降1.4%。其中，交通工具价格下降2.3%，车用燃料及零配件价格下降1.4%，车辆使用及维修价格上涨1.6%，城市间交通费价格上涨2.6%，市区交通费价格上涨0.2%；通信工具价格下降18.4%。

娱乐教育文化用品及服务类价格下降0.4%。其中，学杂托幼费价格上涨0.7%，教材及参考书价格下降1.3%，文娱费价格上涨2.5%，旅游价格上涨3.4%，文娱用品价格下降0.5%。

居住类价格同比上涨4.2%。其中，水、电及燃料价格上涨1.9%，建房及装修材料价格上涨5.1%，租房价格上涨4.4%。

1～9月份累计，居民消费价格总水平同比上涨4.1%。

（本文来自国家统计局城市司2009年2月19日发布的《CPI新闻通稿举例》，数据为2007年9月的CPI。）

案例二

新华社同题新闻分析

9月CPI涨幅回落是否预示通胀压力减轻？

新华社电（记者张毅江国成）据国家统计局25日发布的统计，受食品价格涨势趋缓等因素影响，今年9月份全国居民消费价格（CPI）同比上涨6.2%，涨幅比8月份的6.5%小幅回落。这是自今年5月连续4个月上涨以来，CPI涨幅首次出现回落。

专家认为，随着国家各项调控措施效果不断显现，今年后几个月CPI涨势有望继续回落，全年涨幅可以控制在5%以下，通胀压力也会得到一定程度的减轻。

记者近日在北京几家超市发现猪肉零售价格比两个月前有了较大幅度回落。东三环外双井家乐福店的排酸肉猪肋排最高曾卖到每500克24元，10月20日降到15.8元，回落幅度达34%。同样的排骨，朝阳门外华普超市标价为16.8元，促销价只有12.8元。

据商务部市场运行调节司的市场监测，自今年8月初全国生猪收购和批发价格达到历史高位以来，各地生猪收购价格及猪肉批发、零售价格开始逐步回落。自8月份至9月末，猪肉批发价格连续8周小幅回落，每周平均降幅1.8%。

国家统计局的统计显示，今年9月份食品类价格同比上涨16.9%，比8月份上涨18.2%，降低了1.3个百分点。其中9月份肉禽及其制品价格上涨43.0%，比8月份的49.0%降低了6个百分点。

正是由于食品特别是猪肉涨幅的回落，带动9月CPI涨幅比8月下降了0.3个百分点。随着国内生猪供需矛盾的缓解，猪肉价格虽然不可能回到年初的水平，但大幅上涨的可能性不大。食品类价格继续回落，直接影响到未来几个月CPI的走势。

国家统计局总经济师姚景源在接受新华社记者专访时说，虽然CPI是反映通胀的重要指标之一，但是目前主要是食品类价格上涨，属于结构性上涨。在国家统计局统计的8大类商品中，9月份仍然是5类上涨，3类下降，并没有出现全面上涨的情况。而通货膨胀的主要标志之一就是物价全面上涨。如果看核心CPI（扣除住房和能源消费），1至9月份仅仅上涨了0.8%，仍然处于安全的范围内。美国7月份核心CPI同比上涨2.2%，欧元区核心CPI1至7月上涨1.9%，从核心CPI这个角度来分析，也不能讲我们已经进入全面通胀。

姚景源表示，随着国家各项保持物价基本稳定措施逐步产生效应，预计今年四季度，CPI的涨势会有所回落，但仍将在高位运行。经济运行有一定的周期，要让CPI在短时期内大幅度回落也是不现实的。他认为8月份CPI同比上涨6.5%已经是顶点，从9月起开始出现拐点。由于去年最后两个月CPI基数较高，今年最后两个月CPI涨幅同比不会很高。

他认为今年全年CPI同比上涨大约为4.5%，物价总体上仍处于可控范围，不会出现由于总需求严重超过总供给而引起的全面、持续的价格上涨，也不会出现严重的通货膨胀。

北京大学中国经济研究中心教授宋国青认为，受到总需求明显降温的影响，今年三季度GDP（国内生产总值）增速已经较二季度明显回落，贸易顺差、工业企业增加值等关键经济指标也趋于稳定。随着国家稳定物价政策效果的不断释放，未来三至五年平均通货膨胀率超过3%的可能性很小。

德意志银行日前发布的中国经济报告称，中国在未来数月内整体通胀有望企稳，预计12月显著回落，CPI会在明年降至3.5%。

但有专家认为，目前食品价格相对大幅上涨的势头已得到遏制，但总体通胀的变化还要看货币供给能否得到有效控制。加之劳动力成本和其他要素成本的上升，以及国际市场原油和粮食等初级产品价格上涨的影响，我国未来CPI仍存在上升的压力。

（本文来自2007年10月25日新华网）

讨论

比较例文一和例文二，看看新闻通稿和正式新闻稿之间的区别与联系。

情境三　向内部通报活动情况

一、情境设定

活动结束了，对外宣传也做了。回到公司后，单位领导叫你编写一期简报，在公司内部通报一下活动的情况。

简报和新闻通稿是否一样？应该怎么编写呢？

二、任务实施

虽然这次对外宣传活动取得了圆满成功，但是回过头来，在公司内部的简报上，我们得认认真真地回顾这次活动。这样做的目的，不是要邀功请赏或谴责谁工作不得力，而是为了今后的活动可以开展得更完善。这些回顾和反思，如果基于管理的需要进行概括和提炼就是总结；

如果是对内进行通报就是简报。

1．什么是简报

常见的简报有三种：一是会议简报，主要反映会议交流、进展情况；二是情况简报，反映人们关注的问题，供机关领导参考；三是工作简报，报告重大问题的处理情况以及工作动态、经验或问题等。

把简报同一般的报纸、刊物相对照，可以得出这样的看法：简报并非单纯是下级向上级汇报工作的简要书面报告，不能把它看成是一种独立文体，也不是一种刊物，而是一种专业性较强的简短的内部小报。

简报不是一种文章的体裁。因为一份简报，可能只刊登一篇文章，也可能刊登几篇文章。这些文章，可能是报告、专题经验总结、讲话、消息等。故此，把简报说成一种独立的文体，或只说是报告，是不妥当的。

简报不是一种刊物。因为有些简报可以装订在一起，像一般“刊物”一样，但更多的是只有一两张纸、几个版面，像一份报纸。更重要的是简报具有一般报纸的新闻特点，特别是要求有很强的时效性。而刊物的时效性则远不及报纸。故此，简报不是“刊”，而是“报”。

2．简报怎么编

（1）内容要有专题性　公开的报纸，一般是综合性的，内容广泛，各方面的新闻都有，这样它才能满足各阶层读者的需要。简报就有所不同，如《人口普查简报》、《水利工程简报》、《招生简报》等，专题性十分明显。分别由主办单位组织专人撰写，传递该项工作的各种信息，包括情况、经验、问题和对策等，一般性的东西少说，无关的东西不说。可以使内部员工了解某项工作的进展情况，增强责任感；而各级领导收到这样的简报，可以及时掌握情况，有了问题也能及时处置。

因此，编写简报首先就要选择与本次促销活动相关的所有信息，进行编写。

（2）文章要简短　虽然所有报纸篇幅都有限，文章都较简短，但比较起来，公开的报纸，至少有4版，有4万多字；简报则不同。简，是它区别于其他报刊的最显著的特点。一期简报有的甚至只刊登一篇文章，几段信息，或一期几篇文章，总共一两千字，长的也不过三五千字，读者可以用很短的时间把它读完，适应于现代快节奏工作的需要。

所以，用在简报上的文章，篇幅要简短，语言必须简明精练。

（3）限于内部交流　一般报纸面向全社会，内容是公开的，读者越多越好。简报则不同，它一般在编报机关管辖范围内各单位之间交流，不宜甚至不能公开传播，特别是涉外机关和专政机关主办的简报更是如此。有的简报，往往是专给某一级领导人看的，有一定的保密要求，不能任意扩大阅读范围。

所以，简报并不是拿来对外宣传用的，目的不一样，阅读对象不一样，编写的内容和形式，甚至人称的选择使用，和新闻通稿自然也有很大的差异。

3．简报的体例

（1）报头

1）简报名称。一般用套红印刷的大号字体。如有特殊内容而又不必另出一期简报时，就在名称或期数下面注明“增刊”或“××专刊”字样。

2）秘密等级。写在左上角，也有的写“内部文件”或“内部资料，注意保存”等字样。通常的简报没有这部分内容。

3）期号。可写在名称下一行，用括号括上。

4）编印单位与印发日期。平行写在期号下一行上。

用一条反线将报头与报核隔开。

（2）报核　报核，即简报所刊登的一篇或几篇文章。简报的写法是多种多样的，因此，它的形式也较灵活。刊登的文章形式上大多数类似消息。

（3）报尾　在简报最后一页下部，用一条反线与报核隔开，反线下左边写明发送范围，在平行的右侧写明印刷份数。

三、知识链接

在简报编写过程中，应遵循以下要求：

（1）抓准问题　简报应该围绕本单位的实际，反映那些最重要、最典型、最新鲜、最为群众关心、最需要引起注意的问题。可以围绕领导决策，在某项决策或者活动前后，积极收集有关的材料进行筛选研究，迅速反馈信息。

有了主题后，还要学会从大局着眼，小处着手。收集情况时，要学会“解剖麻雀”，抓住有代表性的小问题，做推广放大的思考，挖掘和开拓更广泛深刻的含义。尤其是要抓新情况、新经验、新问题、新苗头，供领导参阅。

（2）材料准确　简报作为加强领导和推动工作的重要工具，内容必须绝对真实、准确。不允许对那些心理活动、环境、气氛等无形的事实搞“合理想象”。必须深入调查研究，不浮光掠影，更不可听风就是雨，要做到简报所选用的任何材料，包括人名、地点、时间、情节、数字、引语、因果关系等，都完全准确无误，没有丝毫的虚构、夸张、缩小和差错。特别在估计成绩和宣传先进时，更要严格把握分寸，有一说一，有二说二，实事求是，恰如其分，留有余地。

（3）表述简明　简报的写作必须注意做到简短、明快，用尽可能少的文字说清楚必须说明的问题。

一是注意主题集中。一份简报只抓住一个问题，使简报的主题凝聚，问题说得透彻。如果简报所涉及的内容较多，可以把想说的问题进行归纳、提炼，抓住最能反映事物性质的东西做主题，重点来写，其他则一概摒弃；也可以将可写的几个问题，各写一期简报分期介绍，一期一个重点，每篇一个侧面，千万不可使几个观点纠缠在一篇简报上。

二是注意精选材料。围绕主题精心挑选典型事例。撰写简报之前，必须对材料进行分析研究，精心选择。凡是能够表现主题的材料，都要注意加以精选，不可轻易放过；凡是与主题无关的材料，即使十分生动，也必须忍痛割爱、坚决舍弃。选择材料还要注意选择典型材料，能反映事物的本质。做到不堆砌、不罗列、不雷同。要通过材料的剪裁突出主题、缩短篇幅，使简报的主题充分而明确地表现出来，使简报的内容更加简洁。

（4）反应迅速　简报是单位领导对一些问题作出决策的参考依据之一，也是单位推动工作的一个重要手段，这就决定了简报的编者必须讲求时效。要求简报的作者反应敏锐，对问题反应得快，对材料分析得快，写作构思快，动笔成稿快。同时，还要求简报的编辑、签发、打印、发稿速度快，共同把握发稿时机。

（5）内容实在　简报和新闻报道一样，是靠用现实生活中活生生的生活事实来宣传党的路线、方针、政策。用事实说话，是简报的主要特征之一，也是编写简报应该注意的一个重要问题。

四、探讨分享

案例

国家外国专家局简报

➘ 261 期报头

国家外国专家局简报

（总第 261 期）

国家外国专家局办公室　　2007 年 2 月 8 日

地方简报

➘ 261 期报核之一篇信息

宁夏邀请美国专家指导试验项目取得实效

不久前，宁夏外专局邀请两位美国专家开展水资源综合管理试验项目，取得实效。

专家们先后考察了宁夏青铜峡水电站、中卫黄河水利枢纽工程、宁夏沙质荒漠化草原围栏补植试验示范区和宁夏陶乐示范区等。针对宁夏地表水资源贫乏、地下水位高、土壤盐碱化严重的自然现状及农业面源污染等问题，专家们建议：一是规范化的示范区应将“硬件”建设和高水平的科研“软件”相结合；二是调整种植结构，减少化肥农药使用，建设农村小型污水、垃圾处理设施，发展生态农业，减少面源污染；三是加大农业环境的监督管理，加强养殖场的规划管理，推广适用的农业面源污染防治技术及畜禽养殖场污染治理技术，建立监测检测和环境评价体系。四是大力宣传保护水源地、改善水质、减少面源污染的重要性，提高人们对保护水源地重要性、紧迫性的认识，不断增强农民的生态环境保护意识。

（宁夏外专局）

➘ 261 期报尾

分送：建敏同志、柏林同志、适时同志，国办秘书一、三局，人事部办公厅，局领导

抄送：局机关各部门、局属事业单位，各省、自治区、直辖市和副省级城市外专局，新疆生产建设兵团外专局

编辑：李建光　　核稿：柳忠三　邓永辉　　签发：刘玉华　袁旭东

（本期共印 75 份）

讨论

简述简报的格式，比较案例中的简报文稿和新闻通稿之间的区别与联系。

情境四　本次活动的总结

一、情境设定

活动结束了，需要对本次活动进行总结，指出成功的经验，找出失败的教训，以便下次活动时改进。如果领导把这个任务交给你，你该如何去完成？

二、任务实施

人们常常对已做过的工作进行回顾、分析，并提到理论的高度，肯定已取得的成绩，指出应汲取的教训，以便今后做得更好些。将这些内容用书面文字表述出来便是总结了。总结是一种常用而重要的文体，它的作用正如毛泽东所指出的“人类总得不断总结经验，有所发现，有所发明，有所创造，有所前进”。从大的方面说，总结能为国家制订各项路线、方针、政策提供重要依据；从个人或集体来说，总结也是不断提高思想、业务水平的一项重要举措。

1．充分占有材料

充分地占有材料，是写好一篇总结的前提。广泛地收集各种事实材料，是分析研究、提炼观点的基础，也是把总结内容写得扎实、丰富的必要条件。

所谓充分，是指收集的材料要全面、完备，有准确数据和事例，视野也就不能仅仅限于总结的那个阶段，还必须向“纵”和“横”两个方向开拓。这样才能避免写总结时仅仅凭借自己脑子里的记忆，或者出现很多的“大概”、“记得”、“也许”、“接近于”等措辞。

要通过不同的形式，听取各方面的意见，了解有关情况。或者把总结的想法、意图提出来，同各方面的人员商量。一定要避免领导出观点、到群众中找事实的写法。

2．深入分析材料

总结的根本要求就是要揭示出规律性的东西，对今后的工作起到指导作用和借鉴作用。所谓规律性的东西，就是体现事物本质的东西，是事物内在的联系，是贯穿事物发展全过程并自始至终起作用的、反映事物发展必然性的东西。因此，写总结就必须深入分析材料，找出哪些地方做得成功，哪些地方有问题，成功和出现问题的原因是什么。分析材料的过程实质上是由具体到抽象、由感性认识到理性认识的深化和发展的过程。

在分析和整理材料的过程中，对以往的工作要有客观的评价，一定要实事求是，成绩不夸大，缺点不缩小，更不能弄虚作假。既要看到工作中的优点，又要看到缺点；要看到成绩的一面，也要看到错误和不足的一面。在坚持一分为二的同时，防止以偏概全。

此外，每一阶段的工作都有重点，总结也要有主次、详略之分。因此对工作的总结也要突出重点，写出新意，切忌写成“流水账”或“新瓶装旧酒”。

3．理顺行文结构

（1）标题　一般由单位名称、时限、内容、文种名称构成，如《中国农业银行××省分行××××年工作总结》。也有的总结用“小结”、“回顾”说明文种。

标题也可以概括主要内容或基本观点，不出现总结字样，但对总结内容有提示作用，如某企业的专题总结《技术改造是振兴企业之路》。若不能表达出完整的意思时，在正标题下可以再拟副标题，如《知名教授上讲台　教书育人放异彩——××大学德育工作总结》。

（2）前言　前言的写法多种多样，有的概述变化情况及主要成绩；有的介绍某个阶段的工作

或任务的背景、基本情况；有的概述总结的目的、方法等，为主体自然地展开做必要的铺垫。

（3）主体　是总结的核心部分。这部分一般应叙述总结事件的过程、做法、成绩、经验、教训，并且要作理论的概括，总结出规律性的东西。这是决定总结优劣的关键性部分。

这些内容可按纵式或横式结构形式撰写。所谓纵式结构，即以认识事物的习惯来安排顺序，先对总结的内容作概括性交代，表明基本观点；接着叙述事情经过，同时配合议论，进行初步分析；最后总结出几点体会、经验和存在问题。这种结构单纯、易学。所谓横式结构即不按事件的发展顺序而按材料的逻辑关系将其分成若干项目，标序加题，一类一项地写下去。每类问题又按先介绍基本情况，再叙述事情经过，再归纳出经验、问题的顺序写下来。这种方式较复杂，通常对涉及面广、内容复杂的事情采用。

（4）结尾　或提出今后努力方向，或指出存在的问题，或表明自己的态度。

4．追求朴实文风

总结的写作不求华美艳丽，但求一语中的，切忌含糊沉闷。不能用溢美之词，夸张、粉饰事实，也不能过多地用“一般情况下”、“一定的”、“大体上”、“比较”、“大概”、“基本上”、“较为”等笼统的词语。引用数据和资料时，也不能是“据说”、“根据判断”等，应准确地说明材料的可靠程度和资料的出处。

三、知识链接

1．总结、报告和调查报告

（1）总结和报告的区别

1）公文的报告代表发文机关的意见，直接具有行政效力；总结未经过有关机关或会议批准，不用公文形式发表，不具有行政效力。

2）公文的报告以陈述事实为主，较少议论；总结则夹叙夹议。

（2）总结和调查报告的区别

1）目的不同。调查报告有较强的时效性，是为了回答现实生活中迫切需要回答的问题而写；总结是常规性的工作，一项工作告一段落或者进行一段时间后，就要把情况汇报一下，便于领导了解情况，向外宣传推广好的经验。

2）时机不同。调查报告可以在工作完成之后写，也可以在工作进行之中截取某个断面加以剖析；总结总是在工作完成以后或者告一段落时写。

3）依据不同。调查报告要求客观、真实地反映调查对象存在的问题和情况；总结要以自己原先制定的工作计划或某项工作的政策、方针为评价是非得失的依据。

4）角度不同。调查报告是当事人的观察分析，要用第三人称；总结是当事人对自己工作的观察分析，要用第一人称，领导机关或以个人署名总结下属单位的材料，有时用第三人称。

2．综合性（全面性）总结和专题性（单项性）总结

（1）综合性总结　综合性总结是对某一时期各项工作的全面回顾和检查，进而总结经验与教训。这类总结一般具有定期性的特点。内容比较全面，涉及的问题也较多。但是也要分清主次，既要全面，又要突出重点，点面结合，概括反映工作的本质和规律，而不能面面俱到，主次不分。

（2）专题性总结　专题性总结是对某项工作或某方面问题进行专项的总结，尤其以总结某项工作的主要成绩、推广成功经验为多见。内容集中、单纯，可以写得具体、深刻，针对性强。要求有一定的思想深度，概括出规律性的东西。

专题性总结在形式上比较灵活自然，可长可短，有详有略。

四、探讨分享

案例

2011年“安全生产月”活动总结

根据×办发[2011]××号文件关于开展“安全生产月”活动要求，结合我厂实际情况，紧紧围绕全国第五次安全生产月“安全发展，国泰民安”的主题，于2011年6月，在全厂范围内开展了此次活动。现将本次“安全生产月”活动总结如下：

一、领导重视，组织措施到位

为加强本次“安全生产月”活动的组织领导，确保“安全生产月”活动的有效落实，我厂主持全面工作的厂长×××负责本次活动的组织实施，各级领导积极配合开展。在6月初转发了公司×××号《关于开展安全生产月活动的通知》文件，并根据公司×××号文件要求，紧紧围绕“遵章守法、关爱生命”的主题开展此次活动，对活动进行认真组织，使活动开展得有计划、有布置、有检查、有落实。由于我们准备充分、布置周详，使我厂“安全生产月”活动一开始就步入有组织、有领导、有计划的正常轨道，并使得在本次活动中全厂各单位没有任何伤害事故发生。

二、开展形式多样的宣传教育活动

利用“安全生产月”活动的安全宣传画（张贴在主要生产单位）、《×××报》、橱窗以及各种会议、简报，大张旗鼓地进行宣传，用舆论导向激发职工的参与热情，让职工牢固树立“安全第一”的思想，把规范自己的行为、注重安全生产变为自觉活动。据不完全统计，在本次活动中，我厂共张贴安全生产标语标图38幅，办专题橱窗4期，报送安全报道稿件5篇，制作各类型标志牌6块。通过各种形式的宣传，激发了职工自觉参与“安全生产月”活动的热情，使安全生产真正进入到职工心中。

开展形式多样的教育培训及安全活动，从而提高了职工的安全生产水平。在活动中，我厂各单位认真组织职工学习集团公司2011年3～4月事故案例，并在班组周安全活动中结合自身实际情况进行学习讨论，学习面达到98%以上；同时根据公司要求，结合我厂实际情况进行了“KYT”（伤害预知预警）活动试点工作，各单位的试点班组都积极认真地开展，在公司“安康杯”检查中，得到了公司的肯定。据不完全统计，在“安全生产月”活动中，各车间举办各种安全学习班16期，参加人数达220余人；开展安全生产劳动竞赛、安全生产知识竞赛等有益活动，各车间开展工段班组级以上安全活动174次，参加人数达793人。此外，各车间积极参加厂工会、团委组织的“安康杯”、“青安岗”等活动；参与公司统一组织的“×××市10万职工安全生产知识竞赛”，全厂共1 500人参加了此次竞赛，上交答题卡1 435份，答题卡回收率达95.6%；参与了厂工会组织开展的×××职工安全卫生消防知识竞赛，参与人数达1 254人，占全厂总人数的84.3%。通过各种教育培训及安全活动，提高了我厂各级人员的安全生产水平，为安全工作的开展打下了坚实的基础。

三、以“安全生产月”为契机，落实隐患整改，注重实际效果

为了将本次活动落实到实处，使活动开展得有成效，我厂各级管理人员经常到基层、现

场进行安全检查，针对活动中出现的不良现象，及时指导、督促，并认真落实对所查出隐患的整改工作，保证了活动的正常开展。在“安全生产月”活动中，厂部坚持日常检查、周安全检查及专业检查相结合的检查方式。除日常检查及周检外，厂部组织进行了三次专项检查：6月初，厂生产安全科会同设备动力科对全厂起重机械及吊具进行了为期两天的专项安全检查，对所查出的隐患（问题）已全部要求车间进行了整改；6月19日，由厂安办会组织专项检查小组对各车间生产现场进行了三班跟班安全、消防、保卫等方面专项检查，对所查出的不符合要求项已严格按厂安全生产考核办法进行了考核，并要求车间及时整改了；6月29日，厂生产安全科组织各车间安全员进行了安全带（绳）专项安全检查，并对各生产现场进行突击检查，对所查出的不合格项已要求各车间及时整改。在“安全生产月”活动中，积极开展厂“安康杯”活动，并积极配合工会进行了公司的“安康杯”检查。除厂级的各种检查外，各车间领导和安全员也经常到生产现场巡查。据不完全统计，活动期间，各车间共组织班组级以上安全检查20次，共查出隐患80项（次），已全部进行整改，整改率达100%。通过进行有计划、有组织、有目的的定期检查和各级人员的不定期巡查，我厂“安全生产月”活动变得更加生动、更加全面，有力推动了安全工作，为我厂生产经营的稳定发展提供了良好的现场环境。

通过此次“安全生产月”活动，我厂在安全生产、定置管理等方面的工作均上了一个新台阶，进一步增强了各级管理人员的责任心，为今后更好地开展安全管理工作打下了坚实的基础。

2011年7月15日

讨论

1）你认为这篇总结的观点与材料结合得如何，为什么？

2）你认为这篇总结对你的写作有什么启示？

实训拓展

一、日常关注

1．节假日前，请留意一项媒体发布的促销活动，届时亲临现场，考察促销活动的方案制定与活动控制情况。

2．日常浏览新闻时，关注不同阶段、不同作者撰写的同题新闻，在比较中领会新闻的写作要求。

二、分步拓展

下文是深圳某公司促销活动的总结，请参照写作总结的规范要求进行修改。

前序

经过8、9月份各品牌电视的厉兵秣马，10月份“国庆销售黄金周”成了大家展示实力的最好时机。而2010年“五一”市场经济的萧条，也使国庆消费倍受重视，各品牌纷纷使出了自己的浑身解术，力争更好销售。国庆节深圳市场华侨城顺电、北新家居、西乡新一佳等商场的开业，也加重了深圳销售竞争的火药味。深圳市场为各品牌和商场必争之地，TCL也不甘示弱，迎风而上。

行动

由于总部的“二会”活动方案及促销内容一直延用到10月国庆节后，而促销赠品及物料到国庆前已所剩无几了，国庆无促销活动将面临很惨淡的局面。要拿下“国庆黄金消费周”，打压竞争对手的销售，就一定要拿出新的方案来。而此时，康佳的促销方案内容是：购等离子、背投电视送拉杆套箱；购34寸超平、29寸纯平电视送情意台灯；购液晶电视、34寸数字/纯平电视、29寸数字/纯平电视送无线耳机；购21/25寸纯平电视送高清射频线。创维也推出了：购健康高清 HD电视、健康 HD背投电视、健康高清 DLP光电背投电视、健康高清等离子电视40PDPD6或42PDP，加200元送价值1080元的健康高清 DVD一台；购健康高清等离子电视PD-46 送价值1980元的PD46SP6音箱；购健康逐行背投电视43PTV480/51PTV300S/51PTV480送价值 480 元数码相机大礼包；购健康液晶电视、健康背投电视 43PTV300S、高清电视29T60HD/29T61HD/29T63HD、健康 1080i 电视 29TPDP/29T61DP/34TIDP/34TPDP 送价值 480元数码耳机大礼包；购健康纯平电视29TI/29TK/29TX/29TM/29TP/34TP送价值98元高清信号线。面对竞争对手在现场的促销压力，在紧要关头，深圳经营部制定的国庆促销活动方案得到了深圳分公司和惠州管理中心的支持。深圳经营部制定了购PDP电视、逐点背投电视送现金；购逐点电视送高保真无线耳机；购其他电视送高清射频线的促销方案。

深圳经营部于9月29日紧急召开全体业务及促销人员动员大会，在会上对本次国庆促销作了动员，并对方案作了讲解，对销售现场的节日布置提出更高的要求。会后将活动赠品及售点布置台牌、水牌、现金赠送贴、条幅等物料分配到位。

动静

创维在深圳全面推进“举国欢腾迎国庆，创维豪礼送不停”促销活动，并于10月1日在华强顺电、华强国美、华强苏宁等重点商场举行签名售机活动，顾客凭签名卡在10月1～2日购买HD电视和逐行系列电视及背投电视产品可享受9折优惠。创维在全市所有重要商场均有新品展销活动，并用数字信号作演示，现场占据主场地位，数字高清电视推广气氛浓烈。对TCL及其他电视品牌中高档产品销售影响较大。

康佳在深圳全面举行“康佳高清天下再战风云”促销活动，现场统一摆放红色台牌、吊旗及其他装饰物，现场布置整洁，一片红色的海洋，十分醒目。“雷霆优惠，惊艳折扣”，把产品价格拉到更低，且特价机货源较充足。

松下、东芝等进口品牌也开始推行国产化产品概念，如数字高清、HD1080i、逐点等概念。不能改变，唯有适应。洋品牌也不得不屈服。TCL“HDTV”何日再现江湖？

对策

针对竞争品牌的促销方式，临时加大现场促销力度。对有竞品签名售机和新品展示的几个重点商场，在10月1～7日，实行送现金和送礼品双重结合的方式加大现场的销售力度，在南油人人乐、宝安新一佳等重点卖场进行产品展示，并对每一个重点商场加派 1～3 名临时促销人员。（后附：国庆补充活动方案）

状况

TCL的售点都按要求统一进行布置，条幅、吊旗等都悬挂到商场显眼位置，赠品及现金赠送告示水牌放到专柜或通道口，现场有一定的节日促销气氛。现场无线耳机和高清射频线等赠品对相应产品的销售起重要的促进作用，很好地抵制了竞争对手的礼品轰炸，使TCL逐点电视销售有较大提升。

创维现场统一摆放国庆活动台牌，在天花板吊挂活动信息的降落伞。活动赠品统一放在赠品折叠架上，且赠品外包装设计与活动宣传物料相统一。

康佳“康佳高清电视 国庆倾情献礼”，现场一片红色，整齐醒目。

分公司总经理、经营部经理、分公司和经营部市场部人员、区域业务人员分别在10月1～7日巡视了现场。在10月1日的销售中关内区在数量上不及康佳（康佳特价机居多），但金额与创维不相上下。关外区由于创维相对不太重视，TCL销售占据优势地位，信息员反映比康佳、创维销售好。

收获

国庆活动期间（9月29日～10月7日），TCL共计销售电视2 686台（由于系统故障，此数为不完全统计），其中逐行电视及背投电视销售502台，PDP等离子电视销售33台。在华强顺电：TCL销售124台、康佳销售159台、创维销售108台；在华强国美：TCL销售184台、创维销售155台、康佳销售316台。TCL的数量和金额都高于创维，但在数量上比康佳少。深圳由于国庆长假出游人数较多，因此整个电器市场在国庆期间并没有达到预计的火爆场面，10月销售形势可能会一直延续到年底。

总结

本次国庆促销活动压制了竞争对手的销售，没有给竞争对手机会，PDP电视和背投电视等高端机的销售也有较大增长。但我们的推广工作，尤其是现场布置、物料补充、演示效果、市场监控等方面，还需要进一步加强和规范。同时也希望总部在推广物料、演示设备、礼品等方面提供更多的支持。

三、综合实训

1）新学期开始了，校园里很多社团开始纳新，如果你是社团的负责人，你如何策划纳新活动？请写一份活动方案。

2）如果你主持的这次纳新活动并没有取得预想的效果，而其他一些看起来不那么吸引人的社团，最终却把一些有兴趣的同学吸引过去了。你认为其中的原因是什么？你的活动策划方案有哪些需要进一步改进的地方？

3）任何人在生活、工作、学习方面，总有取得成功的时候，只是有的人的成功次数多些，有的人成功的次数少一些；有的人的成功在学习上，有的人的成功在其他方面。请你回顾自己的生活，以你自认为是成功的一个侧面或一件事为题，写一篇总结。

任务七

表彰工作成绩

任务要求

1）可以灵活运用决定和通报进行奖惩。

2）能符合规范的决定和通报。

3）初步学会学术论文的选题，掌握它的结构和写作要求。

情境一　决定还是通报

一、情境设定

一年到头了，年终也该给自己一个奖赏。回顾这一年，从写求职信、简历应聘进公司到给公司筹备会议、搞市场调研、策划活动，工作做了不少，表现良好。公司领导决定在年终的总结大会上表彰一批员工，分派你写一份文书，你该怎么写？

二、任务实施

表彰员工，涉及命令、决定、通报等公文文种，到底使用哪个文种呢？

1．命令与决定、通报的发布权限

《国家行政机关公文处理办法》关于这三个文种的适用范围分别是这样表述的：命令适用于依照有关法律公布行政法规和规章；宣布施行重大强制性行政措施；嘉奖有关单位及人员。决定适用于对重要事项或重大行动作出安排，奖惩有关单位及人员，变更或者撤销下级机关不适当的决定事项。通报适用于表彰先进，批评错误，传达重要精神或者情况。

那么企业里表彰先进用哪个文种呢？首先命令与决定、通报的发文单位是有差异的。根据我国法律，中华人民共和国主席、全国人大常务委员会及其委员长、国务院及其总理、县以上各级地方人民政府及其首长可以发布命令（令）。国务院各部委首长也可以发布命令（令）。一般的企业是无权发布命令的。而决定和通报是可以使用的。

2．决定与通报的用途

（1）了解通报　通报在生活和工作中经常可以听说，但是通报有两种非常容易混淆的用途：一种是指行政处分的最低级别，如“通报”、“警告”、“开除”等，我们所了解的“通报表扬”和“通报批评”属于此列。还有一个用途就是公文里的特定文种——“通报”。所以写作之前，

先要弄明白自己想要干什么。

（2）决定和通报　同样是对于先进或者错误，单位发文的时候，可以发决定也可以发通报，他们之间的不同在于：

1）目的不同。决定是为了正式确认有关的表彰或错误事实和合法有效的处理意见，侧重于说明给予的表彰或者批评的结果。通报是为了教育当事人更是为了教育更多的人，指导和推动有关工作，侧重于号召或者警示他人，告知处理结果在次。

2）对象不同。决定是针对所有需给予处分的人及事，一般只与当事人及有关方面见面，很少普发。通报的对象必须是具有典型性的人或事，发送范围广泛。

3）内容不同。决定中必须有或表彰或处分的明确的意见，通报则不一定有。决定中的主体内容侧重于具体事件的交代和援引的依据的说明；通报在介绍说明情况或者事迹、错误的事实时要求概括而原则，有一定的政策高度和理论深度，以引出结论，并要求其他有关人员记取经验或教训，采取有关的措施。

3．到底用决定还是通报

从命令、决定、通报的适用范围看，你这次写的到底是决定还是通报，还要看表彰的内容。一般情况下，如果对年终表彰的员工有行政奖励措施，就用决定；如果是号召大家向他们学习就用通报。如果受表彰的员工的工作能和当前国家的方针政策吻合、与企业倡导的价值观吻合、与企业当前的热点焦点工作吻合，那就可以用通报。也就是说，其实决定和通报是可以一起发的，先发决定给表彰，再发通报来宣传。

三、知识链接

1．决定的写作

决定的写作要求内容严肃，事实准确，行文周密。

常见的决定有法规性决定、重大事项决定、奖惩性决定、机构设置决定、人事安排（包括接受辞职）决定等。奖惩决定用于对下级机关或个人进行奖励或处罚的决定，通常适用于下级机关有特殊贡献或犯重大错误时。这类决定在日常事务中较为多见。

奖惩性决定的正文一般由决定依据、决定事项和希望要求三部分内容组成。

（1）决定依据　主要是简述被表彰对象的优秀事迹或被处罚对象的错误事实。

（2）决定事项　主要是宣布表彰内容或处分结论。

（3）希望要求　围绕决定依据和决定事项，向有关人员发出号召或提出希望。

2．通报的写作

通报的写作要加强调查研究，掌握典型材料，对问题的评述要恰如其分。如果通报的内容或评论失实，不仅有损于通报的权威性，还会造成恶劣影响。通报写作也要及时，注重效果。通报的语言要平实准确，叙事要清楚，中心要明确，注意各部分的逻辑联系，防止杂乱松散。

通常按内容性质可以把通报分为三类：表彰性通报、批评性通报和情况通报。表彰（批评）性通报正文结构有三部分：

（1）情况说明　说明表彰或批评的原因，即写清先进事迹或错误事实的经过情况，要求用叙述的手法真实客观地反映事实。

（2）分析评价　对所叙述的事实进行准确的分析、中肯的评价，使人们能从好的人和事物中得到鼓舞，从错误中吸取教训。

（3）希望号召　一般是先对表彰的先进或批评的错误作出嘉奖或惩处，然后根据通报的情况，针对现实的需要，发出号召或提出要求。

四、探讨分享

案例一

奖惩性决定

河南省人民政府关于表彰2011年度优秀技术创新企业、优秀技术创新团队和技术创新先进个人的决定

各省辖市人民政府，省人民政府各部门：

2011年，在省委、省政府的正确领导下，全省广大科技工作者认真贯彻落实《国务院关于支持河南省加快建设中原经济区的指导意见》（国发[2011]32号）和省第九次党代会精神，围绕省委、省政府“一个载体、三个体系”（以产业集聚区为载体，现代产业体系、现代城镇体系、自主创新体系）的战略部署，扎实推进自主创新体系建设，取得显著成效，为全省经济社会发展提供了有力的科技支撑。为表彰先进，省政府决定：

一、授予郑州××客车股份有限公司等20家企业为“优秀技术创新企业”。

二、授予××××技术国家重点实验室等20个创新团队为“优秀技术创新团队”。

三、授予×××等50名同志为“技术创新先进个人”。

希望受表彰的单位和个人发扬成绩，开拓创新，扎实工作，努力为建设中原经济区、实现中原崛起和河南振兴作出新的更大的贡献。

附件：1. 2011年度优秀技术创新企业
　　　2. 2011年度优秀技术创新团队
　　　3. 2011年度技术创新先进个人

河南省人民政府

二〇一二年二月二十七日

案例二

表彰性通报

浙江省人民政府关于给予尹亚平蒋萌等同志记功嘉奖的通报

浙政发[2008]67号

各市、县（市、区）人民政府，省政府直属各单位：

2008年6月30日12时45分，浙江省体育彩票管理中心尹亚平、蒋萌，为保护其他工作人员生命安全和国家财产安全，挺身而出，赤手空拳与一名闯入管理中心持刀行凶的犯罪

嫌疑人英勇搏斗。在尹亚平、蒋萌的带领下，管理中心俞永桃、史伟良、吴佳等同志迅速加入到与犯罪嫌疑人搏斗行列，最终将其制服。尹亚平、蒋萌等同志为了人民群众的生命安全和国家财产安全，置生死于度外，在与犯罪嫌疑人搏斗中，尹亚平同志身负重伤，因失血过多光荣牺牲，蒋萌同志经全力抢救脱离生命危险。他们的行为充分体现了基层工作人员舍身为公的崇高品德，体现了爱岗敬业的可贵精神。

为表彰尹亚平、蒋萌等同志的英勇事迹，参照《国家公务员奖励暂行规定》，省政府决定：给尹亚平同志追记一等功，给蒋萌同志记一等功，给俞永桃、史伟良、吴佳等同志嘉奖表彰。

希望全省广大干部群众要以尹亚平、蒋萌等同志为榜样，学习他们时刻牢记全心全意为人民服务的宗旨，视人民利益高于一切的崇高品质；学习他们为保护其他人员生命安全和国家财产安全，敢于与凶恶的犯罪嫌疑人展开搏斗的英勇气概；学习他们爱岗敬业，努力奉献的可贵精神。以科学发展观为指导，深入实施“创业富民、创新强省”总战略，扎实工作，开拓创新，为加快建设惠及全省人民的小康社会作出新的贡献。

二〇〇八年十月二十三日

讨论

试比较上面两则决定和通报写法上有什么不同。

案例三

重大事项决定

国务院关于第五批取消和下放管理层级行政审批项目的决定

国发[2010]21号

各省、自治区、直辖市人民政府，国务院各部委、各直属机构：

2009年以来，按照国务院的统一部署和行政审批制度改革的要求，行政审批制度改革工作部际联席会议依据行政许可法等法律法规的规定，组织对国务院部门的行政审批项目进行了新一轮集中清理。经严格审核论证，国务院决定第五批取消和下放管理层级行政审批项目184项。其中，取消的行政审批项目113项，下放管理层级的行政审批项目71项。

各地区、各部门要认真做好取消和下放管理层级行政审批项目的落实和衔接工作，切实加强后续监管。要按照深化行政管理体制改革、转变政府职能的要求，继续深化行政审批制度改革，进一步减少行政审批项目，规范审批流程，创新审批方式，健全行政审批制约监督机制，加强对行政审批权运行的监督。

附件：1. 国务院决定取消的行政审批项目目录（113项）

2. 国务院决定下放管理层级的行政审批项目目录（71项）

国务院

二〇一〇年七月四日

讨论

试比较这份重大事项的决定与一般的事务性通知在写法上的差异。

案例四

情况通报

国务院安委会办公室关于

福建长乐拉丁酒吧“1·31”重大火灾事故的通报

安委办明电[2009]7号

各省、自治区、直辖市及新疆生产建设兵团安全生产委员会：

2009年1月31日23时55分，位于福建省长乐市吴航街道郑和小区的拉丁酒吧发生火灾，过火面积约30m^2。截至2月4日，事故已造成15人死亡、24人受伤。经初步调查，火灾是由顾客在酒吧内违规燃放烟花引燃天花板的聚氨酯装饰材料所致。有关事故详情正在进一步调查之中。

该起事故发生在公众聚集场所，伤亡惨重，教训深刻。暴露出的主要问题：一是室内装修未报经公安消防部门审核、验收，非法投入使用；二是室内装修装饰违规采用聚氨酯泡沫等大量易燃有毒材料；三是安全出口不符合消防规范要求，门向内开且宽度不够；四是室内电气线路乱拉乱接；五是消防安全意识淡薄，顾客违反规定在室内燃放烟花，酒吧管理人员未予制止。

为深刻吸取事故教训，严防类似事故再次发生，进一步加强公众聚集场所消防安全工作，现提出如下要求：

一、深刻认识消防安全工作的长期性、艰巨性和复杂性，进一步增强做好消防安全工作的紧迫感和责任感。福建长乐拉丁酒吧“1·31”重大火灾事故与广东深圳舞王俱乐部“9·20”特别重大火灾事故发生时间相距不到半年，两起事故单位均存在建筑内部装修未通过消防设计审核和验收就擅自营业、使用聚氨酯泡沫等易燃材料装修、在室内燃放烟花制品等严重违法违规行为，暴露出一些生产经营单位消防安全基础薄弱、消防安全意识淡薄、消防安全违法违规行为突出、消防安全隐患大量存在和部分地区消防安全监管工作不到位等问题。对此，各地区要引以为戒，进一步增强做好消防工作的紧迫感和责任感，及时研判本地区火灾形势，严格执行消防安全有关法律法规和国家有关规定，强化工作措施，提高消防安全工作水平。

二、深入开展公众聚集场所安全生产执法行动，严厉查处消防安全违法行为。公安、消防、工商、文化、安全监管等有关部门要在当地政府的统一领导下，密切配合，加强对公众聚集场所安全执法检查，严厉查处未通过建筑内部装修消防设计审核验收和开业前消防安全检查擅自营业、擅自超工商注册登记范围经营、未通过文化部门批准擅自经营娱乐和演出活动、从业人员未经相关培训即上岗作业等违法违规行为，严明处罚措施，该关闭的坚决关闭，该取缔的坚决取缔，触犯刑律的要依法追究刑事责任。

三、深入开展公众聚集场所消防安全专项整治，彻底消除事故隐患。要在多年来连续开展人员密集场所消防安全专项整治特别是去年开展的安全生产隐患排查治理专项行动的基础上，深入开展公众聚集场所消防安全专项整治，深化隐患排查治理，督促公众聚集场所经营单位健全隐患排查治理制度，加大隐患整改力度。各地要按照消防安全有关法规及《国务院安委会办公室关于广东深圳“9·20”特别重大火灾事故的通报》（安委办明电[2008]19号）提出的“五个一律”要求，加强对公众聚集场所的现场检查，对于发现的隐患，要责令生产经营单位立即整改；不能立即整改的，要明确治理方案、责任、措施、时间和资金，制

定应急预案；发现重大隐患，要立即停产整顿；生产经营单位难以自行完成整改的，要交由地方政府挂牌督办，确保按期消除隐患。

四、深入开展消防安全宣传教育，进一步提高从业人员和社会公众消防安全意识和技能。要督促企业加强对从业人员的上岗前消防安全培训教育，加强应急预案演练，使从业人员具备基本的消防安全知识和技能，具有查改工作场所火灾隐患、及时制止顾客危害消防安全行为、扑救初起火灾和组织人员疏散逃生等能力。要充分利用广播、电视、报刊、互联网等媒体，进一步加强对社会公众的消防安全教育，普及消防安全知识，促使社会公众自觉遵守消防安全法律法规要求，不从事危及消防安全的活动，一旦遇险能有效自救互救、迅速逃生，减少事故损失。

五、严格事故调查，严肃责任追究，认真吸取事故教训，以事故教训推动消防安全工作。各地政府及其有关部门在事故调查工作中，要认真落实《生产安全事故报告和调查处理条例》要求，严格事故调查，严肃责任追究，要按照“四不放过”的原则和依法依规、实事求是、注重实效的要求，查清事故原因，严肃追究相关单位和人员的责任，总结事故教训，提出防范措施并监督落实。要认真分析典型事故案例并及时通报当地相关单位，督促其采取针对性预防措施，防范同类事故重复发生。

国务院安全生产委员会办公室

二〇〇九年二月四日

讨论

试比较以上两份表彰性通报和情况通报，归纳通报写作的特点。

情境二　我要写一篇论文

一、情境设定

作为单位的先进个人，公司派你去参加一个学术讨论会。讨论会要求提交一篇会议交流论文。如何进行论文的选题，写作过程中需要注意什么，什么样的论文才算是规范的论文？

二、任务实施

1．论文的选题

选题就是在对客观问题和资料的研究基础上，选择并确定学术研究的方向和目标。简单说，选题就是提出问题，确定需要并能够解决的、有价值的学术问题。

论文的选题是论文成败的关键。爱因斯坦在评价伽利略提出测试光速的问题时说：“提出一个问题往往比解决一个问题更重要，因为解决一个问题也许仅仅是一个数字上的或实验上的技能而已，而提出新问题、新的可能性，从新的角度去看旧的问题，却需要有创造性和想象力，而且标志着科学的真正进步。”

（1）选什么题　论文成功与否、质量高低、价值大小，很大程度上取决于文章是否有新意。

选择有新意的课题可以从以下几个方面进行：

1）从观点、题目到材料直至论证方法全是新的。这类选题价值最高，社会影响也大，但写作难度大。选择这一类题目，作者须对某些问题有相当深入的研究，且有扎实的理论功底和写作经验。

2）以新的材料论证旧的课题，从而提出新的或部分新的观点、新的看法。这样的论文，读后可以使人耳目一新。

3）以新的角度或新的研究方法重做已有的课题，从而得出全部或部分新观点。

4）对已有的观点、材料、研究方法提出质疑，虽然没有提出自己新的看法，但能够启发人们重新思考问题。

（2）怎样选题

1）从观察中来。社会生活就像一个变化无穷的“万花筒”，各个领域、各个方面的事物及其矛盾都在不断地运动、变化、发展着，旧的矛盾解决了，新的矛盾又产生。我们要善于观察，勤于思索，从大处着眼、小处入手，在事物发展中寻找适合自己撰写的课题。

2）从资料分析中来。歌德曾经说过，理论是灰色的，生活之树常青。过去已经形成的理论，包括教科书上的一些观点，随着实践的发展，研究的深入，还可以进行再认识。这就要求我们平时注意收集资料、积累资料、分析资料。对有关方面的问题要弄清楚别人写过什么东西，有些什么论点，有何争论及分歧的焦点是什么，目前国内外对这个问题研究的进展情况以及发展趋势如何等等。在深入研究已有成果的基础上，将收集到的材料作一番加工整理的工作，把别人认识的成果作为自己的起点，在前人和他人认识的基础上写出有自己见解的论文。

3）根据自己的能力选择。论文的写作不但要有个人的见解和主张，同时还需要具备一定的客观条件。因此在选题时，还应结合自己的特长、兴趣及所具备的客观条件来选题。具体地说，首先，要有充足的资料来源。其次，要有浓厚的研究兴趣。最后，要能结合并发挥自己的业务专长。

2．资料的研究

资料是研究的基础。资料来源的基本途径有网络检索、图书馆资料、实地调查和实践体验。而最基本的方法是利用图书馆。资料收集完成之后要对所搜集到手的资料进行全面浏览，并对不同资料采用不同的阅读方法，如通读、选读、研读。

通读即对全文进行阅读，选读即对有用部分、有用内容进行阅读，研读即对与研究课题有关的内容进行全面、认真、细致、深入、反复的阅读。在研读过程中要积极思考，还要做好资料的记录。在研究资料的基础上，进一步提出自己的观点和见解，根据选题，确立基本论点和分论点。

3．论文的体例

（1）题名　题名就是通常所说的论文题目，是以最恰当、最简明的语词反映论文中最重要的特定内容的逻辑组合。题名要求准确得体、简短精练、外延和内涵恰如其分并且醒目，应避免使用不常见的省略词，字数一般不宜超过 20 个。

（2）摘要　是论文的内容不加注释和评论的简短陈述，让读者不阅读全文，即可从中获得重要信息。中文摘要一般不会超过 300 字，外文摘要不超过 250 实词。

摘要的内容一般包括：本论文研究的目的和重要性；主要研究内容和研究方法；获得的研究成果和基本结论，突出的新见解。摘要的重点是阐明研究结果和结论。

（3）关键词　是从论文中选取出以表示全文主题内容、信息款目的单词或术语，一般为 3-8 个词，尽量用《汉语主题词表》等词表提供的规范词。

（4）主体　主体部分的编写格式可由作者自定，但一般由引言（或绪论）开始，以结论或讨论结束。

1）引言。简要说明研究工作的目的、范围、相关领域的前人工作和知识空白、理论基础和分析、研究设想、研究方法和实验设计、预期结果和意义等。注意言简意赅，不要与摘要雷同，不要成为摘要的注释。

2）正文。这部分是论文的核心部分，即表达作者的研究成果，主要阐述自己的观点及其论据，占据了论文的主要篇幅。要以充分有力的材料阐述观点，要准确把握文章内容的层次、大小段落间的内在联系。

论文结构有推论式和分论式两种。所谓推论式又可称为递进式，是指论述问题层层深入、环环相扣的逻辑关系。所谓分论式又可称为并列式，是把属于基本论点的若干个下位论点平行排列，分别从不同角度对中心论点进行分析论证的结构方式。篇幅较长的论文常用推论式和分论式两者结合的方法。例如《关于我国个人所得税流失经济学分析》的结构：

一、我国个人所得税流失现状

二、我国个人所得税流失的原因分析

1. 居民个人收入隐性化非常严重
2. 现行个人所得税制模式的特点较易造成税收流失
3. 纳税人权利与义务不对称
4. 代扣代缴单位没有依法履行代扣代缴的职责
5. 征管手段落后

三、个人所得税流失的治理对策

1. 使个人收入显性化
2. 采用综合所得税课税为主、分类所得税课税为辅的混合所得税模式
3. 尊重、保护纳税人的权利，优化征收机构的服务
4. 抓好申报纳税，强化代扣代缴
5. 建立健全现代化征管手段

3）结论。是指全文最终的、总体的结论，而不是正文中各段小结的简单重复。结论的内容包括本文研究结果说明了什么问题；对前人有关的看法做了哪些修正、补充、发展、证实或否定；本文研究的不足之处或遗留未予解决的问题，以及对解决这些问题的可能的关键点和方向。要求措词严谨、逻辑严密、内容明确。

（5）致谢　是对论文写作有过帮助的人表示谢意，要求态度诚恳，文字简洁。

（6）参考文献　文中直接引用过的各种参考文献，均应开列。格式包括作者，题目和出版事项（出版地、出版社、出版年、起始页码），连续出版物依次注明出版物名称、出版日期和期数，起止页码。

三、知识链接

论文是学术论文的简称。学术论文是指用来进行科学研究和描述科学研究成果的文章。它需要有作者对课题的深入研究之后的创新，并很好地加以传达。它的特点有：

（1）独创性　学术论文不同于教科书，甚至不同于某些学术专著（知识的传播和普及常规性的知识讲解）。需要对研究对象经过周密调查、分析研究，从中发现别人过去没发现过或没分析过的问题；或在综合前人认知的基础上进行选题、方法、资料的创新。

（2）科学性　论文要从理论高度进行分析论证，不停留于对表象的罗列。要揭示事物发展

的客观规律，不带个人偏见、不主观臆断。以最充分有力的论据作为立论依据，论证严谨而充分，富有逻辑效果。

（3）可读性　论文要构思完整，层次清楚，深入浅出；语言要规范生动，表达要清楚简练，文字通顺、概念准确、前后一致。文字与图表配合要恰当，插图与表格清晰。

四、探讨分享

案例

浅析当代大学生心理素质教育的问题及策略

【摘　要】在知识经济社会，竞争日趋激烈。学业的艰辛和快节奏的生活给渴望获得知识和能力的大学生们提出了很高的心理要求，也给他们带来了这样或那样的心理困扰和压力，心理健康问题也日渐突出。本文主要从学校、社会、家庭等因素来“透视”大学生心理健康情况，以期找到解决问题的良方，促进大学生健康地成长。

【关键词】心理健康　社会环境　家庭环境　心理素质　教育

知识经济社会是一个机遇与挑战并存的社会，竞争日趋激烈。学业的艰辛和快节奏生活对每一个人，尤其对渴望获得知识和能力以获得未来发展先机的大学生们提出了很高的心理要求，与此同时也给他们带来了这样或那样的心理困扰和压力，心理健康问题也日渐突出。本文主要从与大学生联系最密切的几个外在环境因素来分析当前大学生心理健康问题产生的原因，以期找到解决问题的良方，促进大学生全面健康地发展。

（一）家庭环境对大学生心理健康的影响

1．家庭教育缺乏连续性。子女考上大学以后，相当部分家长将精力转移到经济支持上，忽视了子女的心理成长。家庭教育是一个连续的过程。大学阶段的教育既是以往各阶段教育的延续，同时又具有其特殊性。主要表现为家长配合学校和社会对大学生进行综合素质能力培养。这就要求家长也要不断学习，更新教育观念，了解大学生的心理特点，做好其心理调节和保健工作。

2．缺乏恰当的教育方法和教养方式。为了升学，学校和家长在教育学生的过程中往往只重视对学生进行智力教育而忽视了情感教育，忽视了对学生健全人格的培养。一部分受教育程度较低的家长采用简单粗暴的传统家长制手段。这种消极的教养方式容易使子女形成敏感多疑、自卑易怒、抑郁焦虑、偏执敌对等不健康心理。可见，学校和父母的教育观念、家庭教养方式影响着大学生的心理健康水平。

3．家庭关系不稳定。由于市场经济的强烈冲击，家庭不和或者父母离异的比例逐年增加。这些家庭矛盾会影响大学生的心理情绪，甚至会影响到孩子的心理健康发展方向。

（二）社会环境对大学生心理健康的影响

1．社会环境呈现多元化趋势。随着经济的发展，微观层面呈现日趋多元化的趋势。但是，大学生正处在中西文化交汇、多种价值观冲突的年代。面对不同文化背景和多种价值取向的选择，他们时常感到茫然和困惑。再者，社会环境的多元化淡化了他们的集

体主义思想、爱国主义热情，表现出以自我为中心、以自我利益为半径的生活规划。对物质利益的过度追求、对精神层面的淡漠、社会责任感的缺失已经使部分大学生变得狭隘而自私。

2. 社会环境的竞争性。随着高等教育体制的改革进一步深化，在自谋职业和多种渠道就业的新形势下，面对竞争激烈的就业市场，部分学生感到难以适应。学校的就业对策和措施不到位，再加上社会和就业市场本来就存在的各种不正之风，引发出许多与就业相关的心理和社会问题，不同程度地影响着高校的教学秩序以及大学生的正常学习。

3. 现代科技的发展影响和改变着大学生的生活、娱乐和交往方式。现代科技的发展和社会的变迁对求知欲极强、辨别力弱、缺乏辩证思维能力的大学生产生了一定的负面影响，并在一定的程度上妨碍了大学生的身心健康。聊天、打牌、户外运动等活动已经不多见，许多学生迷恋于网络游戏，玩罢游戏就睡觉，同学之间也很少沟通和交流。有的学生还因此荒废了学业，成为“迷途的羔羊”。

（三）学校的教育环境对大学生心理健康的影响

1. 高校扩招所带来的负面问题。最近几年是我国高等教育发展最快的几年。大学生的人数由十几年前的每年几十万人增长到现在的四百多万。但是，扩招也给教育和管理带来了前所未有的挑战。作为硬件资源，如教学大楼、实验设备、学生公寓等，只要有资金，一两年就可以建好。但软件资源，如优秀教师、教育工作者，则需要长时间的培养和积淀。在教师数量和质量得不到保证的情况下，教育教学及其管理如何能到位？当学生的身心健康出现问题时，怎么能得到及时解决呢？

2. 校园里的贫困问题和贫富差距问题。贫困和贫富差距问题已经是校园里不可回避的问题。我们不难看到这样的现象：同在一个班，有人用钱大手大脚，追求“卓越时尚”的现代贵族生活，而另一些同学却交不上学费、生活拮据，常常省吃俭用，还要四处勤工俭学。虽然相对贫困比绝对贫困更容易忍耐，但更容易让人产生复杂的心理压力。金钱问题成为贫困大学生生活的主要矛盾之一，毕业之后的贫困在一段时间内依然存在，而生活中的光明是否会降临？何时才会来？正是这些消极悲观的心态，也直接或间接地影响着他们的心理健康。

3. 学习、生活环境对大学生心理健康的影响。从中学进入大学校园，学习和生活环境也发生了相应的改变。陌生的面孔、轻松的课程、自由的氛围都使大学生在生活、思维及行为方式上要作出调整和改变。但是，部分学生由于自身与环境变化的脱节，产生了一系列的问题、矛盾和冲突，出现了“大一现象”：①理想与现实形成强烈的反差；②缺乏自我再认识的能力；③失去再次提升的动力。之所以出现这些情况，主要原因在于学习动机和学习态度的不明确，缺乏自主学习的方法和策略，疲于应付考试，难以主动适应新环境。

此外，大学校园是大学生学习、生活的场所。学习氛围、课程设置、教师素质等都会对学生的学习产生不同程度的影响。

4. 心理环境对大学生心理健康的影响。大学校园是大学生进行思想、知识、价值观交流的重要场所。然而，学生与学生之间缺少真诚的心理沟通，学生与老师之间也缺少心灵沟通。这样的心理环境对大学生的心理健康是极为不利的。当学生发生心理障碍时，不得不把矛盾、困惑、愤怒等情绪压抑在心里，一旦爆发，就会使一个人的行为失去理智，甚至做出不可思议的事情。

（四）当代大学生心理素质教育的基本对策

1. 积极塑造健康向上的心理环境。大一新生入学后，学校要开设心理健康教育课，帮助他们尽快适应新的学习环境，形成健康向上的心态，为整个大学阶段的成长奠定良好的基

础。针对个体差异，在对群体开设心理健康教育课的基础上定期举办针对性较强的专题讲座，充分利用校刊、墙报、广播等传播手段普及心理健康知识，提高大学生的心理保健意识。同时，还要通过讲座、讨论等方式，提高教师、辅导员等相关人员的心理健康水平，为学生成长营造一个文明和谐的心理环境。

2. 建立完善的心理咨询服务机构。心理咨询作为高等教育的重要组成部分，对改善学生适应能力、促进人格健康发展、提高心理健康水平卓有成效。但心理咨询工作往往有些滞后，学生出现了心理冲突和心理障碍之后才来着手解决处理。鉴于大学生心理健康状况的特点及规律，高校心理咨询应把工作重心往前移，以预防为主，同时注重对大学生心理发展规律的研究，解决学生在各个成长阶段所产生的冲突，促使其心理矛盾得到妥善解决，内在潜能获得有效发挥，个性品质实现和谐发展。随着高校的心理健康工作的迅速发展，心理咨询、网络咨询、心理讲座、职业生涯辅导等形式的心理素质教育网络覆盖了大学生活的方方面面，共同推进着大学生心理健康素质教育的发展。

3. 心理素质教育对象注重面向全体学生。以发展为目标的心理素质教育立足于大学生的健全发展，其目的是为了提高所有大学生的认知、个性的发展。随着大学的心理素质教育理论和实践研究的推进，大学生心理素质教育必将使所有的学生都能得到心理辅导和帮助，实现整体心理素质的全面和谐发展。

大学生的心理健康教育是一个长期的系统工程，仅靠学校的力量是远远不够的，需要学校、社会和家庭一起共同努力，有计划地、有针对性地改善大学生的生存环境，根据大学生的心理健康状况，提出切实可行的教育和预防措施，帮助学生提高自身心理健康素质，增强其承受挫折、适应环境的能力，才能使他们顺利地完成学业，成长为国家未来的栋梁之才。

参考文献：

[1] 艾君. 大学健康教育应包括心理健康教育[N]. 新京报，2004-9-23（10）.

[2] 腰秀平，张大均. 大学生心理健康教育的现状、问题及走向[J]. 重庆教育学院学报，2005（5）:9-11.

[3] 喻劲猛. “自我”意识成心理健康障碍[N]. 中国青年报，2004-9-28（8）.

[4] 黄爱明. 当代大学生心理健康问题外在因素浅析[J]. 重庆社会工作学院学报，2005.

讨论

请分析这篇论文选题、结构、语言等方面的特点。

实训拓展

一、日常关注

1. 收集学校发布的通报、决定各一篇，分别判断它们的类型，看看其写作是否规范。

2. 收集毕业生和学校老师撰写的毕业论文和学术论文各一篇，进行格式、语言、内容表述等方面的比较。

二、分步拓展

下面是“2010中国大学生年度人物”范敬怡的事迹简介，请根据这份材料，分别以北京大学的名义写一则决定和通报。

唱着“林歌”做环保

范敬怡，女，中共党员，北京大学城市与环境学院2008级本科生。

在“青年的责任，我们的行动”口号感召下，范敬怡作为主要组织者，与一批志同道合的环保爱好者共同发起了“林歌”项目——一个包括定期废品回收、各种创意环保宣传、支持学生低碳科研等多内容、全方位的环保行动。“林歌”项目引入了绿色账户的概念，提出“为自己的碳排放买单”的口号，提倡人人参与、人人有责。为了增强环保活动的吸引力，她组织策划了“植物大战垃圾”、“未名湖环保冰灯燃放”等多项创意环保宣传活动，让环保变得时尚起来。项目运行至今，已有6 000多人开设“林歌”绿色账户，各项活动的累计辐射人数总计达20 000人以上，覆盖全校3/4的学生。2010年植树节，范敬怡带着同伴们在甘肃文县的一个荒山头种下了第一批“林歌林”，成为“林歌”项目新的里程碑。

三、综合实训

结合所学专业，写一篇论文。要求：

1）根据选题原则，结合所学专业的某一内容，选择论题。

2）围绕选题尽量搜集有关资料，认真阅读资料，做好读书笔记或卡片。

3）在认真构思的基础上，拟写出论文的详细提纲。

4）起草、修改、定稿，写出不少于3 000字的论文。

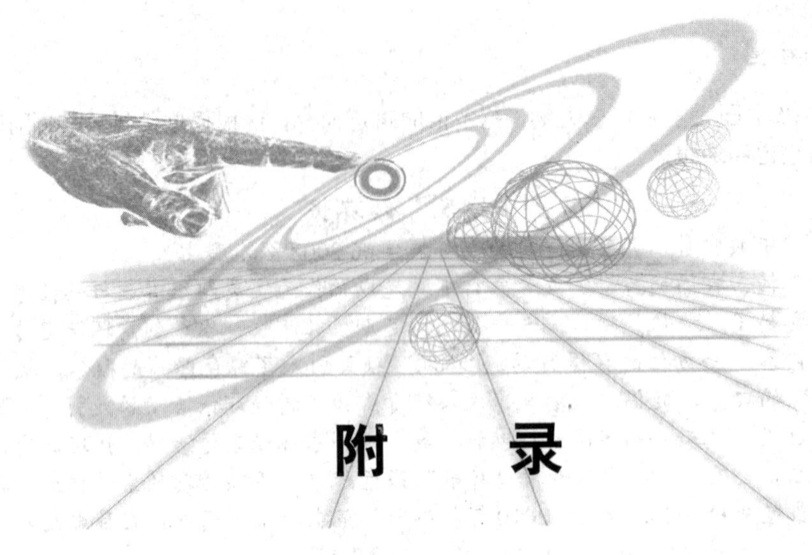

附　录

附　录　A

国家行政机关公文处理办法

（国务院国发[2000]23 号 2000 年 8 月 24 日）

第一章　总　　则

第一条　为使国家行政机关（以下简称行政机关）的公文处理工作规范化、制度化、科学化，制定本办法。

第二条　行政机关的公文（包括电报，下同），是行政机关在行政管理过程中所形成的具有法定效力和规范体式的文书，是依法行政和进行公务活动的重要工具。

第三条　公文处理是指公文的办理、管理、整理（立卷）、归档等一系列相互关联、衔接有序的工作。

第四条　公文处理应当坚持实事求是、精简、高效的原则，做到及时、准确、安全。

第五条　公文处理必须严格执行国家保密法律、法规和其他有关规定，确保国家秘密的安全。

第六条　各级行政机关的负责人应当高度重视公文处理工作，模范遵守本办法并加强对本机关公文处理工作的领导和检查。

第七条　各级行政机关的办公厅（室）是公文处理的管理机构，主管本机关的公文处理工作并指导下级机关的公文处理工作。

第八条　各级行政机关的办公厅（室）应当设立文秘部门或者配备专职人员负责公文处理工作。

第二章　公 文 种 类

第九条　行政机关的公文种类主要有：

（一）命令（令）

适用于依照有关法律公布行政法规和规章；宣布施行重大强制性行政措施；嘉奖有关单位及人员。

（二）决定

适用于对重要事项或重大行动作出安排，奖惩有关单位及人员，变更或者撤销下级机关不适当的决定事项。

（三）公告

适用于向国内外宣布重要事项或者法定事项。

（四）通告

适用于公布各有关方面应当遵守或者周知的事项。

（五）通知

适用于批转下级机关的公文，转发上级机关和不相隶属机关的公文，传达要求下级机关办理和需要有关单位周知或者执行的事项，任免人员。

（六）通报

适用于表彰先进，批评错误，传达重要精神或者情况。

（七）议案

适用于各级人民政府按照法律程序向同级人民代表大会或人民代表大会常务委员会提请审议事项。

（八）报告

适用于向上级机关汇报工作，反映情况，答复上级机关的询问。

（九）请示

适用于向上级机关请求指示、批准。

（十）批复

适用于答复下级机关请示事项。

（十一）意见

适用于对重要问题提出见解和处理办法。

（十二）函

适用于不相隶属机关之间相互商洽工作、询问和答复问题，请求批准和答复审批事项。

（十三）会议纪要

适用于记载、传达会议情况和议定事项。

第三章　公文格式

第十条　公文一般由秘密等级和保密期限、紧急程度、发文机关标识、发文字号、签发人、标题、主送机关、正文、附件说明、成文日期、印章、附注、附件、主题词、抄送机关、印发机关和印发日期等部分组成。

（一）涉及国家秘密的公文应当标明密级和保密期限，其中，“绝密”、“机密”级公文还应当标明份数序号。

（二）紧急公文应当根据紧急程度分别标明“特急”、“急件”。其中电报应当分别标明“特提”、“特急”、“加急”、“平急”。

（三）发文机关标识应当使用发文机关全称或者规范化简称；联合行文，主办机关排列在前。

（四）发文字号应当包括机关代字、年份、序号。联合行文，只标明主办机关发文字号。

（五）上行文应当注明签发人、会签人姓名。其中，“请示”应当在附注处注明联系人的姓名和电话。

（六）公文标题应当准确简要地概括公文的主要内容并标明公文种类，一般应当标明发文机关。公文标题中除法规、规章名称加书名号外，一般不用标点符号。

（七）主送机关指公文的主要受理机关，应当使用全称或者规范化简称、统称。

（八）公文如有附件，应当注明附件顺序和名称。

（九）公文除会议纪要和以电报形式发出的以外，应当加盖印章。联合上报的公文，由主办机关加盖印章；联合下发的公文，发文机关都应当加盖印章。

（十）成文日期以负责人签发的日期为准，联合行文以最后签发机关负责人的签发日期为准。电报以发出日期为准。

（十一）公文如有附注（需要说明的其他事项），应当加括号标注。

（十二）公文应当标注主题词。上行文按照上级机关的要求标注主题词。

（十三）抄送机关指除主送机关外需要执行或知晓公文的其他机关，应当使用全称或者规范化简称、统称。

（十四）文字从左至右横写、横排。在民族自治地方，可以并用汉字和通用的少数民族文字（按其习惯书写、排版）。

第十一条 公文中各组成部分的标识规则，参照《国家行政机关公文格式》国家标准执行。

第十二条 公文用纸一般采用国际标准 A4 型（210mm×297mm），左侧装订。张贴的公文用纸大小，根据实际需要确定。

第四章 行文规则

第十三条 行文应当确有必要，注重效用。

第十四条 行文关系根据隶属关系和职权范围确定，一般不得越级请示和报告。

第十五条 政府各部门依据部门职权可以互相行文和向下一级政府的相关业务部门行文；除以函的形式商洽工作、询问和答复问题、审批事项外，一般不得向下一级政府正式行文。

部门内设机构除办公厅（室）外不得对外正式行文。

第十六条 同级政府、同级政府各部门、上级政府部门与下一级政府可以联合行文；政府与同级党委和军队机关可以联合行文；政府部门与相应的党组织和军队机关可以联合行文；政府部门与同级人民团体和具有行政职能的事业单位也可以联合行文。

第十七条 属于部门职权范围内的事务，应当由部门自行行文或联合行文。联合行文应当明确主办部门。须经政府审批的事项，经政府同意也可以由部门行文，文中应当注明经政府同意。

第十八条 属于主管部门职权范围内的具体问题，应当直接报送主管部门处理。

第十九条 部门之间对有关问题未经协商一致，不得各自向下行文。如擅自行文，上级机关应当责令纠正或撤销。

第二十条 向下级机关或者本系统的重要行文，应当同时抄送直接上级机关。

第二十一条 “请示”应当一文一事；一般只写一个主送机关，如需同时送其他机关的，应当用抄送形式，但不得抄送其下级机关。

“报告”不得夹带请示事项。

第二十二条 除上级机关负责人直接交办的事项外，不得以机关名义向上级机关负责人报送“请示”、“意见”和“报告”。

第二十三条 受双重领导的机关向上级机关行文，应当写明主送机关和抄送机关。上级机关向受双重领导的下级机关行文，必要时应当抄送其另一上级机关。

第五章 发文办理

第二十四条 发文办理指以本机关名义制发公文的过程，包括草拟、审核、签发、复核、缮印、用印、登记、分发等程序。

第二十五条 草拟公文应当做到：

（一）符合国家的法律、法规及其他有关规定。如提出新的政策、规定等，要切实可行并加以说明。

（二）情况确实，观点明确，表述准确，结构严谨，条理清楚，直述不曲，字词规范，标点正确，篇幅力求简短。

（三）公文的文种应当根据行文目的、发文的职权和与主送机关的行文关系确定。

（四）拟制紧急公文，应当体现紧急的原因，并根据实际需要确定紧急程度。

（五）人名、地名、数字、引文准确。引用公文应当先引标题，后引发文字号。引用外文应当注明中文含义。日期应当写明具体的年、月、日。

（六）结构层次序数，第一层为“一、”，第二层为“（一）”，第三层为“1.”第四层为“（1）”。

（七）应当使用国家法定计量单位。

（八）文内使用非规范化简称，应当先用全称并注明简称。使用国际组织外文名称或其缩写形式，应当在第一次出现时注明准确的中文译名。

（九）公文中的数字，除成文日期、部分结构层次序数和在词、词组、惯用语、缩略语、具有修辞色彩语句中作为词素的数字必须使用汉字外，应当使用阿拉伯数码。

第二十六条 拟制公文，对涉及其他部门职权范围内的事项，主办部门应当主动与有关部门协商，取得一致意见后方可行文；如有分歧，主办部门的主要负责人应当出面协调，仍不能取得一致时，主办部门可以列明各方理据，提出建设性意见，并与有关部门会签后报请上级机关协调或裁定。

第二十七条 公文送负责人签发前，应当由办公厅（室）进行审核。审核的重点是：是否需要行文，行文方式是否妥当，是否符合行文规则和拟制公文的有关要求，公文格式是否符合本办法的规定等。

第二十八条 以本机关的名义制发的上行文，由主要负责人或者主持工作的负责人签发；以本机关名义制发的下行文或平行文，由主要负责人或者由主要负责人授权的其他负责人签发。

第二十九条 公文正式印制前，文秘部门应当进行复核，重点是：审批、签发手续是否完备，附件材料是否齐全，格式是否统一、规范等。

经复核需要对文稿进行实质性修改的，应按程序复审。

第六章 收 文 办 理

第三十条 收文办理指对收到的公文的办理过程，包括签收、登记、审核、拟办、批办、承办、催办等程序。

第三十一条 收到下级机关上报的需要办理的公文，文秘部门应当进行审核。审核的重点是：是否应由本机关办理；是否符合行文规则；内容是否符合国家法律、法规及其他有关规定；涉及其他部门或地区职权的事项是否已协商、会签；文种使用、公文格式是否规范。

第三十二条 经审核，对符合本办法规定的公文，文秘部门应当及时提出拟办意见送负责人批示或者交有关部门办理，需要两个以上部门办理的应当明确主办部门。紧急公文，应当明确办理时限。对不符合本办法规定的公文，经办公厅（室）负责人批准后，可以退呈报单位并说明理由。

第三十三条 承办部门收到交办的公文后应当及时办理，不得延误、推诿。紧急公文应当按时限要求办理，确有困难的，应当及时予以说明。对不属于本单位职权范围或者不宜由本单位办理的，应当及时退回交办的文秘部门并说明理由。

许偏差见 GB/ T-148。

5.2　公文页边与版心尺寸

公文用纸天头（上白边）为：37mm±1mm

公文用纸订口（左白边）为：28mm±1mm

版心尺寸为：156mm×225mm（不含页码）

6．文中图文的颜色

未作特殊说明公文中图文颜色均为黑色。

7．排版规格与印刷装订要求

7.1　排版规格

正文用 3 号仿宋体字，一般每面排 22 行，每行 28 个字。

7.2　制版要求

版面干净无底灰，字迹清楚无断划，尺寸标准，版心不斜，误差不超过 1mm。

7.3　印制要求

双面印刷；页码套正，两面误差不得超过 2mm。黑色油墨应达到色谱所标 BL100%，红色油墨应达到色谱所标 Y80%、M80%。印品着墨实，均匀；字面不花、不白、无断划。

7.4　装订要求

公文应左侧装订，不掉页。包本公文的封面与书芯不脱落，后背平整、不空。两页页码之间误差不超过 4mm。骑马订或平订的订位为两钉钉锯处订眼距书芯上下各 1/4 处，允许误差±4mm。平订钉锯与书脊间的距离为 3～5mm；无坏钉、漏钉、重钉，钉脚平伏牢固；后背不可散页明订。裁切成品尺寸误差±1mm，四角成 90°，无毛茬或缺损。

8．公文中各要素标识规则

本标准将组成公文的各要素划分为眉首、主体、版记三部分。置于公文首页红色反线（宽度同版芯，即 156mm）以上的各要素统称为眉首；置于红色反线（不含）以下至主题词（不含）之间的各要素统称主体；置于主题词以下的各要素统称版记。

8.1　眉首

8.1.1　公文份数序号

公文份数序号是将同一文稿印制若干份时每份公文的顺序编号。用阿拉伯数码顶格标识在版心左上角第 1 行。

8.1.2　秘密等级和保密期限

如需标识秘密等级，用 3 号黑体字，顶格标识在版心右上角第 1 行，两字之间空 1 字；如需同时标识秘密等级和保密期限，用 3 号黑体字，顶格标识在版心右上角第 1 行，秘密等级和保密期限之间用“★”隔开。

8.1.3　紧急程度

如需标识紧急程度，用 3 号黑体字，顶格标识在版心右上角第 1 行，两字之间空 1 字；如需同时标识秘密等级与紧急程度，秘密等级顶格标识在版心右上角第 1 行，紧急程度顶格标识在版心右上角第 2 行。

8.1.4　发文机关标识

由发文机关全称或规范化简称后加“文件”组成；对一些特定的公文可只标识发文机关全称或规范化简称。发文机关标识上边缘至版心上边缘为 25mm。对于上报的公文，发文机关标识上边缘至版心上边缘为 80mm。

发文机关标识推荐使用小标宋体字，用红色标识。字号由发文机关以醒目美观为原则酌定，

但是最大不能等于或大于22mm×15mm。

联合行文时应使主办机关名称在前，“文件”二字置于发文机关名称右侧，上下居中排布；如联合行文机关过多，保证公文首页显示正文。

8.1.5　发文字号

发文字号由发文机关代字、年份和序号组成。发文机关标识下空2行，用3号仿宋体字，居中排布；年份、序号用阿拉伯数码标识；年份应标全称，用六角括号“〔〕”括入；序号不编虚位（即1不编为001），不加“第”字。

发文字号之下4mm处印一条与版心等宽的红色反线。

8.1.6　签发人

上报的公文需标识签发人姓名，平行排列于发文字号右侧。发文字号居左空1字，签发人姓名居右空1字；签发人后标全角冒号，冒号后用2号楷体字标识签发人姓名。

如有多个签发人，主办单位签发人姓名置于第1行，其他签发人姓名从第2行起在主办单位签发人姓名之下按发文机关顺序依次顺排，下移红色反线，应使发文字号与最后一个签发人姓名处在同一行并使红反线与之的距离为4mm。

8.2　主体

8.2.1　公文标题

红色反线下空2行，用2号小标宋体字，可分一行或多行居中排布；回行时，要做到词意完整，排列对称，间距恰当。

8.2.2　主送机关

标题下空1行，左侧顶格用3号仿宋体字标识，回行时仍顶格；最后一个主送机关名称后标全角冒号。如主送机关名称过多而使公文首页不能显示正文时，应将主送机关名称移至版记中的主题词之下、抄送之上，标识方法同抄送。

8.2.3　公文正文

主送机关名称下一行，每自然段左空2字，回行顶格。数字、年份不能回行。

8.2.4　附件

公文如有附件，在正文下空1行左空2字用3号仿宋体字标识“附件”，后标全角冒号和名称。附件如有序号使用阿拉伯数码（如：“附件：1. ××××”）；附件名称后不加标点符号。附件应与公文正文一起装订，并在附件左上角第1行顶格标识“附件”，有序号时标识序号；附件的序号和名称前后标识应一致。如附件与公文正文不能一起装订，就在附件左上角第1行顶格标识公文的发文字号并在其后标识附件（或带序号）。

8.2.5　成文时间

用汉字将年、月、日标全；“零”写为“○”；成文时间的标识位置见8.2.6。

8.2.6　公文生效标识

8.2.6.1　单一发文印章

单一机关制发的公文在落款处不署发文机关的名称，只标识成文时间。成文时间右空4字；加盖印章应上距正文2～4mm，端正、居中下压成文时间，印章用红色。

当印章下弧无文字时，采用下套方式，即仅以下弧压在成文时间上；

当印章下弧有文字时，采用中套方式，即印章中心线压在成文时间上。

8.2.6.2　联合行文印章

当联合行文需加盖两个印章时，应将成文时间拉开，左右各空7字；主办机关印章在前；两个印章均压成文时间，印章用红色。只能采用同种加盖印章方式，以保证印章排列整齐。两印章间互不相交或相切，相距不超过3mm。

当联合行文需加盖3个以上印章时，为防止出现空白印章，应将各发文机关名称（可用简称）排在发文时间和正文之间。主办机关印章在前，每排最多3个印章，两端不得超过版心；最后一排如余一个或两个印章，均居中排布；印章之间互不相交或相切；在最后一排印章之下右空2字标识成文时间。

8.2.6.3　特殊情况说明

当公文排版后所剩空白处不能容下印章位置时，应采取调整行距、字距的措施加以解决，务使印章与正文同处一面，不得采取标识“此页无正文”的方法解决。

8.2.7　附注

公文如有附注，用3号仿宋体字，居左空2字加圆括号标识在成文时间下一行。

8.3　版记

8.3.1　主题词

“主题词”用3号黑体字，居左顶格标识，后标全角冒号；词目用3号小标宋体字；词目之间空一字。

8.3.2　抄送

公文如有抄送，在主题词下1行，左空一字用3号仿宋体字标识“抄送”，后标全角冒号；抄送机关间用顿号隔开，回行时与冒号后的抄送机关对齐；在最后一个抄送机关标句号。如主送机关移至主题词之下，标识方法同抄送机关。

8.3.3　印发机关和印发时间

位于抄送机关之下（无抄送机关在主题词之下）占1行位置；用3 号仿宋体字。印发机关左空1字，印发时间右空1字。印发时间以公文付印的日期为准，用阿拉伯数码标识。

8.3.4　版记中的反线

版记中各要素下均加一条反线，宽度同版心。

8.3.5　版记的位置

版记应置于公文最后一页（封四），版记的最后一个要素置于最后一行。

9．页码

用4号半角白体阿拉伯数码标识，置于版心下边缘之下一行，数码左右各放一条4号一字线，一字线距版心下边缘7mm。单页码居右空1字，双页码居左空1字。空白页和空白以后的页不标识页码。

10．公文中的表格

公文如需附表，对横排A4纸型表格，应将页码放在横表的左侧，单页码置于表的左下角，双页码置于表的左上角，单页码表头在订口一边，双贯码表头在切口一边。

公文如需附A3纸型表格，且当最后一页为A3纸型表格时，封三、封四（可放分送，不放页码）应为空白，将A3纸型表格贴在封三前，不应贴在文件最后一页（封四）上。

11．公文的特定格式

11.1　信函式格式

发文机关名称上边缘距上页边的距离为30mm，推荐使用小标宋体字，字号由发文机关酌定；发文机关全称下4mm处为一条武文线（上粗下细），距下页边20mm处为一条文武线（上细下粗），两条线长均为170mm。每行居中排28个字。发文机关名称及双线均印红色。两线之间各要素的标识方法从本标准相应要素说明。

11.2　命令格式

命令标识由发文机关名称加“命令”或“令”组成，用红色小标宋体字，字号由发文机关酌定。命令标识上边缘距版心上边缘 20mm，下边缘空 2 行居中标识令号；令号下空 2 行标识正文；正文下一行右空 4 字标识签发人名章，签名章左空 2 字标识签发人职务；联合发布的命令或令的签发人职务应标识全称。在签发人名章下一行右空 2 字标识成文时间。分送机关标识方法同抄送机关。其他从本标准相关要素说明。

11.3 会议纪要格式

会议纪要标识由"××××会议纪要"组成。其标识位置同 8.1.4，用红色小标宋体字，字号由发文机关酌定。会议纪要不加盖印章。其他要素从本标准规定。

12．式样

A4 型公文用纸页边及版心尺寸见附图 1；公文首页版式见附图 2；上报公文首页版式见附图 3；公文末页版式见附图 4；联合行文公文末页版式见附图 5；联合行文公文末页版式见附图 6。

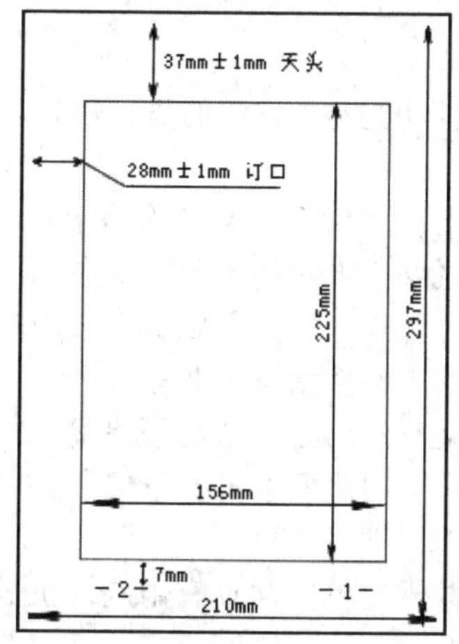

附图 1 A4 型公文用纸页边及版心尺寸

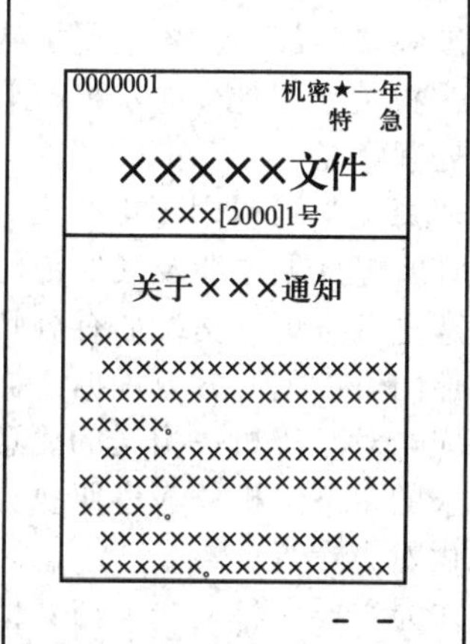

附图 2 公文首页版式

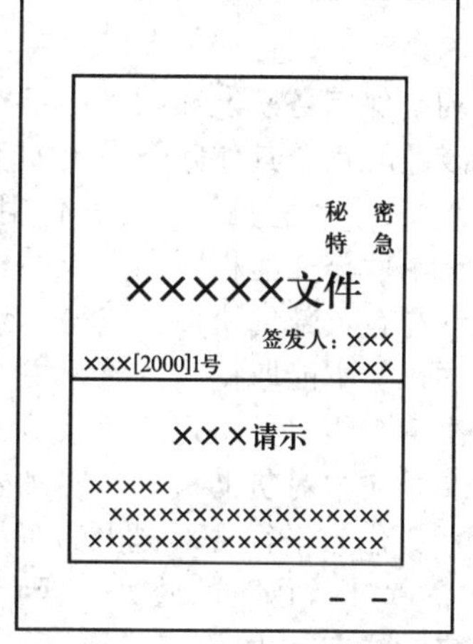

附图 3 上报公文首页版式

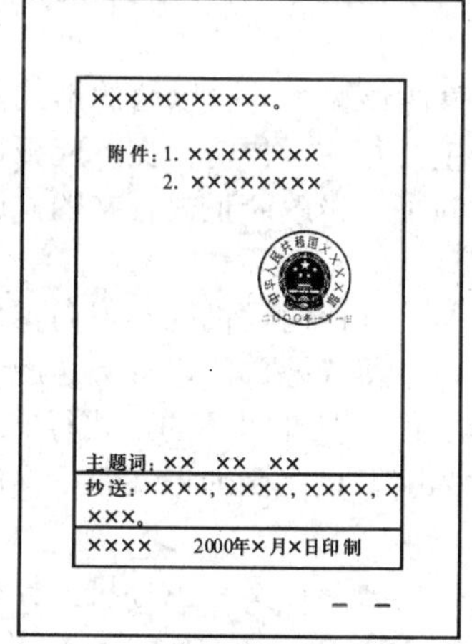

附图 4 公文末页版式

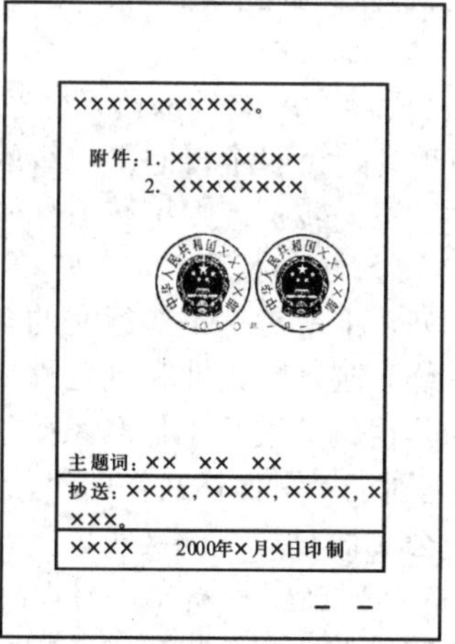

附图 5 联合行文公文末页版式 1

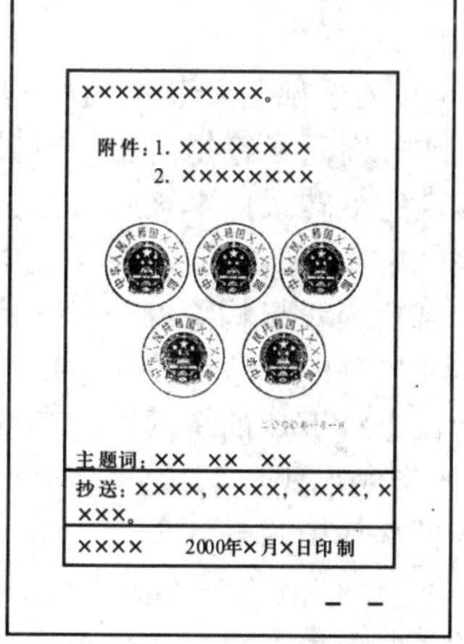

附图 6 联合行文公文末页版式 2

注：版心实线框仅为示意，在印制公文时并不印出。

（国家质量技术监督局 1999 年 12 月 27 日批准发布，2001 年 1 月 1 日实施）

附 录 C

国务院办公厅
关于实施《国家行政机关公文处理办法》
涉及的几个具体问题的处理意见

国办函[2001]1号

各省、自治区、直辖市人民政府，国务院各部委、各直属机构：

为确保国务院发布的《国家行政机关公文处理办法》（国发[2000]23号）的贯彻施行，现就所涉及的几个具体问题提出如下处理意见：

1．关于“意见”文种的使用。“意见”可以用于上行文、下行文和平行文。作为上行文，应按请示性公文的程序和要求办理。所提意见如涉及其他部门职权范围内的事项，主办部门应当主动与有关部门协商，取得一致意见后方可行文；如有分歧，主办部门的主要负责人应当出面协调，仍不能取得一致时，主办部门可以列明各方理据，提出建设性意见，并与有关部门会签后报请上级机关决定。上级机关应当对下级机关报送的“意见”作出处理或给予答复。作为下行文，文中对贯彻执行有明确要求的，下级机关应遵照执行；无明确要求的，下级机关可参照执行。作为平行文，提出的意见供对方参考。

2．关于“函”的效力。“函”作为主要文种之一，与其他主要文种同样具有由制发机关权限决定的法定效力。

3．关于“命令”、“决定”和“通报”三个文种用于奖励时如何区分的问题。各级行政机关应当依据法律的规定和职权，根据奖励的性质、种类、级别、公示范围等具体情况，选择使用相应的文种。

4．关于部门及其内设机构行文问题。政府各部门（包括议事协调机构）除以函的形式商洽工作、询问和答复问题、审批事项外，一般不得向下一级政府正式行文；如需行文，应报请本级政府批转或由本级政府办公厅（室）转发。因特殊情况确需向下一级政府正式行文的，应当报经本级政府批准，并在文中注明经政府同意。

部门内设机构除办公厅（室）外，不得对外正式行文的含义是：部门内设机构不得向本部门机关以外的其他机关（包括本系统）制发政策性和规范性文件，不得代替部门审批下达应当由部门审批下达的事项；与相应的其他机关进行工作联系确需行文时，只能以函的形式行文。

“函的形式”是指公文格式中区别于“文件格式”的“信函格式”。以“函的形式”行文应注意选择使用与行文方向一致、与公文内容相符的文种。

5．关于联合行文时发文机关的排列顺序和发文字号。行政机关联合行文，主办机关排列在前。行政机关与同级或相应的党的机关、军队机关、人民团体联合行文，按照党、政、军、群的顺序排列。

行政机关之间联合行文，标注主办机关的发文字号；与其他机关联合行文原则上应使用排列在前机关的发文字号，也可以协商确定，但只能标注一个机关的发文字号。

6．关于联合行文的会签。联合行文一般由主办机关首先签署意见，协办单位依次会签。

一般不使用复印件会签。

7．关于联合行文的用印。行政机关联合向上行文，为简化手续和提高效率，由主办单位加盖印章即可。

8．关于保密期限的标注问题。涉及国家秘密的公文如有具体保密期限应当明确标注，否则按照《国家秘密保密期限的规定》（国家保密局1990年第2号令）第九条执行，即“凡未标明或者未通知保密期限的国家秘密事项，其保密期限按照绝密级事项三十年、机密级事项二十年、秘密级事项十年认定。”

9．关于“附注”的位置。“附注”的位置在成文日期和印章之下，版记之上。

10．关于“主要负责人”的含义。“主要负责人”指各级行政机关的正职或主持工作的负责人。

11．关于公文用纸采用国际标准A4型问题。各省（区、市）人民政府和国务院各部门已做好准备的，公文用纸可于2001年1月1日起采用国际标准A4型；尚未做好准备的，要积极创造条件尽快采用国际标准A4型。省级以下人民政府及其所属机关和国务院各部门所属单位何时采用国际标准A4型，由各省（区、市）人民政府和国务院各部门自行确定。

国务院办公厅

二〇〇一年一月一日

参 考 文 献

[1] 邵培仁．传播学[M]．北京：高等教育出版社，2000．
[2] 德斯蒙德・莫里斯．看人：肢体语言导读[M]．刘文荣，译．北京：文汇出版社，2008．
[3] 蒋红梅，杨毓敏．演讲与口才实训教程[M]．北京：清华大学出版社，2009．
[4] 德斯蒙德・吉尔福尔．最大化你的魅力[M]．窦爱兰，译．北京：中信出版社，2003．
[5] 戴晨志．口才魅力高手[M]．上海：上海人民出版社，2003．
[6] Andrew Wright．如何成功地交流[M]．宋微微，译．北京：外语教学与研究出版社，1999．
[7] 刘津．克服人性的盲点[M]．北京：海潮出版社，2001．
[8] 余培侠，舒霖．正方・反方・评方：历届国际大专辩论会辩词精选精评[M]．北京：西苑出版社，2002．
[9] 路・泰斯．聪明的谈话：激发你潜能的 5 步法[M]．罗汉，方燕，译．上海：上海人民出版社，1997．
[10] 劳丽・罗扎基斯．自信地演讲[M]．周晓峰，吕正韬，译．沈阳：辽宁教育出版社，2000．
[11] 卢卡斯．演讲的艺术[M]．李斯，译．海口：海南出版社，2002．
[12] 薛志．青年论辩说服能力训练教程[M]．北京：中国青年出版社，2002．
[13] 迈克尔・坎贝尔．完美演讲[M]．赵丰跃，译．长沙：湖南科学技术出版社，2004．
[14] 赵传栋．论辩胜术[M]．上海：复旦大学出版社，1997．
[15] 乔刚，谢海泉．现代应用文写作[M]．上海：立信会计出版社，2008．
[16] 金健人，郑广宣．中外写作技法大观[M]．上海：上海教育出版社，1994．
[17] 金健人，陈建新．写作概论[M]．杭州：浙江大学出版社，2004．
[18] 张达芝．应用写作教程[M]．杭州：浙江大学出版社，2005．
[19] 徐秋儿．现代应用写作实训[M]．杭州：浙江大学出版社，2005．
[20] 张绪平，尤冬克．汉语读写教程[M]．上海：上海教育出版社，2005．
[21] 尹依．新编财经写作[M]．北京：中国商业出版社，2002．
[22] 孙厚军．党政机关公文处理教程[M]．杭州：浙江大学出版社，2008．
[23] 菲利斯・克里米，玛丽・利．大学生写作指南[M]．吕建高，谢萍，译．北京：东方出版社，2007．
[24] 蔡罕，戎彦．广告案例分析[M]．杭州：浙江大学出版社，2008．
[25] 柴少恒．广告文案写作与欣赏[M]．北京：经济管理出版社，2006．
[26] 胡晓芸．广告文案写作[M]．北京：高等教育出版社，2003．
[27] 大卫・奥格威．奥格威谈广告[M]．曾晶，译．北京：机械工业出版社，2003．
[28] 国务院．国家行政机关公文处理办法[Z]．北京：2000．